普通高等教育创新型人才培养规划教材

国际贸易实务

黄 涛 主编
张 波 徐娴英 高连廷 成 丽 副主编

北京航空航天大学出版社

内容简介

本书分为14章，内容包括导论、国际货物贸易交易标的、贸易术语、国际贸易的价格、国际贸易货物运输、国际货物贸易运输保险、国际货物贸易贷款结算、出入境货物检验检疫、合同中的异议与索赔、不可抗力和仲裁、国际货物贸易合同的磋商、国际货物贸易合同的订立、国际货物贸易合同的履行、航空工业企业的常见国际贸易方式。书中每章都有教学目的和要求、主要知识点提示，另外还有案例分析以及大量的各类习题供学生复习与练习。

本书内容全面、新颖，实用性强，可作为经济与管理类专业教材，也可供从事国际贸易实务的有关人员参考。

图书在版编目(CIP)数据

国际贸易实务 / 黄涛主编. -- 北京 :北京航空航天大学出版社，2014.7

ISBN 978-7-5124-1548-5

Ⅰ.①国… Ⅱ.①黄… Ⅲ.①国际贸易—贸易实务—高等学校—教材 Ⅳ.①F740.4

中国版本图书馆CIP数据核字(2014)第119263号

国际贸易实务

黄 涛 主 编

张 波 徐娴英 高连廷 成 丽 副主编

责任编辑 赵延永 刘亚军

*

北京航空航天大学出版社出版发行

北京市海淀区学院路37号(邮编100191) http://www.buaapress.com.cn

发行部电话：(010)82317024 传真：(010)82328026

读者信箱：goodtextbook@126.com 邮购电话：(010)82316936

涿州市新华印刷有限公司印装 各地书店经销

*

开本：710×1 000 1/16 印张：19 字数：405千字

2015年2月第1版 2015年2月第1次印刷 印数：3 000册

ISBN 978-7-5124-1548-5 定价：38.00元

前　言

随着世界经济的快速发展以及国际化的客观要求，越来越要求有更多的人才能够懂得国际贸易规则并按照国际贸易惯例与规则进行商品交易。新的形势、新的问题以及新的贸易实践提示与要求我们的教学应该更加符合贸易实践，为此我们编写了这本国际贸易实务教学参考书。

本书主体内容分为国际贸易实务交易的主要内容、国际货物贸易的磋商程序及合同的订立、合同的履行和航空企业的国际贸易方式 4 个模块，共 14 章，每章都有教学要求、知识点、案例导入以及本章的小结，还有类型齐全的复习与思考题。

本书适用于有志从事国际贸易的各类经济与管理专业学生，特别适合与航空有关的工科院校的国际贸易或管理类专业人员学习、阅读、参考。本书第 14 章航空企业国际贸易方式是本书的特色。本书首次集中分析航空企业国际贸易的基本做法，也为有关人员系统了解航空企业国际贸易方式提供了比较系统的资料。同时，本书中的第 13 章国际贸易合同的履行部分也比一般的教科书增加了相关的通关表格以及较为详细的履行过程。

参加本书编写的人员来自沈阳航空航天大学经济与管理学院，黄涛教授任主编，负责全书统稿并编写第 3、4、14 章；张波副教授编写第 5～7 章；徐娴英博士编写第 8～11 章；高连廷编写第 1、2 章；成丽博士编写第 12、13 章。此外，沈阳航空航天大学北方科技学院王晓燕老师、沈阳航空航天大学研究生王磊也参加了案例分析、思考题等编写工作。

在本书的编写过程中，得到了北京航空航天大学出版社的大力支持，他们对本书的顺利出版提出了许多宝贵意见，在此表示衷心感谢！

由于时间仓促，作者水平有限，书中难免存在不足之处，欢迎读者批评指正！

黄　涛

2015 年 1 月于沈阳

目　录

第8章　出入境货物检验检疫

第9章　合同中的异议与索赔条款

第10章　合同中的不可抗力与仲裁条款

第 11 章 国际货物贸易合同的磋商

第 12 章 国际货物贸易合同的订立

第 13 章 国际货物贸易合同的履行

第1章　导　　论

【教学目的和要求】

本章为课程导论，主要介绍国际贸易实务课程的研究对象及学习方法，以及国际贸易适用的法律、公约和惯例，是入门基础知识，了解即可。

【本章主要知识点】

- 国际贸易实务的研究对象
- 国际贸易实务的学习方法
- 国际贸易适用的法律、公约和惯例

【章首案例】

案例 1-1　中方某出口公司在阿联酋B公司的请求下向其发盘(offer)："本公司可供应50台拖拉机，73.5kN(100匹马力/千瓦)，每台CIF香港3500美元，合同订立后两个月装船，不可撤销即期信用证付款，请电复。"B公司收到发盘后，立即电复："我公司接受你方发盘，合同订立后立即装船。"我方公司认为对方将装运期由订立合同后两个月装船改为合同订立后立即装船是还盘行为，因此未作任何答复，并以更高的价格卖给了国外另一家公司。但阿联酋公司认为我方公司未做任何表示，实则是同意对方的建议，对方行为不构成还盘行为，因此双方的合同关系已经成立，中方应履行合同。而中方由于已将货物卖出，没有存货再发运，因此坚持合同未成立。后经仲裁认定合同未成立，阿方的行为构成还盘。

要点分析　此案例分析应把握以下两点：

第一，中方的发盘是否属于有效的发盘，因为无效的发盘始终都不产生约束力，所以根本就不会产生有效的合同。根据《联合国国际货物销售合同公约》第14条(1)款规定，本案中方公司的发盘是一项有效的发盘。

第二，阿方的行为是否构成还盘，如果构成，合同自然也不会成立。根据《联合国国际货物销售合同公约》第19条规定，本案中阿联酋B公司的接受已构成还盘。还盘一经做出，原发盘立即失去效力，即使发盘人对B的复电没有任何答复，合同也是不成立的。

综上所述，接受的实质是对原发盘表示同意。因此，接受的内容应与发盘的内容保持一致，并且是由受盘人在发盘规定的有效期限内做出的。对于附有条件的接受，如果已经在实质上改变了原发盘，则视为还盘。[①]

---

① 资料来源：崔亚娜. 国际贸易公约与惯例应用研究及典型案例评析. 哈尔滨：黑龙江人民出版社，2005.

1.1 国际贸易实务的研究对象及学习方法

1.1.1 国际贸易实务的研究对象

国际贸易是指世界各国(地区)之间进行的货物、服务和技术的交换活动。国际贸易实务也称进出口贸易实务。虽然国际贸易的范围涵盖了货物、服务、技术领域，且其交易各有特点，但各领域交易的原理相似。鉴于货物贸易至今仍是国际贸易中最基本的部分，所以本课程只研究国际货物贸易。国际贸易实务是一门以国际货物贸易为研究对象，以交易条件和合同条款为重点，以国际贸易惯例和法律为依据，研究国际货物买卖过程的基本知识、基本规则、基本操作流程和技巧的课程。

1.1.2 国际贸易实务的学习方法

不同学科(课程)体现了不同的专业特色，学习方法也会有很大差异。国际贸易实务有着很强的专业性和实践性。从国际经济与贸易专业本科学习的角度来看，学习国际贸易实务应该从以下几个方面入手：

1. 课堂认知

课堂学习是一门课程学习的基础。国际贸易实务的课堂学习要体现两个环节，一是国际贸易实务各个环节的理论讲授与学习；二是每个环节涉及的贸易单证的讲解与认知。国际贸易实务是一门实务性很强的学科，因此，不仅要求课堂理论教学，而且要求课堂实践教学。也就是说，课堂学习既体现理论教学又体现实践(单证)认知。

2. 基于实验室的实践环节

有了理论知识做基础，又有了课堂上涉及实践教学环节的讲解与处理，下一步的学习便是基于实验室的实践环节模拟。涉及国际贸易业务流程模拟教学软件包括单证模拟、外贸综合业务模拟、进出口海关业务模拟。这些模拟平台，较为真实地模拟了实际业务的流程，能够加深对相关理论知识的认识，并做到学以致用。

3. 基于校外实习基地的专业实习

实践是检验真理的唯一标准，实践同样是巩固理论知识的重要途径。有了前面的课堂学习、实验室模拟之后，下一步就是去外贸企业或相关业务部门进行实习。通过前面一些环节的实践训练，学生的实践动手能力将能够得以较大幅度的提高。

1.2 国际贸易适用的法律、公约和惯例

国际贸易涉及不同国家或地区的当事人，不同的国家或地区有着不同的法律、法规、政策，因此可能存在着法律、法规、政策之间的冲突和适用问题。交易各方在交易

磋商前应该对此加以了解并在履约过程中引起注意。与此同时,国际贸易还会涉及有关贸易的国际公约和惯例。本节主要介绍国际贸易适用的法律、公约和惯例。

1.2.1 国际贸易适用的法律

国际贸易适用的法律主要是指对国际贸易交易行为具有约束力的各国(或地区)的国内法规范,包括成文法、判例法等。国际货物买卖合同必须符合国内法。

1. 资本主义国家两大法系有关国际贸易的法律

大陆法系又称为民法法系,起源于欧洲大陆,包括法国、德国、西班牙、荷兰、葡萄牙、比利时等国家。后来,其范围还扩张到亚洲、非洲、美洲等世界各个地区。大陆法作为合理性立法运动的产物,以法律成文化、法典化为目标,在大陆法系各国形成各自国内法的"法律体系"。以罗马法为基础的民法和商法成为这个体系的司法核心。欧洲大陆法系的国家大都把有关贸易的法律编入民法典内,作为民法典的一个组成部分。例如,法国、德国和日本都在《民法典》中对贸易双方的权利、义务做出了具体规定。这些国家采取民法与商法分立的做法,把民法与商法分别编纂为两部法典,以民法为普通法,以商法作为民法的特别法。民法的一般原则可以适用于商事活动,而商法另有特别规定的事项,则仅适用商法的有关规定。但是,也有一些大陆法国家采取民法和商法合一的形式,只有民法典没有单独的商法典,如意大利和瑞士这两个国家都没有制定商法典,它们都把有关商法的内容编入各自的相关法律之中。

英美法系又称普通法,是指英国中世纪以来的法律,特别是以它的普通法为基础发展起来的法律制度体系。英美法系原则上不存在民法与商法的区别。英美法系国家不存在民法典和商法典,只存在普通法和制定法,后者即有关货物贸易的立法。英国于1893年便制定了《1893年货物贸易法》以调整国际贸易关系,以后经过了多次修改和补充,为英美法系各国制定各自的贸易法提供了一个样本,现行相关法律是1995年1月3日生效的《货物贸易法》。美国管理对外贸易的法律是源于美国《统一商法典》(Uniform Commercial Code)的美国贸易法,大家熟知的"301条款"便是这部法律中的1301节的相关内容。

2. 我国有关国际贸易的法律

在我国,调整或涉及国际贸易的法律规范有《中华人民共和国对外贸易法》《中华人民共和国合同法》《中华人民共和国海商法》《中华人民共和国票据法》以及《中华人民共和国知识产权法》《中华人民共和国仲裁法》等。这些法律、法规从不同层面对涉及国际、国内贸易的环节进行了规范。

不同国家或地区的法律、法规存在着很大差异,有时甚至是根本性冲突。所幸的是,通常情况下,我们没有必要去谙记每一个国家的法律、法规条文,因为多数情况下贸易各方会在合同中订明适用公约或惯例来处理贸易业务,解决贸易纠纷。

1.2.2 国际贸易适用的公约

由于不同国家或地区有关国际贸易的法律、法规之间的差异会导致交易各方执行中的困难进而引发更多争议，因此一些国际组织（如国际商会、国际法协会等）便制定了一些国际贸易条约（公约）来统一和规范各国的贸易行为，这种情况下，有关国际贸易的公约便产生了。这些公约涵盖货物买卖、货物运输、产品责任、代理关系、票据、知识产权、仲裁裁决等各个方面。其中，涉及国际货物买卖（贸易）的公约主要有：调整国际货物买卖关系的《联合国国际货物销售合同公约》（1980 年）；调整国际货物运输关系的《海牙规则》（1924 年）、《华沙公约》（1929 年）、《维斯比规则》（1968 年）、《汉堡规则》（1978 年）以及《联合国国际货物多式联运公约》（1980 年）等；调整代理关系的《国际货物销售代理公约》（1983 年）；调整国际票据关系的联合国《汇票和本票公约》（1987 年）；调整知识产权保护的《世界版权公约》（1952 年）以及调整仲裁裁决的相关公约等。

1.2.3 国际贸易适用的惯例

国际贸易惯例是指在长期的国际贸易实践中逐渐形成和发展，为大多数国家所认可和遵循，并经国际组织编纂和解释的，具有普遍意义的习惯做法。国际贸易惯例的适用是以当事人的意思自治为基础的，因为惯例本身不是法律，它对贸易双方不具有强制性约束力，故买卖双方有权在合同中作出与某项惯例不符的规定。只要合同有效成立，双方均要履行合同规定的义务，一旦发生争议，法院和仲裁机构也要维护合同的有效性。但是，国际贸易惯例对贸易实践仍具有重要的指导作用。这体现在，一方面，如果双方都同意采用某种惯例来约束该项交易，并在合同中作出了明确规定，那么这项约定的惯例就具有了强制性；另一方面，如果双方在合同中既未排除，也未注明该合同适用某项惯例，在合同执行中发生争议时，受理该争议案的司法和仲裁机构也往往会引用某一国际贸易惯例进行判决或裁决，这是因为，通过各国立法或国际公约赋予了它法律效力。

国际贸易惯例具有如下几个特点：

① 它是在长期的国际贸易活动中逐渐形成的。国际贸易的一些习惯做法，开始只流行于一定的地区和行业，随着国际贸易的逐渐发展，它的影响不断扩大，有的甚至在世界范围内通行。

② 它具有确定的内容而且被许多国家和地区认可。任何一种国际贸易惯例，都不是国家政府之间通过国际会议讨论而形成的，而是由地区、行业乃至国际组织或商业团体对国际贸易中的习惯做法或解释加以整理而形成的。它们把一些习惯做法归纳成条文，对有关的名词、术语给予明确的定义与解释，从而被越来越多的国家所认可。

③ 它不具有法律的强制性。国际贸易惯例虽然具有确定的内容，可以作为行为

规范使用，但对国际贸易活动中的行为当事人不具有法律的强制性和约束力。只有当事人双方经过协商选用某一国际贸易惯例，并在合同中明确规定时才具有约束力。国际贸易惯例虽然不是国际性法律，却是重要的法源之一。

④ 它的内容随着国际贸易的发展不断更新和扩大。国际贸易惯例比法律更具灵活性，能较容易地进行修改，并及时跟上国际贸易实际的变化。

1. 关于贸易术语的国际惯例

贸易术语是货物单价（unit price）的重要组成部分。不同的贸易术语代表了交易各方不同的责任、风险和费用的划分。目前，在国际贸易中影响较大的有关贸易术语的国际贸易惯例有三个，分别是《1932 年华沙-牛津规则》《美国对外贸易定义修订本 1990》和《2010 年国际贸易术语解释通则》。

（1）《1932 年华沙-牛津规则》

19 世纪中叶，CIF 贸易术语在国际贸易中被广泛采用，但由于各国对其解释不一，从而影响到 CIF 买卖合同的顺利履行。为了对 CIF 合同双方的权利和义务作出统一的规定和解释，国际法协会于 1928 年在波兰华沙制定了 CIF 买卖合同的统一规则，共计 22 条，称为《1928 年华沙规则》。此后，在 1930 年纽约会议、1931 年巴黎会议和 1932 年牛津会议上，又相继将此规则修订为 21 条，称之为《1932 年华沙-牛津规则》（Warsaw-Oxford Rules 1932）。

《1932 年华沙-牛津规则》对 CIF 合同的性质、特点及买卖双方的权利和义务都作了具体的规定和说明，为那些按 CIF 贸易术语成交的买卖双方提供了一套可在 CIF 合同下易于使用的统一规则，供买卖双方自愿采用，在缺乏标准合同格式或共同交易条件的情况下，买卖双方可约定采用此项通则，凡在 CIF 合同中订明采用《1932 年华沙-牛津规则》者，合同当事人的权利和义务，即应按此规则的规定办理。由于现代国际贸易惯例，是建立在当事人"意思自治"的基础上，具有任意法的性质，因此，买卖双方在 CIF 合同中也可变更，修改规则中的任何条款或增添其他条款，当此规则的规定与 CIF 合同内容相抵触时，仍以合同规定为准。

《1932 年华沙-牛津规则》自 1932 年公布后，一直沿用至今，并成为国际贸易中颇有影响的国际贸易惯例。因为此项规则在一定程度上反映了各国对 CIF 合同的一般解释。不仅如此，其中某些规定的原则还可适用于其他合同。例如，《1932 年华沙-牛津规则》规定，在 CIF 合同中，货物所有权称转于买方的时间，应当是卖方把装运单据（提单）交给买方的时刻，即以交单时间作为所有权移转的时间，此项原则，虽是针对 CIF 合同的特点制定的，但一般认为也可适用于卖方有提供提单义务的其他合同，可见，《1932 年华沙-牛津规则》的制定和公布，不仅有利于买卖双方订立 CIF 合同，而且也利于解决 CIF 合同履行当中出现的争议，当合同当事人发生争议时，一般都参照或引用此项规则的规定与解释来处理。

（2）《美国对外贸易定义修订本 1990》

《美国对外贸易定义修订本 1990》（Revised American Foreign Trade Definition

1990)最初是美国9个商业团体于1919年制定的《美国出口报价及其缩写条例》(The U.S. Export Quotations and Abbreviations)。其后,因贸易习惯发生了变化,在1940年召开的美国第27届对外贸易会议上对其进行了修订,并于1941年7月31日经美国国会、美国进出口协会和美国对外贸易协会所组成的联合委员会通过,称为《美国对外贸易定义修订本1941》。1990年再次修订后改为现名。该定义修订本分别对(EXW(工厂交货)、FOB(国内指定启运点运输工具上交货)、FAS(指定装运港船边交货)、CFR(成本加运费)、CIF(成本、保险费加运费)以及DEQ(码头交货),指定目的港)等6种价格术语作了解释。其中,FOB价格术语又分为6种。《美国对外贸易定义修订本1990》主要用于国际贸易报价,在北美地区有一定影响。

(3)《2010年国际贸易术语解释通则》

《国际贸易术语解释通则》(International Rules for the Interpretation of Trade Terms, INCOTERMS)是国际商会为统一各种贸易术语的不同解释于1936年制定的,当时仅设立了9种价格术语。随后,为适应国际贸易实践发展的需要,国际商会先后于1953年、1967年、1976年、1980年、1990年、2000年进行过多次修订和补充。其中《2000 INCOTERMS》(简称《2000通则》)对常用的13种贸易术语作了解释。2010年9月27日,国际商会在巴黎推出历时3年修订的国际贸易术语解释通则2010版,即《2010 INCOTERMS》简称《2010通则》。2010版本将原来的13种贸易术语简化为11种,并从2011年1月1日起生效实施。

2. 关于国际贸易结算的国际惯例

(1)《跟单信用证统一惯例》

1930年,国际商会拟订一套《商业跟单信用证统一惯例》,并于1933年正式公布。该惯例对信用证的定义、有关术语、操作要求以及当事人的权利和义务等作了统一的解释和规定。1951年、1962年、1974年、1978年、1983年、1993年进行了多次修订,称为《跟单信用证统一惯例》,被各国银行和贸易界所广泛采用,成为信用证业务的国际惯例;2006年10月25日,国际商会又对1993年的《UCP500》进行了修订,称为2007年版本《UCP600》。《UCP600》共分为39条,分别对UCP的适用范围、定义、信用证与合同的关系等内容作了具体规定。

应该认识到,《UCP600》仅仅是一种国际惯例,只有信用证上表明适用《UCP600》,它才能对当事人具有法律上的强制约束力。因此,通常信用证开证申请书上都明确写明"本信用证按国际商会《跟单信用证统一惯例》(2007年修订)即国际商会第600号出版物办理"(This Credit is Subject to Uniform Customs and Practice for Documentary Credit, 2007 Revision, ICC Publication No. 600)。

(2)《托收统一规则》

国际商会为统一托收业务的做法,减少托收业务各有关当事人可能产生的矛盾和纠纷,曾于1958年草拟《商业单据托收统一规则》。为了适应国际贸易发展的需要,国际商会在总结实践经验的基础上,1978年对该规则进行了修订,改名为《托收统一规则》(The Uniform Rules for Collection, ICC Publication No. 322);1995年再次修订,称为《托收统一规则》国际商会第522号出版物,简称《URC522》,于1996年1月1日实施。《URC522》自公布实施以来,被各国银行所采用,已成为托收业务的国际惯例。

《URC522》共7部分,共26条,包括总则及定义,托收的形式和结构,提示方式,义务与责任,付款,利息、手续费及其他费用,其他规定。根据《URC522》规定托收是指银行根据所收到的指示,处理金融单据和/或商业单据,目的在于取得付款和/或承兑,凭付款和/或承兑交单,或按其他条款及条件交单。上述定义中所涉及的金融单据是指汇票、本票、支票或其他用于付款或款项的类似凭证;商业单据是指发票、运输单据、物权单据或其他类似单据,或除金融单据之外的任何其他单据。

《URC522》是一项国际惯例,不具有强制性,只有在当事人事先在托收指示书中约定以该规则为准时,才会受其约束。我国银行在进出口业务中,使用托收方式结算时,也参照《URC522》的相关解释办理。

1.3 本书的结构安排

本教材主体内容分为四个模块。第一个模块是国际贸易实务交易的主要内容;第二个模块是国际货物贸易的磋商程序及合同的订立;第三个模块是合同的履行;第四个模块是航空企业的国际贸易方式。

第一个模块包括第2~9章。第2章讲述国际货物贸易交易标的,包括货物的名称、品质及其表示方法、数量及其表示方法以及货物的包装;第3章讲述贸易术语,主要介绍《2010通则》项下11种贸易术语及贸易术语选用原则;第4章讲述国际贸易的价格,包括货物价格构成及主要贸易术语的价格转换;第5章介绍国际贸易货物运输,主要讲述海洋运输、航空运输、铁路运输等几种不同运输方式及其各种运输方式下的运输单据;第6章国际货物贸易运输保险,主要讲述海洋运输保险的保障范围以及我国有关海洋运输货物保险的有关条款;空、陆、邮、冷藏货物运输保险,同时介绍合同中的保险条款;第7章国际货物贸易货款结算,主要讲述结算工具、结算方式以及合同中的结算条款;第8章出入境货物检验检疫,主要介绍货物检验检疫的时间、地点、机构的相关规定、货物检验检疫的要求、出入境货物检验检疫程序、合同中的检验检疫条款,重点介绍我国出入境货物检验检疫程序和报检单填制规范;第9章合同中的异议与索赔,主要讲述违约和索赔;第10章不可抗力和仲裁等基本概念以及合同中有关处理争议的条款。

第二个模块包括第11章和第12章。第11章主要讲述国际货物贸易合同的磋商,包括磋商前的准备工作、交易磋商的基本原则和交易磋商的程序,重点讲述交易磋商的程序;第12章国际货物贸易合同的订立,主要介绍国际贸易合同的含义及其形式,国际贸易合同的分类以及主要内容。

第三个模块是第 13 章，即国际货物贸易合同的履行，分为出口合同履行和进口合同履行两个环节。

第四个模块是第 14 章。本教材的特色之一是第 14 章，即航空工业企业的常见国际贸易方式。考虑到航空航天类学校的背景，教材增加了航空工业企业进行国际贸易的常见方式。这一章主要内容包括航空工业企业进行国际贸易进出口业务演变、国防军工企业进出口常用的贸易方式，主要介绍转包贸易、我国航空工业几个典型转包生产公司的介绍。

本章小结

本章主要介绍了国际贸易实务的研究对象及学习方法，以及国际贸易适用的法律、公约和惯例。国际贸易实务是一门以国际货物贸易为研究对象，以交易条件和合同条款为重点，以国际贸易惯例和法律为依据，研究国际货物买卖过程的基本知识、基本规则、基本操作流程和技巧的课程。在学习中应注重实现课堂学习、实践环节、专业实习“三位一体”的有机结合，从而提高课程学习效果。国际贸易涉及不同国家或地区的当事人，不同的国家或地区有着不同的法律、法规、政策，因此可能存在着法律、法规、政策之间的冲突和适用问题。与此同时，国际贸易还会涉及有关贸易的国际公约和惯例。交易各方在交易磋商前应该对此加以了解并在履约过程中引起注意。

复习与思考题

一、名词解释

国际贸易　国际贸易惯例

二、简答题

1. 国际贸易实务的研究对象是什么？如何学好这一学科？
2. 国际贸易适用的公约有哪些？
3. 关于贸易术语的国际惯例有哪些？
4. 关于国际贸易结算的国际惯例有哪些？

三、案例分析题

1. 逾期接受能否构成有效接受争议案。

中国某进出口公司（以下简称为 A 公司）准备出售一批农产品，于 7 月 1 日向荷兰某公司（以下简称为 B 公司）发盘如下：“报 C－514 30 万 kg（300 公吨），不可撤销即期信用证付款，每吨价格为 900 美元，CIF 鹿特丹，7 月 20 日之前复到有效。”B 公司在 7 月 20 日之前发出接受的通知，由于传递的失误，该接受信函没有及时送到 A 公司，7 月 25 日 A 公司才看到 B 公司的这封信函，而在此之前 A 公司就已经获悉该产品国际市场价格上涨，于是A公司立即通知对方该接受无效。B公司认为，传递失误并不是他的责任，因此他的接收是一有效的接受，合同成立，双方应履行该合同。于是双方就合同是否有效成立发生争议。请问：该合同是否成立？[①]

2. 普通发盘能否撤销争议案。

我甲公司在广交会期间展出的“土纸”即手工制造书写纸（关键工序采用手工操作）被日本A株式会社看好，于是邀请甲公司向其发盘。甲公司于8月1日向日本A株式会社正式发盘：“每束300日元，CFR横滨，数量为9000束；付款条件为即期不可撤销跟单信用证，以甲公司为受益人，凭甲公司出具的发票、提单、品质与重量检验证书作为付款依据；买方有权在货物抵达目的港后予以复验，检验费用由买方自理。”发盘电函刚一发出，收到总公司紧急通知：该商品自8月1日起提高价格20%。我公司当即以电传通知对方撤回我原发盘。2日上午公司接到对方发来的电传通知，表示无条件接受我方8月1日发盘，并称信用证已经开出。我方按新的市场价格重新报价，但日方坚决要求按8月1日的价格成交，于是双方发生争议。请问：我甲公司是否可以撤销原发盘？[②]

---

① 资料来源：崔亚娜．国际贸易公约与惯例应用研究及典型案例评析．哈尔滨：黑龙江人民出版社，2005.

② 资料来源：崔亚娜．国际贸易公约与惯例应用研究及典型案例评析．哈尔滨：黑龙江人民出版社，2005.

第 2 章　国际货物贸易交易标的

【教学目的和要求】

本章主要介绍国际货物贸易交易标的，即货物的名称、品质与品质的表示方法、数量与数量的规定方法以及货物的包装。其中货物的名称属于基础性知识，要求了解，而货物的品质、数量和包装则是本章的重点内容，要求重点掌握。

【本章主要知识点】

- 货物的名称及表示方法
- 品名条款的注意事项
- 货物品质含义及表示方法
- 品质条款注意事项
- 货物计量单位及重量计算方法
- 包装的种类
- 包装的标志及类别
- 合同中包装条款的有关规定

【章首案例】

案例 2-1　我某进出口公司与德国一家公司签订出口一批农产品的合同。其中品质规格为：水分最高 15%，杂质不超过 3%，交货品质以中国商检局品质检验为最后依据。但在成交前我方曾向对方寄送过样品，并未表示样品仅供参考，合同签订后又电告对方，确认成交货物与样品相似。货物装运前由中国商检局签发品质规格合格证书。货物抵运德国后，该公司提出：虽然有检验证书，但是货物品质比样品差，卖方有责任交付与样品一致的货物，因此要求每吨减价 6 英镑。我公司以合同中并未规定凭样交货为由不同意减价。于是，德国公司请该国某检验公司检验，出具了所交货物平均品质比样品差 7%的检验证明，并据此提赔。我方不服，提出该产品系农产品，不可能做到与样品完全相符，但不至于低 7%。由于我方留存的样品遗失，无法证明，最终只好赔付一笔品质差价。

要点分析　此案例是一宗既凭规格交货，又凭样品买卖的交易，卖方成交前的寄样行为以及订约后的电告行为都是合同的组成部分。

启示：根据商品特点正确选择表示品质的方法，能用一种表示就不用两种，避免双重标准，既凭规格又凭样品的交易，两个条件都要满足。样品的管理要严格，对复样等应妥善保管，作为日后的重要物证。

交易标的(object of transaction)是当事各方订立合同时所要规范的“客体”内容，是合同当事各方权利和义务共同指向的对象。标的是合同成立的必要条件，没有标的，合同便无法成立。国际货物贸易交易标的是指进入国际贸易领域的有形货物，包括货物的名称、规格和型号，货物的品质及其表示方法，货物的数量和数量的规定方法以及货物的包装4个部分。

在国际贸易中，货物的名称、品质、数量和包装是交易的基础，贸易双方必须就此磋商并达成一致，才能进一步达成其他交易条件，它是国际货物贸易合同主要条款，也是交易双方履行合同的依据。①

2.1　货物的名称

2.1.1　货物名称的含义

货物的名称(name of commodity)有时称"品名"(即商品名称的缩写)，是指能使某种商品区别于其他商品的一种称呼或概念。品名在一定程度上体现了商品的自然属性、用途以及主要性能特征，常与品质联系在一起，构成描述商品的重要组成部分。

2.1.2　货物名称的表示方法

概括地说，常见的货物名称的表示方法有如下几种：

① 以货物的主要用途表示货物名称。这种表示方法的目的在于突出货物的主要用途，便于客户购买，如"自行车""电饭锅"等。

② 以加工原料表示货物名称。这种表示方法主要突出所使用的加工原料，通过突出所使用的主要原料，以反映货物的质量，如"羊毛衫""玻璃杯""实木家具"等。

③ 以人物姓名表示货物名称。以人物姓名表示货物名称主要是源于人物的知名度较高，或是历史品牌，如"李宁牌运动鞋""王老吉凉茶"等。

④ 以品牌表示货物名称。品牌是企业及其所提供的货物的综合标识，既代表企业对消费者的产品质量承诺，又代表企业所获得的消费者的信任水平，如"百事可乐""青岛啤酒"等。

⑤ 以产地命名。产地同样代表着货物的品质水平，因此有时产地和货物名称的相结合，能起到很好的宣传作用，如"东北大豆""云南普洱茶"等。

⑥ 以加工制作工艺表示货物名称。这种表示货物名称的方法的目的是增强消费者对该货物的了解，当然不同的加工制作工艺代表着不同的生产成本，因此价格也各异，如"人造毛皮""二锅头烧酒"等。

⑦ 以主要成分表示货物名称。以货物所含的主要成分表示货物名称可使消费者了解货物的效能，有利于提高货物的售价，如"玉米油""钻戒"等。

⑧ 以商品的外观特点命名。这种命名方法的目的在于方便消费者通过字义了解该商品的特征，如"高跟鞋""喇叭裤""蝙蝠衫"等。

---

① 资料来源：《国际贸易实务案例分析集》，浙江工贸学院精品课程.

上述货物名称的表示方法在某种程度上也代表了货物的品质，因此货物名称的表示方法要和品质条款相结合，才能更好地体现货物的具体内容和价值。

2.1.3 规定货物名称条款的注意事项

1. 合同中的品名条款

国际货物买卖合同中的品名条款没有统一格式，通常都在“商品名称”或“品名”项下列明所交易双方同意买卖的货物名称。例如品名：中国桐油(name of commodity：Chinese Tung Oil)。

有时为了省略起见也可不加标题，只在合同的开头部分列明双方同意买卖某种货物的文句。在国际贸易实务中，商品的品名条款比较简单，一般不单列，而是将其包含在品质条款中，因为许多货物往往具有不同的品种、等级和型号，有时候一份合同里交易的货物不止一种，为了明确起见，便把有关具体品种、规格、等级或型号等品质条件包括在品名中，实际上是把品名和品质条件合并在一起，如图 2－1 所示。

货物：

Commodity：

序号	货物品名与规格	单位	数量	单价	总价
Item	Description	Unit	Quantity	Unit Price	Amount

图 2－1 货物品名与品质条款

2. 规定货物名称条款的注意事项

明确货物的名称是买卖双方交易的基础，同时货物名称也是国际贸易合同的要件之一。因此，在拟定货物名称条款时应注意以下事项：

① 货物名称应准确、具体、简洁。对交易货物的描述应准确、具体，能切实反映货物的特点和物理、化学特性，切忌笼统、含糊不清。描述用语应力求简洁，不应做过多解释，以免给双方履约带来不必要的麻烦。

② 货物名称应实事求是，切实反映货物的实际情况。从卖方而言，货物必须是卖方有能力生产或供应的品种或型号；就买方而言，品名必须是买方需要进口的商品。凡做不到或不必要的修饰性语句，都不应列入，以免给事后履约造成困难。

③ 货物名称应尽可能使用国际上通用的名称。目前，不同国家甚至同一国家的不同地区，对某一货物的称谓可能不尽相同，为了避免误解，应尽可能地使用国际上通用的名称。如果必须使用地方性的称谓，则需要买卖双方事先就其内涵达成共识。对于某些新货物的命名及其译名，必须做到准确易懂，并符合对方国家习惯。

④ 确定品名时应恰当地选用合适的名称。如果商品具有不同的名称，则在确定品名时，必须注意有关国家的海关税则和进口限制的有关规定，在不影响外贸政策的前提下，从中选择有利于降低关税、方便进口和节省运费开支的名称，作为合同的品名。

2.2　货物的品质

任何货物都有一定的品质。国际贸易中货物的品质关系到买卖各方的切身利益。因此,货物的品质是买卖双方交易洽谈的重要交易条件,也是国际贸易合同的主要条款。

2.2.1　货物品质的含义

货物品质(quality of goods),一般是指货物内在本质属性和外观形态的综合。货物的本质属性表现为货物的化学成分的构成、物理和机械性能、生物特征等,如化工产品的溶点、沸点、纯度,机械产品的表面光洁度、加工精度,金属材料的抗拉强度等;货物的外观形态则主要是指货物的形态、结构、色泽、味觉等。在国际贸易中,买卖双方往往是按照每种货物的不同特点,选择一定的质量指标来衡量。如服装以主料和辅料、款式、颜色等指标来衡量;大豆以含油量、含水量、杂质、不完整粒等指标表示。不同质量的货物具有不同的使用价值,可以满足消费者的不同需要。因此,货物品质是购买者最关心的问题,也是国际贸易合同里首先必须明确规定的条款。

2.2.2　货物品质的表示方法

在国际贸易中,由于交易的商品种类繁多,特点各异,故表示品质的方法也不相同。概括起来,国际贸易中惯常用来表示商品品质的方法,包括以实物表示品质和凭说明表示品质两类。

1. 以实物表示货物品质

(1)看货买卖

若买卖双方根据成交商品的实际品质进行交易,通常是先由买方或其代理人在卖方所在地验看货物,达成交易后,卖方即应按验看过的商品交付货物。只要卖方交付的是验看过的商品,买方就不得对品质提出异议。

在国际贸易中,由于交易双方远隔两地,交易洽谈多靠函电方式进行。买方到卖方所在地验看货物有诸多不便,即使卖方有现货在手,买方也有代理人代为验看货物,也无法逐件查验,所以来用看货成交的有限。这种做法,多用于寄售、拍卖和展卖业务中。

(2)凭样品买卖

样品通常是指从一批商品中抽出来的或由生产、使用部门设计、加工出来的,足以反映和代表整批商品质量的少量实物。凡以样品表示商品质量并以此作为交货依据的,称为凭样品买卖(sale by sample)。

在国际贸易中,按样品提供者的不同,可分为下列几种:

①卖方样品(seller's sample)。由卖方提供的样品称为“卖方样品”。凡凭卖方

样品作为交货的品质依据者，称为“凭卖方样品买卖”。在此情况下，在买卖合同中应订明：“品质以卖方样品为准”(quality as per seller's sample)。日后，卖方所交整批货(bulk)的品质，必须与其提供的样品相同。

②买方样品(buyer's sample)。买方为了使其订购的商品符合自身要求，有时也提供样品交由卖方依样承制，如卖方同意按买方提供的样品成交，称为“凭买方样品买卖”。在这种场合，买卖合同中应订明：“品质以买方样品为准”(quality as per buyer's sample)。日后，卖方所交整批货的品质，必须与买方样品相符。

③对等样品(counter sample)。在国际贸易中，谨慎的卖方往往不愿意承接凭买方样品交货的交易，以免因交货品质与买方样品不符而招致买方索赔。甚至退货的危险。在此情况下，卖方可根据买方提供的样品，加工复制出一个类似的样品交买方确认，这种经确认后的样品，称为“对等样品”或“回样”，也有称之为“确认样品”(confirming sample)的。当对等样品被买方确认后，则日后卖方所交货物的品质，必须以对等样品为准。

此外，买卖双方为了发展贸易关系和增进彼此对对方商品的了解，往往采用互相寄送样品的做法。这种以介绍商品为目的而寄出的样品，最好标明“仅供参考”(for reference only)字样，以免与标准样品混淆。在寄送“参考样品”的情况下，如买卖合同中未订明交货品质以该项样品为准，而是约定了其他方法来表示品质，这就不是凭样品买卖，这种样品对交易双方均无约束力。

2. 以说明表示货物品质

凡以文字、图表、相片等方式来说明商品的质量者，均属凭说明表示商品质量的范畴。

(1)凭规格买卖

货物的规格是指货物的主要成分、含量、纯度、性能、容量、长短、大小和粗细等用来反映货物品质的某些主要指标。交易时，以规格来确定货物品质的方法称为规格买卖。该方法具有简单易行、明确具体的特点，故应用最为广泛。例如，芝麻，水的质量分数最高为14%，油的质量分数最低为51%，杂质的质量分数最高为5%。

(2)凭等级买卖

货物等级(grade of goods)是指把同一货物按其品质(如尺寸大小、形状、重量、成分、构造、效能等)的差异，划分为不同的级别和档次，用数字或文字表示，如特级(superior)、一级(grade 1)、二级(grade 2)等。货物等级，通常是由制造商或出口商根据其长期生产和了解该货物的经验，在掌握其品质规律的基础上制定出来的，它有助于满足各种不同需要，也有利于根据不同的要求来安排生产与加工整理。例如我国出口的钨砂，主要根据三氧化钨和锡含量的不同，一般分的特级、一级和二级三种，每一等级对应着不同的指标含量，见表2-1。

表 2－1　钨砂的等级表示法　%

等级	Tungsten trioxide(三氧化钨) Min.(最低)	Tin(锡) Max.(最高)	Arsenic(砷) Max.(最高)	Sulfur(硫) Max.(最高)
Superior	70	0.2	0.2	0.8
Grade 1	65	0.2	0.2	0.8
Grade 2	60	1.5	0.2	0.8

用等级表示货物品质的方法，只要交易双方对等级所含规格内容理解一致，对简化交易手续、促进成交以及体现按质论价具有一定作用，常用于农副产品和矿产品的品质描述。

(3)凭标准买卖

货物的标准是指统一化了的规格和等级，一般是由国家机关或有关政府主管部门规定并公布实施的标准化品质指标。标准分为生产商标准、团体标准、国家标准、区域标准以及国际标准等。因此，在援引标准买卖时，一定要明确标准的年份和版本，以免引起争议。例如，在凭药典确定品质时，应明确规定以哪国的药典为依据，并同时注明该药典的出版年份。例如，阿司匹林符合 1993 年版英国药典。

国际贸易中，对于某些品质变化较大而难以规定统一标准的农副产品，往往采用"良好平均品质"这一术语来表示其品质。所谓"良好平均品质"(fair average quality, F. A. Q.)是指一定时期内某地出口货物的平均品质水平。良好平均品质表示品质的方法尽管较为笼统，有时甚至并不代表固定、具体的品质规格，但在一些农副产品的交易中却经常采用。在我国，F. A. Q. 有时称为"大路货"。采用这种方法表示货物品质，除在合同中注明 F. A. Q. 字样和年份外，一般还列明货物的主要规格指标。例如，对中国出口花生仁的品质水平表示如表 2－2 所示。

表 2－2　花生仁的标准表示法　%

China Peanuts (中国花生仁)	F. A. Q. 2008
Oil Content (min.)(含油量 最低)	44
Moisture (max.)(水分 最高)	13
Admixture (max.)(杂质 最高)	1.5
Imperfect grains (max.)(不完善粒 最高)	8

除此之外，国际上对于木材和冷冻鱼虾等水产品的交易，有时采用"上好可销品质"(GMQ)来表示其品质。

(4) 凭说明书和图样买卖

凭说明书和图样买卖(sale by description and illustration)是指在国际贸易中以产品的说明书并附以图样、照片、设计图纸、分析表格以及各种数据来说明货物的具体性能和结构特点。例如，合同中在货物名称后面附有"品质和技术参数符合本合同所附技术附件”(quality and technical data to be in conformity with the technical appendix attached)。在国际贸易中，有些机器、电器和仪表等技术密集型产品，因其结构复杂，对材料和设计的要求非常严格，用以说明其性能的数据较多，很难用几个简单的指标来表明其品质的全貌，而且有些产品，即使其名称相同，但由于所使用的材料、设计和制造技术的某些差别，也可能导致功能上的差异。因此，对这类商品的品质，通常是以说明书并附以图样、照片、设计、图纸、分析表及各种数据来说明其具体性能和结构特点。

有不少厂商为了推销目的，定期或不定期地向顾客分送整本的商品目录或单张的产品介绍，用图片和文字介绍其定型产品的外形、构造、性能、用途、包装，有时还附有价格，供顾客选购。凡按这种商品目录订货的交易，又称凭商品目录买卖。目前，有关定型的机电产品买卖，有不少是采用这种方式进行的。如果买主对商品目录所提供的产品的性能或其规格方面有另外的要求，也可以在上述基础上辅以详细说明，经卖方确认后达成交易。

凭说明书和图样买卖时，要求所交的货物必须符合说明书所规定的各项指标。但是，由于这类产品的技术要求比较高，品质与说明书和图样相符合的产品有时在使用时并不一定能达到设计的要求，所以在合同中除列入说明书的具体内容外，一般需要订立卖方品质保证条款和技术服务条款。例如规定：“卖方须在一定期限内保证其商品的质量符合说明书所规定的指标，如在保证期内发现品质低于规定，或部件的工艺质量不良，或因材料内部隐患而产生缺陷，买方有权提出索赔，卖方有义务消除缺陷或更换有缺陷的商品或材料，并承担由此引起的各项费用。”

(5)凭商标或品牌买卖

商标(trade mark)是指生产者或商号用来说明其所生产或出售的商品的标志，它可由一个或几个具有特色的单词、字母、数字、图形或图片等组成。品牌(brand name)是指工商企业给其制造或销售的商品所冠的名称，以便与其他企业的同类产品区别开来。这种方法通用于信誉良好、品质稳定，在国际市场上行销已久的货物买卖，因为这些货物的商标或品牌已能代表一定的品质，如可口可乐、海尔电器等。

此外，应当指出，如我国接受国外客户订货并按规定刷印其提供的品牌时，应注意该项品牌是否合法，以免运往国外触犯进口国家的商标法而引起纠纷。

(6)凭产地名称买卖

在国际货物买卖中，有些货物因生产地区的自然条件或传统加工工艺在货物品质上独具风格和特色，在买卖双方签订合同时就以货物的产地名称成交，称为凭产地名称买卖，例如我国的龙口粉丝、涪陵榨菜等。

案例 2-2 我某出口公司向外商出口一批苹果。合同及对方开来的信用证上均写的是三级品，但卖方交货时才发现三级苹果库存告罄，于是该出口公司改以二级品交货，并在发票上加注：“二级苹果仍按三级计价，不另收费”。请问：卖方这种做法是否妥当？为什么？[①]

2.2.3　货物品质条款注意事项

在品质条款中，一般要写明商品的名称和具体品质。但由于品种不同，表示品质的方法不一，故品质条款的内容及其繁简，应视商品特性而定。规定品质条款，需要注意下列事项：

1. 在合同中对某些货物加列品质机动幅度和品质公差条款

在国际贸易中，卖方交货品质必须严格与买卖合同规定的品质条款相符。但在实际业务中，由于生产条件、产品特征、运输条件以及气候等方面因素，卖方要使货物完全符合合同规定的品质条款并非易事。因此，在拟订合同的品质条款时，要注意必要的灵活性和科学性，以保证交易的顺利进行，可以在合同品质条款中作出某些变通规定。

(1)交货品质与样品大体相等或其他类似条款

在凭样品买卖的情况下，交易双方容易在交货品质与样品是否一致的问题上产生争议。为了避免争议和便于履行合同，卖方可要求在品质条款中加订“交货品质与样品大体相等”(quality to be considered and being about equal to the sample)之类的条文。

(2)品质机动幅度

品质机动幅度是指允许卖方所交商品的品质指标可有一定的机动幅度。这种做法一般适合于农副产品等初级产品的交易。具体规定办法有：

①规定范围。规定范围是指对某项品质指标允许有差异的范围。例如：全棉印花布，幅宽 0.889～0.9144m(35～36 英寸)。

②规定极限。对所交货物的品质规格，规定上下极限。例如：籼米，水的质量分数最高为 13%。

③规定上下差异。例如：灰鸭绒，绒的质量分数为 18%±1%。

对于在机动幅度内的品质差异，价格一般仍按合同计算。但如因品质指标的变动给货物质量带来实质性的变化，则买卖双方可以在合同中订立品质增减价条款。根据我国外贸的实践，品质增减价条款有下列几种订法：

①对机动幅度内的品质差异，可按交货实际品质规定予以增价或减价。例如，在我国大豆出口合同中规定：“水份每增减 1%（±1%），则合同价格减增 1%(±1%)；不完善粒每增减 1%(±1%)，则合同价格减增 0.5%(±0.5%)；含油量每增减 1%(±1%)，则合同价格增减 1.5%(±1.5%)。如增减幅度不到 1%者，可按比例计算。”

②只对品质低于合同规定者扣价。在品质机动幅度范围内，交货品质低于合同

① 资料来源：张凤珍，杨涛．国际贸易实务习题集．辽宁商贸职业学院商务贸易系报关与外销教研室．

规定者扣价，而高于合同规定者却不增加价格。为了更有效地约束卖方按规定的品质交货，还可规定不同的扣价办法。例如，在机动幅度范围内，交货品质低于合同规定1%，扣价1%；低于合同规定1%以上者，则加大扣价比例。

采用品质增减价条款，一般应选用对价格有重要影响而又允许有一定机动幅度的主要质量指标，对于次要的质量指标或不允许有机动幅度的重要指标，则不能适用。

此外，有些合同还就交货品质低于约定品质时如何处理，也作了规定。例如："卖方交货品质有缺陷，不符合合同规定。买方不得拒收货物或撤销合同，但可向卖方提出索赔。"不过，这种规定，买方一般不会轻易接受。

(3)品质公差

品质公差是指国际上公认的产品品质的误差。在工业制成品生产过程中，产品的质量指标出现一定的误差有时是难以避免的，如手表每天出现误差若干秒，棉支数的调整，等等。因此，只要卖方交货品质在公差范围内，不能视作违约。

此外，对于某些难以用数字或科学方法表示的，则采取"合理差异"这种笼统的规定。例如："质地、颜色允许合理差异"。由于对"合理差异"未作具体规定，容易导致争议，故使用时应慎重。凡能用数字或科学方法表示的，则不宜采用此种规定。

2. 正确运用各种表示品质的方法

品质条款的内容，必然涉及表示品质的方法。究竟采用何种表示品质的方法，应视商品特性而定。一般来说，凡能用科学的指标说明其质量的商品，则适于凭规格、等级或标准买卖；有些难以规格化和标准化的商品，如工艺品等，则适于凭样品买卖；某些质量好并具有一定特色的名优产品，适于凭商标或品牌买卖；某些性能复杂的机器、电器和仪表，则适于凭说明书和图样买卖；凡具有地方风味和特色的产品，则可凭产地名称买卖。

上述这些表示品质的方法，不能随意滥用，而应当合理选择。此外，凡能用一种方法表示品质的，一般就不宜用两种或两种以上的方法来表示。

2.3 货物的数量

货物的数量(quantity)是指以一定度量衡表示的货物的重量、个数、长度、面积、体积、容积的量。数量条款是国际货物贸易合同的主要交易条件之一，属于合同要件。卖方交货数量必须与合同规定相符，否则买方有权提出索赔，甚至拒收货物。《联合国国际货物销售合同公约》也规定，按约定的数量交付货物是卖方的一项基本义务。如卖方交货数量大于约定的数量，买方可以拒收多交的部分，也可以收取多交部分中的一部分或全部，但应按合同价格付款。如卖方交货数量少于约定的数量，卖方应在规定的交货期届满前补交，但不得使买方遭受不合理的不便或承担不合理的开支，即使如此，买方也有保留要求损害赔偿的权利。

由于交易双方约定的数量是交接货物的依据，因此，正确掌握成交数量和订好合同中的数量条件具有十分重要的意义。买卖合同中的成交数量的确定，不仅关系到进出口任务的完成，而且还涉及对外政策和经营意图的贯彻。正确掌握成交数量，对促成交易的达成和争取有利的价格，也具有一定的作用。

2.3.1　常用的度量衡制度和货物计量单位

1. 常用的度量衡制度

目前，国际贸易中使用比较广泛的度量衡制度有公制(the metric system)、英制(the British system)、美制(The U. S. system)以及在公制基础上颁布的国际单位制(the international system of units)。我国采用的是以国际单位制为基础的法定计量单位。

根据《中华人民共和国计量法》规定："国家采用国际单位制。国际单位制计量单位和国家选定的其他计量单位，为国家法定计量单位。"目前，除个别特殊领域外，一般不许再使用非法定计量单位。我国出口商品，除照顾对方国家贸易习惯约定采用公制、英制或美制计量单位外，应使用我国法定计量单位。我国进口的机器设备和仪器等，应要求使用法定计量单位，否则一般不许进口，如确有特殊需要，也必须经有关标准计量管理部门批准。

2. 货物计量单位

国际贸易中使用的计量单位很多，究竟采用何种计量单位，除主要取决于商品的种类和特点外，还取决于交易双方的意愿。

① 按重量(weight)单位计算。按重量计量是当今国际贸易中广为使用的一种，例如，许多农副产品、矿产品和工业制成品，都按重量计量。按重量计量的单位有公吨(metric ton)、长吨(long ton)、短吨(short ton)、千克(kilogram)、克(gram)、盎司(ounce)等。对黄金、白银等贵重商品，通常采用克或盎司来计量。钻石之类的商品，则采用克拉作为计量单位。

② 按数量(number)单位计算。大多数工业制成品，尤其是日用消费品、轻工业品、机械产品以及一部分土特产品，均习惯于按数量进行买卖。其所使用的计量单位有件(piece)、双(pair)、套(set)、打 (dozen)、卷(roll)、令(ream)、罗(gross)以及袋(bag)和包(bale)等。

③ 按长度(length)单位计算。在金属绳索、丝绸、布匹等类商品的交易中，通常采用米(meter)、英尺(foot)、码(yard)等长度单位来计量。

④ 按面积(area)单位计算。在玻璃板、地毯、皮革等商品的交易中，一般习惯于以面积作为计量单位，常见的有平方米(square meter)、平方英尺(square foot)、平方码(square yard)等。

⑤ 按体积(volume)单位计算。按体积成交的商品有限，仅用于木材、天然气和化学气体等。属于这方面的计量单位，有立方米(cubic meter)、立方英尺(cubic foot)、立方码(cubic yard)等。

⑥ 按容积(capacity)单位计算。各类谷物和流体货物,往往按容积计量。其中,美国以蒲式耳(bushel)作为各种谷物的计量单位,但每蒲式耳所代表的重量,则因谷物不同而有差异。例如,每蒲式耳亚麻籽为25.4kg(56磅),燕麦为14.5kg(32磅),大豆和小麦为27.2kg(60磅)。公升(litre)、加仑(gallon)则用于酒类、油类商品。

案例2-3 我某出口公司在某次交易会上与外商当面谈妥出口大米1000万kg(10000公吨),每公吨USD275 FOB中国口岸。但我方公司在签约时,合同上只笼统地写了10000吨,我方当事人主观上认为合同上的吨就是指公吨。后来,外商来证要求按长吨供货。如果我方照证办理则要多交大米160500kg(160.5公吨),折合美元为44137.5美元。于是,双方发生争议。试分析发生争议的原因。[①]

2.3.2 重量的计算方法

在国际贸易中,按重量计量的商品很多。根据一般商业习惯,通常计算重量的方法有下列几种:

1. 毛重(gross weight)

凡商品本身重量加包装的重量称为毛重。这种计重办法一般适用于低值商品,皮重相对于货物重量较轻。按毛重计算是指货物的重量以毛重计算,即以毛重作为计算价格和交付货物的计量基础。这种计重方法在国际贸易中被称为"以毛作净"(gross for net)。

须要注意的是,采用"以毛作净"时,不仅在规定数量条款时予以标明,在单价条款中也应予以标识。如"每公吨350美元,以毛作净"(USMYM350 per metric ton, gross for net)。

2. 净重(net weight)

凡商品本身重量,即除去其包装物后的实际重量称为净重,这是国际贸易中最常见的计重方法。不过,有些价值较低的农产品或其他商品,有时也采用"以毛作净"(gross for net)的办法计重。例如,蚕豆100公吨,单层麻袋包装以毛作净。所谓"以毛作净",实际上就是以毛重当作净重计价,俗称"连皮滚"。

在采用净重计重时,对于如何计算包装重量,国际上有下列几种做法:

①按实际皮重(actual tare 或 real tare)计算。实际皮重即指包装的实际重量,它是指对包装逐件衡量后所得的总和。

②按平均皮重(average tare)计算。如果商品所使用的包装比较统一,重量相差不大,就可以从整批货物中抽出一定的件数,称出其皮重,然后求出其平均重,再乘以总件数,即可求得整批货物的皮重。近年来,随着技术的发展和包装材料及规格的标准化,用平均皮重计算净重的做法已日益普遍。有人把它称为标准皮重(standard

---

① 资料来源:江俊."国际贸易实务"教案.安徽行政学院,安徽经济管理学院.

weight)。

③按习惯皮重(customary tare)计算。有些商品,由于其所使用的包装材料和规格已比较定型,皮重已为市场所公认,因此,在计算其皮重时,就毋需对包装逐件过秤,按习惯上公认的皮重乘以总件数即可。

④按约定皮重(computed tare)计算。即以买卖双方事先约定的包装重量作为计算的基础。

国际上有多种计算皮重的方法,究竟采用哪一种方法来求得净重,应根据商品的性质、所使用包装的特点、合同数量的多寡以及交易习惯,由双方当事人事先在合同中订明,以免事后引起争议。

3. 公量(conditioned weight)

国际贸易中的棉毛、羊毛、生丝等商品有较强的吸湿性,其所含的水分受客观环境的影响较大,故其重量很不稳定。为了准确计算这类商品的重量,国际上通常采用按公量计算的办法,即以商品的干净重(指烘去商品水分后的重量)加上国际公定回潮率与干净重的乘积所得出的重量,即为公量。其计算公式有下列两种:

$$公量=商品干净量\times(1+公定回潮率)$$

$$公量=商品净重\times(1+公定回潮率)/(1+实际回潮率)$$

所谓回潮率是指水分与干量(抽掉水分后货物的重量)之比,即:回潮率 = 水分/干量。标准回潮率[①]是交易双方约定的货物中的水分与干量之比,实际回潮率是货物中的实际水分与干量之比。

4. 理论重量(theoretical weight)

对于某些按固定规格生产和买卖的商品,只要其规格一致,每件重量大体是相同的,一般可以从其件数推算出总量。但是这种计重方法是建立在每件货物重量相同的基础上的,重量如有变化,其实际重量也会产生差异,因此只能作为计重时的参考。

5. 法定重量(legal weight)和实物净重(net weight)

按照一些国家海关法的规定,在征收从量税时,商品的重量是以法定重量计算的。所谓法定重量是商品重量加上直接接触商品的包装物料,如销售包装等的重量。而除去这部分重量所表示出来的纯商品的重量,则称为实物净重。

2.3.3　合同中数量条款的有关规定

数量条款是合同中的一项主要条款,也是买卖双方交接货物和处理数量争议的依据。

1. 数量条款的基本内容

合同中的数量条款一般包括计量单位、计量方法和交货的具体数量,有时也包括

---

① 货物的标准回潮率可以是国际公认的,也可由交易双方约定。例如,国际上公认的羊毛、生丝的标准回潮率为 11%。1kg 生丝,经科学方法测定水分为 0.2kg,干量为 0.8kg,则实际回潮率为 0.2/0.8 = 25%,该生丝的公量为:1×(1+11%)/(1+25%)=0.888kg。

溢短装的规定、溢短装的选择和相应的计价方法等。按重量计算的货物,要规定计算重量的方法,如毛重、净重、公量等。

2. 数量机动幅度的有关规定

在数量条款中,应对货物成交数量作出明确具体的规定,但在粮食、化肥和食糖等大宗货物交易中,由于货物的特性、自然条件、包装方式、船舱容量、装载技术等原因,要求准确地按约定数量交货,有时存在一定的困难。为了使交货数量具有一定的灵活性和便于履行合同,买卖双方可在合同中合理规定数量机动幅度。方法如下:

(1)规定约数

在商品数量前加上"约"字,表示卖方交货数量可以有一定的灵活性。根据《跟单信用证统一惯例》的规定,信用证如果规定有"约"字,应解释为交货数量有不超过10%的增、减幅度。

(2)溢短装条款

即在合同中规定卖方在交货时有权根据交货时的具体情况多装或少装货物,但以不超过成交数量的一个确定的百分比为限。

卖方交货的数量只要在增、减幅度内,买方就不得拒收或提出索赔。交货数量的机动幅度,一般规定由卖方选择,但按FOB条件成文时可规定由买方选择。如1000吨(1000公吨),卖方可多交或少交5%(1000M/T, more or less 5%)。

一般情况下,数量机动幅度范围内多装或少装部分按合同价计价,但为防止当事人利用数量机动幅度故意增加或减少数量以取得额外收益,也可规定按装运时或货到时的市场价格计价。

案例 2-4 国内某粮油进出口公司从国外进口小麦,合同数量为5亿kg(500万公吨),允许溢短装10%,而外商装船时共装了6亿kg(600万公吨),对多装的5000万kg(50万公吨),我方应如何处理?①

2.3.4 货物数量的确定

在洽商交易时,应正确掌握进出口商品成交的数量。

1. 对出口商品数量的掌握

为了正确掌握出口商品的成交量,在商订具体数量时,应当考虑下列因素:

① 国外市场的供求状况。当确定向某市场出口时,应了解该市场的需求量和各地对该市场的供应量,有效地利用市场供求变化规律,按国外市场实际需要合理确定成交量,以保证我国出口商品能卖得适当的价钱。对我国出口商品的主销市场和常年稳定供货的地区与客商,应经常保持一定的成交量,防止因成交量过少或供应不及时,而导致国外竞争者乘虚而入,使我们失去原有市场和客户。

---

① 资料来源:圣才学习网 http://yingyu.100xuexi.com/view/mustdata/20100618/DBFB9EB5-0526-43CF-A5A1-6CE148F3E6AE.html.

② 国内货源供应情况。在有生产能力和货源充沛的情况下，可适当扩大成交量；反之，如货源紧张，则不宜盲目成交，以免给生产企业和履行合同带来困难。

③ 国际市场的价格动态。当价格看跌时，如有货源，应争取多成交，快抛售；价格看涨时，不宜急于大量成交，应争取在有利的时机抛售。

④ 国外客户的资信状况和经营能力。出口商品的成交数量应与国外客户的资信状况和经营能力相适应，对资信情况不了解的客户和资信欠佳的客户，不宜轻易签订成交数量较大的合同，对小客户的成交数量也要适当控制，对大客户的成交数量过小，势必缺少吸引力。总之，要根据客户的具体情况确定适当的成交量。

2. 对进口商品数量的掌握

为了正确地掌握进口商品的成交数量，一般需要考虑下列因素：

① 国内的实际需要。在洽购进口商品时，应根据国内生产建设和市场的实际需要来确定成交量，避免盲目进口。

② 国内支付能力。确定进口商品数量，应与国内支付能力相适应，当外汇充裕而国内又有需要时，可适当扩大进口商品数量；反之，如外汇短缺，而非急需商品，则应控制进口成交数量，以免浪费外汇和出现不合理的贸易逆差。

③ 市场行情变化。在洽购进口商品时，还应根据国际市场行情变化情况确定成交数量，当市场行情发生对我方有利的变化时，应适当扩大成交数量；反之，则应适当控制成交数量。

2.4 货物的包装

包装(packing)是指按一定的技术方法，采用一定的包装容器、材料及辅料包裹或捆扎货物。一般来说，按是否需要包装，出口货物可分为散装货物(bulk cargo)、裸装货物(nude cargo)和包装货物(packed cargo)三大类。除少数商品难以包装、不值得包装或根本没有包装的必要而采取裸装(nude pack)或散装(in bulk)的方式外，其他绝大多数商品都需要有适当的包装。

包装是实现货物的价值和使用价值的重要手段之一，是货物流通的重要条件，也是货物生产必不可少的组成部分。包装良好的货物不仅有利于吸引顾客，扩大销路，而且可以起到宣传、美化和提高货物档次，促使货物增值的作用。包装条件又是买卖合同中的一项主要交易条件。《联合国国际货物销售合同公约》规定："卖方按照合向规定的方式装箱或包装"。也就是说，如果卖方所交货物未按约定的条件包装，或者货物的包装与行业习惯不符，则构成违约，买方有权拒收货物。因此，做好包装工作对履行合同具有重要意义。

案例 2－5　我方某公司出口自行车 800 辆，合同规定用木箱装，来证也为 PACKED IN WOODEN CASE。但在 CASE 之后加有 CKD 三个缩写字母，我方所有单据按来证照打，结果货整件包装运到目的港被海关罚款，并多上税，因而买方向我方索赔。试分析买方向我方索赔的原因?[①]

2.4.1 包装的种类

1. 运输包装

(1)运输包装的种类

①按包装方式不同,分为单件运输包装和集合运输包装。其中,单件运输包装(Single－Piece Packing)是指货物在运输过程中作为一个计件单位的包装。集合运输包装(Muster Packing)是指将若干单件运输包装组合成一件大的包装,以便提高装卸效率、节省运输成本。常见的集合运输包装有集装箱、托盘、集装袋(又称吨袋,ton bag)等。

②按包装造型划分,可分为箱、袋、包、桶和捆等不同形状的包装。

③按包装材料划分,可分为纸制包装,金属包装,木制包装,塑料包装,麻制品包装,竹、柳、草制品包装,玻璃制品包装和陶瓷包装等。

④按包装质地划分,有软性包装、半硬性包装和硬性包装,究竟采用其中哪一种,须视商品特性而定。

⑤按包装程度划分,可分为全部包装(full packed)和局部包装 (part packed)两种。前者,是指对整个商品全部以包装,绝大多数商品都需要全部包装;后者,是指对商品需要保护的部位加以包装,而不受外界影响的部分,则不予包装。

在国际贸易中,买卖双方究竟采用何种运输包装,应根据商品特性、形状、贸易习惯、货物运输路线的自然条件、运输方式和各种费用开支大小等因素,在洽商交易时谈妥,并在合同中具体订明。

(2)运输包装的标志

包装标志就是指在运输包装外部采用特殊的图形、符号和文字。其作用有三:一是识别货物,实现货物的收发管理;二是明确物流中应采用的防护措施;三是识别危险货物,暗示应采用的防护措施,以保证物流安全。包装标志按其用途分为运输标志、指示性标志和警告件标志等。

1)运输标志

运输标志习惯上称为“唛头”,它通常由一个简单的几何图形和一些字母、数字以及简单的文字组成,具有便于运输、辨认货物、顺利达成交易以及防止错发、错运的作用。主要内容包括:

①目的地的名称或代号。

②收发货人的代号。

③件号、批号。此外,有的运输标志还包括原产地、合同号、许可证号和体积与质

① 资料来源:百度文库 http://wenku. baidu. com/link? url = bnwGp8 _ IsB9E1GUfu45PCa0OkxiJGXI9-CKp7XVB6i16izyNYFP8Xf7oVkhKNtV7rZFMuPq7ZV3WI78vTHEvJzKkZARcKv5kPJrJT0cqm.

量等内容。

为了适应运输业的发展和电子计算机的应用，联合国欧洲经济委员会简化国际贸易程序工作组制定了一套标准运输标志向各国推荐使用。它包括：

①收货人或买方名称的英文缩写字母或简称。

②参考号，如运单号、订单号或发票号。

③目的地。

④件号。

图2－2为运输标志示意图。

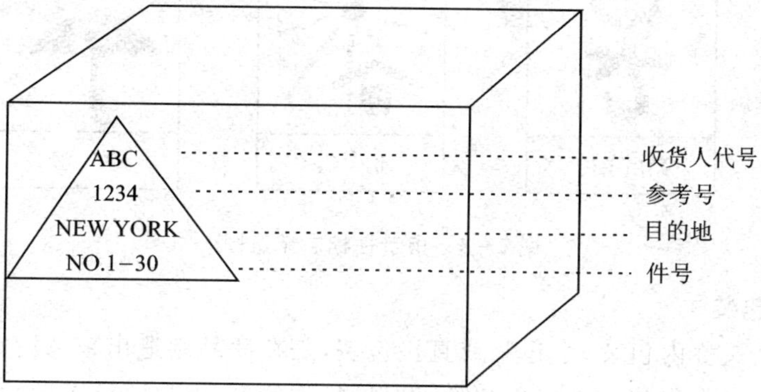

图2－2　运输标志示意图

2）指示性标志

指示性标志是对一些易碎、易损坏或易变质的货物，在货物包装上标注醒目的标志，以引起装运人员的注意，便于运输仓储，保护人员及货物的安全。如"小心轻放""此端向上""禁用手钩"和"怕热"等。指示性标志如图2－3所示。

在运输包装上标注何种标志，应根据商品性质正确选用。在文字选用上，最好采用出口国和进口国的文字，但一般使用英文的居多。

3）警告性标志

警告性标志，又称危险货物包装标志，是指为了保障货物和操作人员的操作安全，在易燃、易爆和有放射性等危险品的外包装上刷印简单图形和文字以示警告，如爆炸品、易燃品、有毒品、腐蚀性物品等。

运输包装上的各类标志，都必须按有关规定标注在运输包装上的明显部位，标志的颜色要符合有关规定的要求，防止退色、脱落，使人一目了然，容易辨认。

此外，联合国政府间海事协商组织也规定了一套《国际海运危险标志》。这套标志在国际上已被许多国家采用，有的国家进口危险品时，要求在运输包装上标打该组织规定的危险品标志，否则，不准靠岸卸货。因此，在我国出口危险货物的运输包装上，要标打我国和国际海运所规定的两套危险品标志。

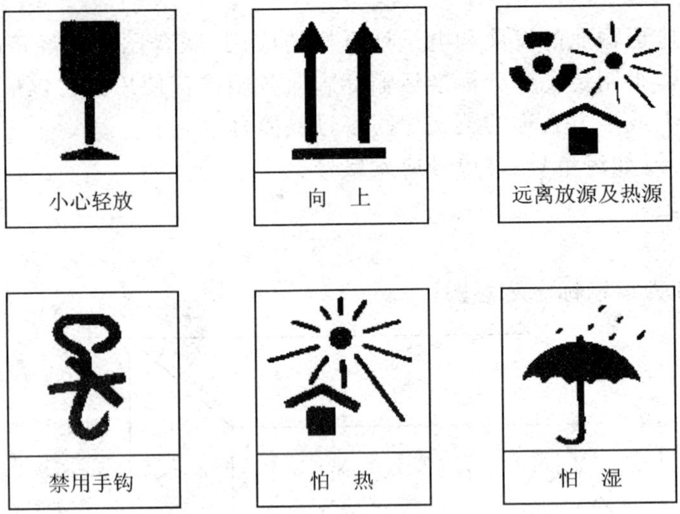

图 2－3 指示性标志示意图

2. 销售包装

销售包装又称内包装、小包装或直接包装，是在商品制造出来以后以适当的材料或容器进行的初次包装。销售包装除了保护货物的品质以外，还有美化货物、宣传广告、便于陈列展销、吸引顾客的功效和方便消费者识别、选购、携带、保存、计量及使用货物的作用。常见的销售包装有：

① 挂式包装。凡带有吊钩、吊带、挂孔等装置的包装，称为挂式包装，这类包装便于悬挂。

② 堆叠式包装。凡堆叠稳定性强的包装(如罐、盒等)，称为堆叠式包装，其优点是便于摆设和陈列。

③ 携带式包装。在包装上附有提手装置者为携带式包装，这类包装，携带方便，颇受顾客欢迎。

④ 易开包装。对要求封口严密的销售包装，标有特定的开启部位，易于打开封口，其优点是使用便利，如易拉罐等。

⑤ 喷雾包装。流体商品的销售包装本身，有的带有自动喷出流体的装置，它如同喷雾器一样，使用相当便利。

⑥ 配套包装。对某些需要搭配成交的商品，往往采用配套包装，即将不同品种、不同规格的商品配套装入同一包装。

⑦ 礼品包装。对某些送礼的商品，为了包装外表美观和显示礼品的名贵，往往来用专作送礼用的包装。

⑧ 复用包装。这种包装除了用作包装出售的商品外，还可用作存放其他商品或供人们观赏，它具备多种用途。

3. 中性包装定牌生产

(1)中性包装

中性包装是指在货物的包装和商品本身上不注明生产国别、地名和厂名的包装。中性包装包括无牌中性包装和定牌中性包装。前者指包装上既不注明生产地名和出口厂商名称,也不注明商标或品牌;后者指包装上只注明买方指定的商标或品牌.但不注明货物的生产地名和出口厂商名称。

采用中性包装是国际贸易中的习惯做法,其目的是为了打破某些进口国家与地区的贸易壁垒及适应交易的特殊需要(如转口贸易等)。它是出口厂商加强对外竞销和扩大出口的一种手段。

(2)定牌生产

定牌生产是指卖方按买方要求在其出售的商品或包装上标明买方指定的商标或品牌。当前,世界许多国家的超级市场、大百货公司和专业商店,对其经营出售的商品,都要在商品上或包装上标有本商店使用的商标或品牌,以扩大本店知名度和显示该商品的身价。许多国家的出口厂商,为了利用买主的经营能力及其商业信誉和牌名声誉,以提高商品售价和扩大销路,也愿意接受定牌生产。

在出口业务中,企业确定是否接受中性包装和定牌生产时,要注意:

①如果外商提供的图案文字有不妥之处,则不应接受。

②在合同中需与外商事先订明,如果采用买方指定的商标、品牌后,发生知识产权的争议或侵权行为,一切责任由买方负责。

现在世界上大多数国家对进口货物都规定了必须在内外包装上标明产地,甚至在货物上标明产地。因此,在国际贸易中采用中性包装的交易越来越少。

2.4.2 合同中包装条款的有关规定

包装条款是国际货物买卖合同中的重要条款之一。合同中的包装条款主要包括包装方式、包装材料、包装费用的负担以及包装标志等内容。

1. 对包装方式、包装材料的规定

包装方式选择、包装材料的应用应根据货物性质以及运输方式做出明确具体规定。尽量避免使用“习惯包装”(customary packing)、“适合海运的包装”(seaworthy packing)或“卖方习惯包装”(seller's usual packing)等笼统字眼,以免引起争议。

2. 对包装费用的规定

包装由谁供应,通常有下列3种做法:

①由卖方供应包装,包装连同商品一块交付买方。

②由卖方供应包装,但交货后,卖方将原包装收回。关于原包装返回给卖方的运费由何方负担,应作具体规定。

③买方供应包装或包装物料。采用此种做法时,应明确规定买方提供包装或包装物料的时间,以及由于包装或包装物料未能及时提供而影响发运时买卖双方所负

的责任。

关于包装费用，一般包括在货价之内，不另计收。但也有不计在货价之内，而规定由买方另外支付的。究竟由何方负担，应在包装条款中订明。

3. 对包装标志的规定

商品包装上的包装标志和条形码等，一般在合同中无需规定，由卖方自行决定。按照国际惯例，运输标志一般由卖方决定。但在有些情况下，买方要求制定运输标志，买卖双方需在包装条款中对买方提供运输标志的时间作出规定。若买方逾期未指定运输标志，则卖方可以自行决定。

本章小结

本章主要介绍国际货物贸易交易标的——货物，包括货物的名称、品质、数量及包装4个方面。货物的名称(name of commodity)有时称“品名”，是指能使某种商品区别于其他商品的一种称呼或概念。品名在一定程度上体现了商品的自然属性、用途以及主要性能特征，常与品质联系在一起，构成描述商品的重要组成部分。规定货物名称条款时，货物名称应准确、具体、简洁，切实反映货物的实际情况，应尽可能使用国际上通用的名称。国际贸易中货物的品质关系到买卖各方的切身利益，是买卖双方交易洽谈的重要交易条件，也是国际贸易合同的主要条款。国际贸易中惯常用来表示商品品质的方法，包括以实物表示品质和凭说明表示品质两类。在订立货物品质条款时，可对某些货物加列品质机动幅度和品质公差条款，应视商品特性，正确运用各种表示品质的方法。货物的数量(quantity)是指以一定度量衡表示的货物的重量、个数、长度、面积、体积、容积的量。数量条款是国际货物贸易合同的主要交易条件之一，属于合同要件。由于交易双方约定的数量是交接货物的依据，因此，正确掌握成交数量和订好合同中的数量条件，具有十分重要的意义。合同中的数量条款一般包括计量单位、计量方法和交货的具体数量，有时也包括溢短装的规定、溢短装的选择和相应的计价方法等。按重量计算的货物，要规定计算重量的方法，如毛重、净重、公量等。包装是实现货物的价值和使用价值的重要手段之一，是货物流通的重要条件，也是货物生产必不可少的组成部分。包装条件又是买卖合同中的一项主要交易条件。包装主要包括运输包装和销售包装，此外也有中性包装和定牌生产。包装条款是国际货物买卖合同中的重要条款之一。合同中的包装条款主要包括包装方式、包装材料、包装费用的负担以及包装标志等内容。

复习与思考题

一、名词解释

品质机动幅度　品质公差　数量的溢短装条款　回潮率　法定重量

二、判断题

1. 数量的溢短装条款是对卖方较有利的。（　）

2. 既使度量衡制度存在差异，但同一计量单位所表示的数量也是一样的。（　）

3. 采用净重计算时的关键是如何计算包装的重量。（　）

4. 标准回潮率是指商品中的实际水分与干量之百分比。（　）

5. 公量是公定重量的简称，比较适合于经济价值较高、含水量又极不稳定的商品。（　）

6. 法定重量是海关征收从量税时常使用的计量方法。（　）

7. 平均皮重也称为标准皮重。（　）

8. 理论重量是建立在每件商品的重量都相同的基础上，它只能作为计算实际重量的参考。（　）

9.《UCP600》对“约”字和未规定数量溢短装量下，均允许交货数量有5%的机动幅度。（　）

10. 以毛作净俗称连皮滚。（　）

三、简答题

1. 约定品质条款应注意哪些事项？

2. 约定数量条款应注意哪些事项？

3. 在某些大宗商品交易中为什么要约定溢短装条款？溢短装的选择权应由谁掌握？

4. 包装标志按其用途分为哪些？

5. 货物品质的表示方法有哪些？

6. 何谓“中性包装”？出现的原因是什么？

7. 国际货物买卖合同中，包装条款主要规定哪些内容？

四、案例分析题

凭样品成交合同的潜在风险问题。

某年3月15日，我国A公司与国外某商人洽谈铜搭扣的来样订货业务，双方达成合同规定，按买方来样成交确定合同品质，卖方试制的对等样品经买方确认后，作为交货品质依据；5月5日前装运，不可撤销即期信用证付款，付款时须提供由开证申请人授权的指定代理人在装运前签发的检验证书。4月5日，买方开来信用证，信用证规定装运期为5月5日，信用证有效期为5月15日。卖方认为自己的工厂颇具规模，有多年的翻砂、铸造、冷轧经验，生产加工铜搭扣这类小商品没有问题，但在试制过程中，买方对寄去的对等样品一再认为不符合要求，不予确认。卖方经过多次试制，再将样品寄去，终获对方认可，但此时国际市场价格开始下降。4月30日，卖方将对等样品按来样加工就绪，发传真请买方派员前来验收。5月2日买方答复却是“检验员在国外，不能来华”。卖方再去传真，“如不来检验，请修改信用证装船期限”。

5 月 4 日，买方传真称，“合同的装运期即到，来不及修改信用证”。卖方去传真，要求索赔，买方置之不理。此时，卖方才想起买方开来的信用证中的软条款“付款时须提供由开证申请人授权的指定代理人在装运前签发的检验证书”，没有信用证中规定的检验证书，卖方就无法装船、向银行交单议付。卖方只得哑巴吃黄连有苦说不出。

请试归纳凭样品成交的合同可能存在的潜在风险。[1]

① 资料来源：百度文库 http://wenku. baidu. com/link? url = XVgL4mVKUgi0zmf7vpDISfcRyEqYValdrd-BfMDLltjnCOCqeXLhN2sWtm4_-H9wmNlwZMGyAyWs17ejiI0u1GulOGM54awut3WM4vQQ0Kz_.

第3章　贸易术语

【教学目的和要求】

通过本章的学习，要求学生掌握几种常见的贸易术语，如何选用贸易术语，了解贸易术语的性质和作用，了解与贸易术语有关的国际惯例，了解其他一般贸易术语，能应用理论知识解决实际问题。

【本章主要知识点】

- 2011贸易术语的分类与名称
- 主要贸易术语：FOB、CIF、CFR、FCA、CIP、CPT
- 贸易术语的选用
- 11种贸易术语列表作进行归纳对比

【章首案例】

案例3-1　FOB合同下买方违约延迟派船。中国A公司与非洲B公司签订了出口小麦的FOB术语的合同。合同规定分4批交货。合同中的装运条款规定："买方接货船只必须于装船前8日内到达装运港口，否则，由此引起的卖方的任何损失和费用由买方承担。"同时还规定："买方必须于船只到达港口前5天将船名和估计到达装运港的时间以电讯方式通知卖方。"在合同的执行过程当中，前3批均按合同顺利执行，但最后一批，买方迟迟不派船，A公司反复催促。B公司回电称船源紧张，租不到船只，要求推迟两个月交货。A公司立即复电指出："按照合同规定，B公司必须派船接运，如确有困难，我方可例外同意你方延期装运，但B公司应当赔偿合计达20万美元。"此后A公司和B公司展开了讨价还价，将赔偿金额降到了15万元，B公司得以缓期两个月派船。[①]

案例分析　本案的关键在于B公司未能按照合同规定派船接货，导致了A公司额外的仓储费用，却又不愿支付，企图通过抵赖方式蒙混过关。采用FOB术语订合同，按时派船接货是买方的义务。在《2000年通则》中关于FOB有如下条款：B3. a.买方必须自付费用订立从指定的装运港运输货物的合同。B7通知卖方：买方必须给予卖方充分说明并通知船只名称，装货地点和交货需要的时间。

因此，如果买方指定的船只未能按时到达，或未能接收货物，则自规定的交付货物的约定日期或期限届满之日起，承担货物灭失和损坏的一切风险。

事后得知，此标的小麦的合同在最后一批的执行期间，国际市场小麦的价格大幅下跌，B公司小麦的销路受到巨大影响，因而试图取消最后一批小麦的交货，于是采

---

① 资料来源：百度文库 http://wenku. baidu. com/link? url=8udnyUIhxeBo8VJNv0mITxZ-kIp-SnOvOZ7Z2-vOcbK_ZBoB7Su6hDTYzWgzV-EJNnzWtaQjvI6OFA_Sb-V4L4ubhkWMEozK9t9eWky7uOG.

取拖延战术，试图使A公司自行提出取消合同，但A公司采取得当的措施，有理有据地运用FOB条款，使得B公司的预谋失败，维护了自己的利益。①

案例3-2 CFR合同下货物质量严重违约案。出口法国港口的CFR小麦合同，合同中规定商品的品质以到岸品质为准。但当货物运抵法国港口时，港口卫生检疫局发现该批货物含有大量细菌，属于法国官方严格禁止入境的品种，因而被海关扣留。不幸的是在货物被扣留期间，货物因火灾全部被焚毁，此时买方和卖方发生了争议②。

案例分析 本案的关键足由于CFR条件下规定货物在装船并越过船舷之后，其风险由买方负责，而在此之前卖方如果违约，应不应当承担责任呢？

本案中的损失应当由卖方来承担，这是因为，尽管这是一个CFR合同，但卖方交货品质严重违反合同，而提供符合合同规定的货物是卖方的主要义务，这就构成根本违约。正是由于卖方的重大违约，才使得货物被扣乃至灭失。因此，风险虽然已经转移给买方，但卖方的严重违约又将责任返还给卖方。

当然，如果卖方的违约行为属于非根本违约或轻微违约，对于CFR类的合同，货物运至目的港后，如果发生了货物损失，风险仍然由买方负责，同时卖方应当根据合同和有关法律规定的责任，对买方进行赔偿。

3.1 贸易术语

3.1.1 贸易术语的含义及其作用

国际贸易具有线长、面广、环节多、风险大的特点。线长是指货物的运输距离长；面广是指交易中要涉及许多方面的工作；环节多是指货物从出口地到进口地要经过多道关卡，办许多手续。这期间货物遭遇自然灾害或意外事故而导致损坏或灭失的风险自然要大一些。为了明确交易双方各自承担的责任、义务，当事人在洽商交易、订立合同时，必然要考虑以下几个重要问题：

① 卖方在什么地方，以什么方式办理交货？

② 货物发生损坏或灭失的风险何时由卖方转移给买方？

③ 由谁负责办理货物的运输、保险以及通关过境的手续？

④ 由谁承担办理上述事项时所需的各种费用？

⑤ 买卖双方需要交接哪些有关的单据？

---

① 资料来源：陈岩.国际贸易理论与实务.北京：机械工业出版社，2012.

② 资料来源：百度文库 http://wenku.baidu.com/link?url=8udnyUIhxeBo8VJNv0mITxZ-kIp-SnOvOZ7Z2-vOcbK_ZBoB7Su6hDTYzWgzV-EJNnzWtaQjvI6OFA_Sb-V4L4ubhkWMEozK9t9eWky7uOG.

在具体交易中,以上这些问题都是必须明确的。贸易术语正是为了解决这些问题,在长期的国际贸易实践中逐渐产生和发展起来的。在国际贸易中,确定一种商品的成交价,不仅取决于其本身的价值,还要考虑到商品从产地运至最终目的地的过程中,有关的手续由谁办理、费用由谁负担以及风险如何划分等一系列问题。如果由卖方承担的风险大、责任广、费用多,其价格自然要高一些;反之,如果由买方承担较多的风险、责任和费用,货价则要低一些买方才能接受。由此可见,贸易术语具有两重性:一方面它是用来确定交货条件,即说明买卖双方在交接货物时各自承担的风险、责任和费用;另一方面又用来表示该商品的价格构成因素。这两者是紧密相关的。

综上所述,贸易术语是在长期的国际贸易实践中产生的,用来表明商品的价格构成,说明货物交接过程中有关的风险、责任和费用划分问题的专门用语。

贸易术语是国际贸易发展过程中的产物,它的出现又促进了国际贸易的发展。这是因为贸易术语在实际业务中的广泛运用,对于简化交易手续、缩短洽商时间、节约费用开支,都具有重要的作用。

3.1.2 11种贸易术语概述[①②]

国际商会(ICC)重新编写的《2010通则》,是国际商会根据国际货物贸易的发展,对《2000通则》的修订,2010年9月27日公布,于2011年1月1日开始全球实施。《2010通则》比《2000通则》更准确地标明了各方承担货物运输风险和费用的责任条款,令船舶管理公司更易理解货物买卖双方支付各种收费时的角色,有助于避免现时经常出现的码头处理费(THC)纠纷。此外,新通则亦增加大量指导性贸易解释和图示,以及电子交易程序的适用方式。

虽然《2010通则》于2011年1月1日正式生效,但并非《2000通则》就自动作废。因为国际贸易惯例本身不是法律,对国际贸易当事人不产生必然的强制性约束力。国际贸易惯例在适用的时间效力上并不存在"新法取代旧法"的说法,即《2010通则》实施之后并非《2000通则》就自动废止,当事人在订立贸易合同时仍然可以选择适用《2000通则》甚至《1990通则》。

《2000通则》和《2010通则》的主要区别:

① 贸易术语的数量由原来的13种变为11种。

② 贸易术语分类由4级变为两类,删除了《2000通则》中4个D组贸易术语,即DDU (delivered duty unpaid)、DAF (delivered at frontier)、DES (delivered ex ship)、DEQ (delivered ex quay),只保留了《2000通则》中D组的DDP(delivered duty paid)。

③ 使用范围扩大至国内贸易合同;新增加两种D组贸易术语,即DAT (deliv-

① 朱金生.国际贸易理论与实务[M].北京:人民邮电出版社,2011.

② 张燕芳.国际贸易实务[M].北京:人民邮电出版社,2011.

ered at terminal)与 DAP(delivered at place)。

④ 电子通信方式被《2010 通则》赋予了完全等同的功效,E 组、F 组、C 组的贸易术语不变。

主要变化及说明:

(1)两种新的术语——DAT 和 DAP

《2010 通则》将 13 种贸易术语减少到 11 种。DAT(指定目的地交货)和 DAP(指定地点交货)取代 DAF、DES、DEQ 和 DDU。新增两种贸易术语,是"实质性交货"术语,即将货物运至目的地的过程中涉及的所有费用和风险由卖方承担。此术语适用于任何运输方式,适用于 DAF、DES、DEQ 以及 DDU 术语适用的情况。

(2)11 种贸易术语的分类

2000 通则中的 13 种术语按术语缩写首字母分成 4 组,即 E 组(EXW)、F 组、C 组以及 D 组。这种分类反映了卖方对于买方的责任程度。FCA,或者适用于国内贸易的 EXW,利用交货的完成以及在尽可能早的时间把风险转移给买方从而赋予卖方较少的责任。相反地,D 组术语是"实质性交货"术语,利用交货的完成以及在尽可能晚的时间把风险转移给买方从而赋予卖方较多的责任。这种分类仍然很重要,尤其是在当事人对《2010 通则》中的 11 种贸易术语作出选择时。

然而,《2010 通则》将这 11 种术语分成了截然不同的两类:第一类包括那些适用于任何运输方式的 7 种术语,即 EXW,FCA,CPT,CIP,DAT,DAP 和 DDP;第二类包含只适用于海运或内河运输的 4 种术语,即 FAS,FOB,CFR 和 CIF。

(3)国内和国际贸易术语

贸易术语在传统上被运用于表明货物跨越国界传递的国际销售合同。然而,世界上一些地区的大型贸易集团,像东盟和欧洲单一市场的存在,使得原本实际存在的边界通关手续变得不再那么有意义。因此,《2010 通则》的编撰委员会认识到这些术语对国内和国际销售合同都是适用的。所以,《2010 通则》在一些地方作出明确说明,只有在适用的地方,才有义务遵守出口/进口所需的手续。

(4)使用指南

每一种《2010 通则》中的术语在其条款前面都有一个使用指南。指南解释了每种术语的基本原理:何种情况应使用术语;风险转移点是什么;费用在买卖中是如何分配的。这些指南并不是术语正式规则的一部分:它们是用来帮助和引导使用者准确有效地为特定交易选择合适的术语。

3.2 贸易术语详解

3.2.1 E 组贸易术语 EXW

E 组只包括一种贸易术语,即 EXW,英文全名是 Ex Works (…named place),即工厂交货(……指定地点)。

EXW 贸易术语代表了在商品的产地或所在地交货条件。按这一术语成交时，卖方要在规定的时间相约定的交货地点将合同规定的货物准备好，由买方自己安排运输工具到交货地点接收货物，并且自己承担一切风险、责任和费用将货物从交货地点运到目的地。由此可见，采用 EXW 条件成交时，卖方承担的风险、责任以及费用都是最小的。在交单方面，卖方只须提供商业发票或具有同等作用的电子信息，如合同有要求，才须提供证明所交货物与合同规定相符的证件。至于货物出境所需的出口许可证或其他官方证件，卖方无义务提供。但在买方的要求下，并由买方承担风险和费用的情况下，卖方也可协助买方取得上述证件。

根据《2010 通则》的解释，EXW 术语适用于各种运输方式。

(1)买卖双方的义务

按照 EXW 术语成交，买卖双方各自承担的基本义务可归纳如下：

1) 卖方义务

① 在合同规定的时间、地点，将合同要求的货物置于买方的处置之下。

② 承担将货物交给买方处置之前的一切费用和风险。

③ 提交商业发票或具有同等作用的电子信息。

2) 买方义务

① 在合同规定的时间、地点，受领卖方提交的货物，并按合同规定支付货款。

② 承担受领货物之后的一切费用和风险。

③ 自负费用和风险，取得出口和进口许可证或其他官方批准证件，并办理货物出口和进口的一切海关手续。

(2)应注意的问题

EXW 不是国际贸易中的常用术语，但由于按这一术语成交时价格最低，因而对于买方具有一定的吸引力。在业务中选用这一术语时，应注意下列问题：

1) 关于货物的交接问题

买卖双方在订约时，一般要对交货的时间和地点作出规定。为了做好货物的交接，卖方在货物备妥后，还应就货物将在什么具体时间和地点交给买方支配的问题，向买方发出通知。如果双方约定，买方有权确定在一个规定的时间和/或地点受领货物时，买方应及时通知卖方，以免延误交货或引起其他差错。如果买方没有能够在规定的时间、地点受领货物，或者在其有权确定受领货物的时间、地点时，没有能够及时给予适当通知，那么，只要货物已被特定化为合同项下的货物，买方就要承担由此而产生的费用和风险。

2) 关于货物的包装和装运问题

作为买方，在签约时应根据运输的情况，提出对货物包装的具体要求，并就包装费用负担问题作出规定，以避免事后引起争议。关于货物的装运问题，按《2010 通则》的解释，由买方自备运输工具到交货地点接运货物，一般情况下，卖方不承担将货物装上运输工具的责任及费用，但如果双方约定，由卖方负责将货物装上买方安排的运输工具并承担相关的费用，则应在签约时对上述问题作出明确规定。

3）关于办理出口手续的问题

前已述及，在工厂交货条件下，办理货物出口手续的责任在买方，尽管有时可要求卖方代办，但货物被禁止出口的风险还是由买方承担的。因此，在成交之前，买方应了解出口国政府的有关规定，例如是否允许在该国无常驻机构的当事人在该国办理出口结关手续。当买方无法做到直接或间接办理货物的出境手续时，则不应采用这一贸易术语成交。在这种情况下，按照《2010 通则》的解释，最好采用 FCA 术语。

3.2.2 F组贸易术语

本组包括 3 种贸易术语：FCA、FAS 和 FOB。

1. FCA 术语

（1）FCA 术语的含义

FCA 的英文全名是 Free Carrier（…named place），即货交承运人（……指定地点）。

采用这一交货条件时，买方要自费订立从指定地点启运的运输契约，并及时通知卖方。如果买方有要求，或者根据商业习惯，买方又没有及时提出相反意见，卖方也可代替买方按通常条件订立运输契约，但费用和风险要由买方承担。卖方在规定的时间、地点把货物交给买方指定的承运人或其他人，如运输代理人，并办理了出口手续后，就算完成了交货义务。

FCA 术语适用于各种运输方式，包括公路、铁路、江河、海洋、航空运输以及多式联运。无论采用哪种运输方式，卖方承担的风险均于货交承运人时转移。风险转移之后，与运输、保险相关的责任和费用也相应转移。

采用 FCA 术语时，买卖双方各自承担的基本义务可简单归纳为：

1）卖方义务

① 在合同规定的时间、地点，将合同规定的货物置于买方指定的承运人控制下，并及时通知买方。

② 承担将货物交给承运人控制之前的一切费用和风险。

③ 自负风险和费用，取得出口许可证或其他官方批准证件，并办理货物出口所需的一切海关手续。

④ 提交商业发票或具有同等作用的电子信息，并自费提供通常的交货凭证。

2）买方义务

① 签订从指定地点承运货物的合同，支付有关的运费，并将承运人名称及有关情况及时通知卖方。

② 根据买卖合同的规定受领货物并支付货款。

③ 承担受领货物之后所发生的一切费用和风险。

④ 自负风险和费用，取得进口许可证或其他官方证件，并且办理货物进口所需的海关手续。

(2)使用 FCA 术语应注意的问题

1) 关于承运人与交货地点

在 FCA 条件下，通常是由买方安排承运人，与其订立运输合同，并将承运人的情况通知卖方。该承运人可以是拥有运输工具的实际承运人，也可以是运输代理人或其他人。按照《2010 通则》的解释，交货地点的选择直接影响到装卸货物的责任划分问题。如果双方约定的交货地点是在卖方所在地，卖方负责把货物装上买方安排的承运人所提供的运输工具即可；如果交货地点是在其他地方，卖方就要将货物运交给承运人，在自己所提供的运输工具上完成交货义务，而无须负责卸货。如果在约定地点没有明确具体的交货点，或者有几个交货点可供选择，卖方可以从中选择为完成交货义务最适宜的交货点。

2) FCA 条件下风险转移的问题

在采用 FCA 术语成交时，买卖双方的风险划分以货交承运人为界。这在海洋运输以及陆运、空运等其他运输方式下，均是如此。但由于 FCA 与 F 组其他术语一样，通常情况下是由买方负责订立运输契约，并将承运人名称及有关事项及时通知卖方，卖方才能如约完成交货义务，并实现风险的转移。而如果买方未能及时给予卖方上述通知，或者他所指定的承运人在约定的时间未能接受货物，其后的风险是否仍由卖方承担呢？《2010 通则》的解释是，自规定的交付货物的约定日期或期限届满之日起，由买方承担货物灭失或损坏的一切风险，但以货物已被划归本合同项下为前提条件。可见，对于 FCA 条件下，风险转移的界限问题也不能简单片面地理解为一概于交承运人处置货物时转移。在一般情况下，货交承运人时，风险由卖方转移给买方，但如果由于买方的原因，使卖方无法按时完成交货义务，只要货物已被特定化，那么风险转移的时间可以前移。

3) 有关责任和费用的划分问题

FCA 适用于包括多式联运在内的各种运输方式，卖方交货的地点也因采用的运输方式不同而异。有时，卖方须在出口国的内陆(如车站、机场或内河港口)办理交货。不论在何处交货，根据《2010 通则》的解释，卖方都要自负风险和费用，取得出口许可证或其他官方批准证件，并办理货物出口所需的一切海关手续。这一规定对一些在出口国的内地口岸就地交货和交单结汇的做法是十分适宜的。

按照 FCA 术语成交，一般是由买方自行订立从指定地点承运货物的合同。但是，如果买方有要求，并由买方承担风险和费用的情况下，卖方也可以代替买方指定承运人并订立运输合同。当然，卖方也可以拒绝订立运输合同，如果拒绝，应立即通知买方，以便买方另行安排。

在 FCA 条件下，买卖双方承担的费用一般也是以货交承运人为界进行划分，即卖方负担货物交给承运人控制之前的有关费用，买方负担货交承运人之后的各项费用。但是，在一些特殊情况下，买方委托卖方代办一些本属自己义务范围内的事项所产生的费用，以及由于买方的过失所引起的额外费用，均应由买方负担。

2. FAS 术语

(1)FAS 术语的含义

FAS 的英文全名是 Free Alongside Ship(…named port of shipment)，即船边交货(……指定装运港)。

FAS 术语通常称作装运港船边交货。根据《2010 通则》的解释，按这一术语成交，卖方要在约定的时间内将合同规定的货物交到指定的装运港买方所指派的船只的船边，在船边完成交货义务。买卖双方负担的风险和费用均以船边为界。如果买方所派的船只不能靠岸，卖方则要负责用驳船把货物运至船边，仍在船边交货。装船的责任和费用由买方承担。

在按这一贸易术语成交时，卖方要提供商业发票或电子信息，并自负费用和风险，提供通常的证明其完成交货义务的单据，如码头收据。在买方要求下，并由买方承担费用和风险的情况下，卖方可协助买方取得进口所要求的或通关过境所需的任何证件，或有相同作用的电子信息。

(2)使用 FAS 术语应注意的问题

1) 对 FAS 的不同解释

根据《2010 通则》的解释，FAS 术语只适合于包括海运在内的水上运输方式，交货地点只能是装运港。但是，按照《美国对外贸易定义》的解释，FAS(free along side)即指交到运输工具的旁边。因此，在同北美国家的交易中使用 FAS 术语时，应在 FAS 后面加上 Vessel 字样，以明确表示“船边交货”。对此，应予以注意。

2) 办理出口手续的问题

按照《1990 通则》的规定，在 FAS 条件下，卖方本身并无义务办理出口结关手续和提供出口国政府签发的有关证件。只有当买方有要求，并由买方承担风险和费用的前提下，卖方才可协助办理。但《2000 通则》中对这一问题作出了修改。按照《2000 通则》的规定，采用 FAS 术语成交时，办理货物出口报关的风险、责任和费用改由卖方承担。这是考虑到原先的规定在实际操作时，给买方带来诸多困难或不便。

3) 要注意船货衔接问题

在 FAS 条件下，从装运港至目的港的运输合同由买方负责订立。买方要及时将船名和要求装货的具体时间、地点通知卖方，以便卖方按时做好备货出运工作。卖方也应将货物交至船边的情况及时通知买方，以利于买方办理装船事项。如果买方指派的船只未按时到港接受货物，或者买方未能及时发出派船通知，只要货物已被清楚地特定化为本合同项下的货物，由此而产生的风险和损失均由买方承担。

3. FOB 术语

(1)FOB 术语的含义

FOB 的英文全名是 Free on Board(…named port of shipment)，即船上交货

(……指定装运港),习惯称为装运港船上交货。装运港船上交货是国际贸易中常用的贸易术语之一。按此术语成交,由买方负责派船接运货物,卖方应在合同规定的装运港和规定的期限内,将货物装上买方指派的船只,并及时通知买方。货物在装船时越过船舷,风险即由卖方转移至买方。

在 FOB 条件下,卖方要负担风险和费用,领取出口许可证或其他官方证件,并负责办理出口手续,在这一点上,它与 FAS 是相同的。采用 FOB 术语成交时,卖方还要自费提供证明其已按规定完成交货义务的证件,如果该证件并非运输单据,在买方要求下,并由买方承担风险和费用的情况下,卖方可给予协助以取得提单或其他运输单据。

根据《2010 通则》的解释,FOB 术语只适用于海运和内河运输,如果当事各方无意以船舷为界交货,则应采用 FCA 贸易术语。

(2)使用 FOB 术语应注意的问题

1)"船舷为界"的确切含义

《2000 通则》中以装运港船舷作为划分风险的界限是 FOB、CFR 和 CIF 同其他贸易术语的重要区别之一。"船舷为界"表明货物在装上船之前的风险,包括在装船时货物跌落码头或海中所造成的损失,均由卖方承担。货物装上船之后,包括在起航前和在运输过程中所发生的损坏或灭失,则由买方承担。严格地讲,船舷为界只是说明风险划分的界限,它并不表示买卖双方的责任和费用划分的界限。这是因为装船作业是一个连续过程,在卖方承担装船责任的情况下,他必须完成这一全过程。关于费用划分问题,《2000 通则》中有关 FOB 的卖方义务第 6 条中规定:"卖方必须支付与货物有关的一切费用,直至货物在指定装运港已越过船舷时为止。"这实际上是指,在一般情况下,卖方要承担装船的主要费用,而不包括货物装上船后的理舱费和平舱费。但在实际业务中,买卖双方完全可以出于不同的考虑,对于装船费用负担问题做出各种不同的规定。《2010 通则》取消了船舷的概念,卖方需承担货物装上船为止的一切风险。

2)关于船货衔接问题

按照 FOB 术语成交的合同属于装运合同,这类合同中卖方的一项基本义务是按照规定的时间和地点完成装运。然而,由于 FOB 条件下是由买方负责安排运输工具,即租船定舱,所以这就存在一个船货衔接的问题。如果处理不当,自然会影响到合同的顺利执行。根据有关法律和惯例,如果买方未能按时派船,这包括未经对方同意提前将船派到和延迟派到装运港,卖方都有权拒绝交货,而且由此产生的各种损失,如空舱费(dead freight)、滞期费(demurrage)及卖方增加的仓储费等,均由买方负担。如果买方指派的船只按时到达装运港,而卖方却未能备妥货物,那么,由此产生的上述费用则由卖方承担。有时双方按 FOB 价格成交,而后来买方又委托卖方办理租船定舱,卖方也可酌情接受。但这属于代办性质,其风险和费用仍由买方承担。也就是说,运费和手续费由买方支付,而且如果卖方租不到船,他不承担责任,买方无权撤销合同或索赔。总之,按FOB术语成交,对于装运期和装运港要慎重规定,签约之后,有关备货和派船事宜,也要加强联系,密切配合,保证船货衔接。

3)个别国家对FOB的不同解释

以上有关FOB的解释都是按照国际商会的《2010通则》作出的。然而,不同的国家和不同的惯例对FOB的解释并不完全统一。它们之间的差异在有关交货的地点、风险划分界限以及卖方承担的责任义务等方面的规定上都可体现出来。如在北美国家采用的《1941年美国对外贸易定义修订本》中,将FOB概括为6种,其中前3种是在出口国内陆指定地点的内陆运输工具上交货,第4种是在出口地点的内陆运输工具上交货,第5种是在装运港船上交货,第6种是在进口国指定内陆地点交货。上述第4种和第5种在使用时应加以注意。因为这两种术语在交货地点上有可能相同,如都是在旧金山交货,如果买方要求在装运港口的船上交货,则应在FOB和港名之间加上"Vessel"字样,变成"FOB Vessel San Franciscо";否则,卖方有可能按第4种情况在旧金山市的内陆运输工具上交货。即使都是在装运港船上交货,但关于风险划分界限的规定也不完全一样。按照《1941年美国对外贸易定义修订本》的解释,买卖双方划分风险的界限不是在船舷,而是在船上。买方责任之三规定:"承担货物一切灭失及/或损坏责任,直至在规定日期或期限内,已将货物装载于轮船上为止。"

另外,关于办理出口手续问题上也存在分歧。按照《2010通则》的解释,FOB条件下,卖方义务之(3)是"自负风险及费用,取得出口许可证或其他官方批准证件,并办理货物出口所必需的一切海关手续"。但是,按照《1941年美国对外贸易定义修订本》的解释,卖方只是"在买方请求并由其负担费用的情况下,协助买方取得由原产地及/或装运地国家签发的,为货物出口或在目的地进口所需的各种证件"。

鉴于上述情况,在我国同美国、加拿大等国家从事的进出口业务中,采用FOB成交时,应对有关问题在合同中具体订明,以免因解释上的分歧而引起争议。

3.2.3 C组贸易术语

本组包括4种贸易术语,即CFR、CIF、CPT和CIP。

1. CFR术语

(1)CFR术语的含义

CFR的英文全名是Cost and Freight(…named Port of destination),即成本加运费(……指定目的港)。

成本加运费,又称运费在内价,以前业务上用C&F表示,《1990年通则》中改为CFR,鉴于实际业务中仍有人使用C&F,《2000通则》再次强调要采用CFR表示。CFR术语也是国际贸易中常用的贸易术语之一。按照《2010通则》的解释,CFR适用于水上运输方式,采用这种贸易术语成交,卖方承担的基本义务是,在合同规定的装运港和规定的期限内,将货物装上船,并及时通知买方。货物在装船时越过船舷,风险即由卖方转移至买方。除此之外,卖方要自负风险和费用,取得出口许可证或其他官方证件，并负责办理货物出口手续。以上与FOB条件下卖方承担的义务是相同的。不同的是，在CFR条件下，与船方订立运输契约的责任和费用改由卖方承担。卖方要负责租船定舱，支付到指定目的港的运费，包括装船费用以及定期班轮公司可能在订约时收取的卸货费用。但从装运港至目的港的货运保险，仍由买方负责办理，保险费由买方负担。

卖方需要提交的单据主要有商业发票和通常的运输单据，必要时须提供证明其所交货物与合同规定相符的证件。运输单据包括可转让的提单以及不可转让的其他运单。

(2)使用CFR术语应注意的问题

1）卖方的装运义务

采用CFR贸易术语成交时，卖方要承担将货物由装运港运往目的港的义务。为了保证能按时完成在装运港交货的义务，卖方应根据货源和船源的实际情况合理地规定装运期。装运期一经确定，卖方就应及时租船订舱和备货，并按规定的期限发运货物。按照《联合国国际货物销售合同公约》的规定，卖方延迟装运或者提前装运都是违反合同的行为，并要承担违约的责任。买方有权根据具体情况拒收货物或提出索赔。

2）装船通知的重要作用

按照CFR条件达成的交易，卖方需要特别注意的问题是，货物装船后必须及时向买方发出装船通知，以便买方办理投保手续。因为一般的国际贸易国货物在运输途中遭受损失或灭失，由于卖方未发出通知而使买方漏保，那么卖方就不能以风险在船舷转移为由免除责任。由此可见，尽管在FOB和CIF条件下，卖方装船后也应向买方发出通知，但CFR条件下的装船通知，具有更为重要的意义。

2. CIF术语

(1)CIF术语的含义

CIF的英文全名是Cost Insurance and Freight(…named port of destination)，即成本加保险费、运费(……指定目的港)。CIF、CFR和FOB同为装运港交货的贸易术语，也是国际贸易中常用的3种贸易术语。它们均适用于水上运输方式。采用CIF术语成交时，卖方的基本义务是，负责按通常条件租船订舱，支付到目的港的运费，并在规定的装运港和规定的期限内将货物装上船，装船后及时通知买方。卖方还要负责办理从装运港到目的港的货运保险，支付保险费。在业务上，有人误称CIF为"到岸价"。这容易引起误解而导致工作中不应有的损失。其实，按CIF条件成交时，卖方仍是在装运港完成交货，卖方承担的风险，也是在装运港货物越过船舷以前的风险，越过船舷以后的风险仍由买方承担；货物装船后产生的除运费、保险费以外的费用，也要由买方承担。CIF条件下的卖方，只要提交了约定的单据，就算完成了交货义务，并不保证把货物按时送到对方港口。

(2)使用CIF术语应注意的问题

1）保险险别问题

CIF 术语中的“I”（insurance），即保险。从价格构成来讲，这是指保险费。也就是说，货价中包括了保险费；从卖方的责任讲，他要负责办理货运保险。办理保险须明确险别，不同险别，保险人承担的责任范围不同，收取的保险费率也不同。按 CIF 术语成交，一般在签订买卖合同时，在合同的保险条款中，明确规定保险险别、保险金额等内容，这样，卖方就应按照合同的规定办理投保。但如果合同中未能就保险险别等问题作出具体规定，那就要根据有关惯例来处理。涉及 CIF 术语的国际贸易惯例有国际商会的《2010 通则》《1941 年美国对外贸易定义修订本》《华沙-牛津规则》。按照《2010 通则》对 CIF 的解释，卖方只需投保最低的险别，但在买方要求时，并由买方承担费用的情况下，可加保战争、罢工、暴乱和民变险。按照《1941 年美国对外贸易定义修订本》的解释，“对于保险险别，双方应共同明确是投保水渍险或平安险以及其他属于特定行业应保的其他险别，或是买方需要获得单独保障的险别”。关于战争险，是在买方负担费用的情况下，由卖方代为投保，或经卖方同意，由买方自行投保。根据《华沙-牛津规则》的规定，卖方应“按照特定行业惯例或在规定航线上应投保的一切风险”办理投保手续。一般情况下，卖方不负责投保战争险，除非合同中有投保战争险的规定，或者买方有要求，并由买方承担费用时，卖方才可加保战争险。

2）租船订舱问题

采用 CIF 术语成交，卖方的基本义务之一是租船订舱，办理从装运港至目的港的运输事宜。关于运输问题，各个惯例的规定也不尽相同。《2010 通则》的解释是，卖方“按照通常条件自行负担费用订立运输合同，将货物按惯常路线用通常类型可供装载该合同货物的海上航行船只（或适当的内河运输船只）装运至指定目的港”。《1941 年美国对外贸易定义修订本》中只是笼统地规定卖方“负责安排货物运至指定目的地的运输事宜，并支付其费用”。《华沙-牛津规则》中对于这一问题的规定较为详细，在其第 8 条中规定：

① 在买卖合同规定由特定船只装运，或者一般地应由卖方租赁全部或部分船只，并承担将货物装船的情况下，非经买方同意，卖方不得随意改用其他船只代替。买方也不应不合理地拒绝同意。

② 如果买卖合同规定用蒸汽船装运（未指定船名），卖方在其他条件相同的情况下，可用蒸汽船或内燃机船运给买方。

③ 如果买卖合同未规定运输船只的种类，或者合同内使用“船只”这样的笼统名词，除依照特定行业惯例外，卖方有权使用通常在此路线上装运类似货物的船只来装运。

以上规定有详有略，其基本点是相同的，即如果没有相反的约定，卖方只是负责按通常条件和惯驶航线，租用适当船舶将货物运往目的港。因此，对于在业务中有时买方提出的关于限制船舶的国籍、船型、船龄、船级以及指定装载某班轮公司的船只等项要求，卖方均有权拒绝接受。但卖方也可放弃这一权利，可根据具体情况给予通融。也就是说，对于买方提出的上述要求，如果卖方能办到又不会增加额外开支，也可以接受。一旦在合同中作出明确规定，就必须严格照办。

3）象征性交货问题

从交货方式来看，CIF是一种典型的象征性交货（symbolic delivery）。所谓象征性交货是针对实际交货（physical delivery）而言。前者指卖方只要按期在约定地点完成装运，并向买方提交合同规定的包括物权凭证在内的有关单证，就算完成了交货义务，而无须保证到货。后者则是指卖方要在规定的时间和地点，将符合合同规定的货物提交给买方或其指定人，而不能以交单代替交货。

可见，在象征性交货方式下，卖方是凭单交货，买方是凭单付款。只要卖方如期向买方提交了合同规定的全套合格单据（名称、内容和份数相符的单据），即使货物在运输途中损坏或灭失，买方也必须履行付款义务。反之，如果卖方提交的单据不符合要求，即使货物完好无损地运达目的地，买方仍有权拒绝付款。

但是，必须指出，按CIF术语成交，卖方履行其交单义务，只是得到买方付款的前提条件，除此之外，他还必须履行交货义务。如果卖方提交的货物不符合要求，买方即使已经付款，仍然可以根据合同的规定向卖方提出索赔。

3. CPT术语

(1)CPT术语的含义

CPT的英文全名是Carriage Paid to(…named place of destination)，即运费付至(……指定目的地)。

根据《2010通则》的解释，CPT适用于包括多式联运在内的各种运输方式。采用CPT条件成交时，卖方自负费用订立将货物运往目的地指定地点的运输契约，并负责按合同规定的时间，将货物交给约定地点的承运人（多式联运情况下交给第一承运人）处置之下，即完成交货。交货后，卖方应及时通知买方，以便买方办理货运保险。卖方承担的风险，在承运人控制货物后转移给买方。买方在合同规定的地点受领货物，支付货款，并且负责除运费以外的货物自交货地点直到运达指定目的地为止的各项费用，以及在目的地的卸货费和进口税捐。

在CPT条件下，卖方交货的地点，可以是在出口国的内陆，也可以在其他地方，如边境地区的港口或车站等。不论在何处交货，卖方都要负责办理货物出口报关的手续。可见，CPT在交货地点、风险划分界限方面与FCA相同，但在CPT条件下，从交货地点至指定目的地的运输责任与费用均由卖方承担。

(2)使用CPT术语应注意的问题

1）风险划分的界限问题

按照CPT术语成交，虽然卖方要负责订立从启运地到指定目的地的运输契约，并支付运费，但是卖方承担的风险并没有延伸至目的地。按照《2010通则》的解释，货物自交货地点至目的地的运输途中的风险由买方而不是卖方承担，卖方只承担货物交给承运人控制之前的风险。在多式联运情况下，卖方承担的风险自货物交给第一承运人控制时即转移给买方。

2）责任和费用的划分问题

采用CPT术语时，买卖双方要在合同中规定装运期和目的地，以便于卖方选定承运人，自费订立运输合同，将货物运往指定的目的地。卖方将货物交给承运人之后，应向买方发出货已交付的通知，以便于买方在目的地受领货物。如果双方未能确定目的地买方受领货物的具体地点，卖方可以在目的地选择最适合其要求的地点。

按CPT术语成交，卖方只是承担从交货地点到指定目的地的正常运费。正常运费之外的其他有关费用，一般由买方负担。货物的装卸费可以包括在运费中，统一由卖方负担，也可以由双方在合同中另行规定。

3）CPT与CFR的异同点

CPT与CFR同属于C组术语，按这两种术语成交，卖方承担的风险都是在交货地点随着交货义务的完成而转移，卖方都要负责安排自交货地至目的地的运输事项，并承担其费用。另外，按这两种术语订立的合同，都属于装运合同，卖方只需保证按时交货，而无须保证按时到货。

CPT与CFR的主要区别在于适用的运输方式不同，交货地点和风险划分界限也不相同。CFR适用于水上运输方式，交货地点在装运港，风险划分以船舷为界；CPT适用于各种运输方式，交货地点因运输方式的不同而由双方约定，风险划分以货交承运人为界。除此之外，卖方承担的责任、费用以及需提交的单据等方面也有区别。

4. CIP术语

(1)CIP术语的含义

CIP的英文全名为Carriage and Insurance Paid to（…named place of destination)，即运费保险费付至(…指定目的地)。按照CIP条件成交，卖方要负责订立运输契约并支付将货物运达指定目的地的运费。此外，卖方还要投保货物运输险，支付保险费。卖方在合同规定的装运期内将货物交给承运人或第一承运人的处置之下，即完成交货义务。卖方交货后要及时通知买方，风险也于交货时转移给买方。买方要在合同规定的地点受领货物，支付货款，并且负担除运费、保险费以外的货物自交货地点直到运达指定目的地为止的各项费用，以及在目的地的卸货费和进口税捐。在CIP条件下，交货地点、风险划分的界限都与CPT相同，差别在于采用CIP时，卖方增加了保险的责任和费用。所以，卖方提交的单据中增加了保险单据。

(2)使用CIP术语应注意的问题

1）正确理解风险和保险问题

按CIP术语成交的合同，卖方要负责办理货运保险，并支付保险费，但货物从交货地运往目的地的运输途中的风险由买方承担。所以，卖方的投保仍属于代办性质。根据《2010通则》的解释，一般情况下，卖方要按双方协商确定的险别投保，而如果双方未在合同中规定应投保的险别，则由卖方按惯例投保最低的险别，保险金额一般是在合同价格的基础上加成10%。

2）应合理确定价格

与FCA相比，CIP条件下卖方要承担较多的责任和费用。他要负责办理从交货地至目的地的运输，承担有关运费；办理货运保险，并支付保险费。这些都应反映在货价之中。所以，卖方对外报价时，要认真核算成本和价格。在核算时，应考虑运输距离、保险险别、各种运输方式和各类保险的收费情况，并要预计运价和保险费的变动趋势等。从买方来讲，也要对卖方的报价进行认真分析，做好比价工作，以免接受不合理的报价。

3）应了解CIP与CIF的区别

CIP与CIF有相似之处，它们的价格构成中都包括了通常的运费和约定的保险费，而且按这两种术语成交的合同均属于装运合同。但CIP和CIF术语又有明显的区别，这在交货地点、风险划分界限以及卖方承担的责任和费用方面都表现出来。产生这些差别的主要原因是，二者适用的运输方式不同。CIF适用于水上运输，交货地点在装运港，风险划分以装运港船舷为界，卖方负责租船订舱，支付从装运港到目的港的运费，并且负责办理水上运输险，支付保险费。而CIP术语则适用于各种运输方式，交货地点要根据运输方式的不同由双方约定，风险是在承运人控制货物时转移。卖方要负责办理从交货地点到指定目的地的全程运输，而不仅仅是水上运输。卖方办理的保险，也不仅是水上运输险，而且包括各种运输险。

本章中介绍的E、F、C组贸易术语均属于在出口国交货的术语。其中E组的EXW术语代表了在商品的产地和所在地交货的条件，卖方承担的风险、责任和费用最小。按F组和C组术语成交的合同称作装运合同，这类合同下，卖方须保证按时完成装运但无须保证按时到货。采用F组术语成交时，卖方承担的风险和费用均在交货地点同时转移给买方。而按C组术语成交时，风险在交货时转移，而费用则在目的港或目的地转移。

3.2.4 DAT、DAP和DDP术语

《2010通则》删去了《2000通则》中的4个术语：DAF（Delivered at Frontier，边境交货）、DES(Delivered Ex Ship，目的港船上交货）、DEQ（Delivered Ex Quay，目的港码头交货）、DDU(Delivered Duty Unpaid，未完税交货），新增了2个术语：DAT(Delivered at Terminal，在指定目的地或目的港的集散站交货）、DAP(Delivered at Place 在指定目的地交货）。即用DAP取代了DAF、DES和DDU3个术语，DAT取代了DEQ，且扩展至适用于一切运输方式。

《2010通则》中的D组中包含的3种术语DAT、DAP和DDP，是在进口国完成交货义务。按这些术语成交的合同称作到达合同。

1. DAT(Delivered at Terminal)

运输终端交货，指卖方在指定的目的地交货，承担卸货费完成交货。术语所指的

是到达车辆包括船舶,需卸载到指定目的地。

(1)义务

卖方必须签订运输合同,支付将货物运至指定港口或目的地的运输终端所发生的运费;在指定港口或目的地的运输终端将符合合同约定的货物从抵达的运输工具上卸下交给买方处置时即完成交货;卖方必须向买方发出所需通知,以便买方采取收取货物通常所需的措施;承担在运输终端交货之前的一切风险和费用(包括保险费);自负风险和费用取得出口所需的许可或其他官方授权,办理货物出口和交货前从他国过境运输所需的一切海关手续;提供商业发票及买方能够收取货物的凭证或相等的电子信息。

买方承担在运输终端交货之后的一切风险和费用;自负风险和费用取得进口所需的许可或其他官方授权,办理货物进口所需的一切海关手续;按合同约定收取货物,接受交货凭证,支付价款。

(2)注意问题:

① DAT 是《2010 通则》新增术语,旨在替代《2000 通则》中的 DEQ 术语。"运输终端"意味着进口国境内任何地点,而不论该地点是否有遮盖,如码头、仓库、集装箱堆场或公路、铁路、空运货站。

② 使用 DAT 术语时,卖方在指定港口或目的地的运输终端交货,且卖方要负责将货物从到达的运输工具上卸下,这一点与《2000 通则》中的 DEQ 类似。但 DEQ 术语是在目的港码头交货,卖方承担的责任仅限于将货物运至目的地港口并卸至码头,而不负责再将货物由码头搬运到其他地方。DAT 的交货地点虽然不再受码头的限制,但卖方承担的责任仍只是将货物交到合同约定的运输终端。如果双方希望由卖方再将货物从运输终端运到另外的地点,并承担其间的风险和费用,则应当使用 DAP 或 DDP 术语。

2. DAP(Delivered at Place)

目的地交货,指卖方在指定的目的地交货,只需做好卸货准备而无需卸货即完成交货。术语所指的到达车辆包括船舶,目的地包括港口。卖方应承担将货物运至指定的目的地的一切风险和费用(除进口费用外)。本术语适用于任何运输方式、多式联运方式及海运。

(1)义务

卖方必须签订运输合同,支付将货物运至指定目的地或指定目的地内的约定地点所发生的运费;在指定目的地将符合合同约定的货物放在已抵达的运输工具上交给买方处置时即完成交货;卖方必须向买方发出所需通知,以便买方采取收取货物通常所需的措施;承担在指定目的地运输工具上交货之前的一切风险和费用;自负风险和费用取得出口所需的许可或其他官方授权,办理货物出口和交货前从他国过境运输所需的一切海关手续;提供商业发票或相等的电子信息。

买方承担在指定目的地运输工具上交货之后的一切风险和费用;自负风险和费

用取得进口所需的许可或其他官方授权，办理货物进口所需的一切海关手续；按合同约定收取货物，接受交货凭证，支付价款。

(2)注意与提示

① DAP 是《2010 通则》新增术语，旨在替代《2000 通则》中 DAF、DES 和 DDU 术语。DAP 的交货地点既可以是在两国边境的指定地点，也可以是在目的港的船上，也可以是在进口国内陆的某一地点。

② 卖方在指定目的地交货，但卖方不负责将货物从到达的运输工具上卸下，这一点与《2000 通则》中的 DAF、DES 和 DDU 类似。买方负责在指定目的地将货物从到达的运输工具上卸下，但卖方要保证货物可供卸载。卖方在签订运输合同时应注意运输合同与买卖合同相关交货地点的协调，如果卖方按照运输合同在指定目的地发生了卸货费用，除非双方另有约定，卖方无权向买方要求偿付。

③ 由于卖方承担在特定交货地点交货前的风险，买卖双方应尽可能清楚地订明指定目的地的交货地址，最好能具体到指定目的地内特定的点。如果没有约定特定的交货点或该交货点不能确定，卖方可以在指定目的地选择最适合其目的的交货点。

④ 卖方对买方没有订立保险合同的义务，但由于整个运输过程的风险要由卖方承担，卖方通常会通过投保规避货物运输风险。

⑤ 如果买卖双方希望由卖方办理进口所需的许可或其他官方授权，以及货物进口所需的一切海关手续，包括支付所有进口关税，则应该使用 DDP 术语。

3. DDP

(1)DDP 术语的含义

DDP 的英文全名是 Delivered Duty Paid(…named place of destination)，即完税后交货(……指定目的地)。

DDP 是《2010 通则》中包含的 11 种贸易术语中卖方承担风险、责任和费用最大的一种术语。按照这一术语成交，卖方要负责将货物从启运地一直运到合同规定的进口国内的指定目的地，把货物实际交到买方手中，才算完成交货。买方要承担交货前的一切风险、责任和费用，其中包括办理货物出口和进口的清关手续以及支付关税、捐税和其他费用，在 DDP 条件下，则由卖方承担。

(2)使用 DDP 术语应注意的问题

1) 妥善办理投保事项

由于按照 DDP 术语成交，卖方要承担很大的风险。为了能在货物受损或灭失时及时得到经济补偿，卖方应办理货运保险。选择投保的险别时，根据货物的性质、运输方式及运输路线来灵活决定。

2) 其他注意事项

在 DDP 交货条件下，卖方是在办理了进口结关手续后在指定目的地交货的，这实际上是卖方已将货物运进了进口方的国内市场。如果卖方直接办理进口手续有困难，也可要求买方协助办理。如果双方当事人同意由买方办理货物的进口手续和支付关税，则应采用 DAT 或 DAP 术语。

表 3-1　11 种贸易术语对比简表

贸易术语	交货地点	风险转移	出口报关的责任、费用由谁负担	进口报关的责任、费用由谁负担	适用的运输方式
EXW	商品产地、所在地	买方处置货物后	买方	买方	任何方式
FCA	出口国内地、港口	承运人处置货物后	卖方	买方	任何方式
FAS	装运港口	货交船边后	卖方	买方	水上运输
FOB	装运港口	货物越过船舷	卖方	买方	水上运输
CFR	装运港口	货物越过船舷	卖方	买方	水上运输
CIF	装运港口	货物越过船舷	卖方	买方	水上运输
CPT	出口国内地、港口	承运人处置货物后	卖方	买方	任何方式
CIP	出口国内地、港口	承运人处置货后	卖方	买方	任何方式
DAT	进口国内	买方处置货物后	卖方	买方	任何方式
DAP	进口国内	买方处置货物后	卖方	买方	任何方式
DDP	进口国内	买方在指定地点收货后	卖方	卖方	任何方式

3.3　选用贸易术语的原则

国际商会的《2010 通则》对国际贸易中使用的各种贸易术语下买卖双方承担的基本义务作出了较为明确的规定，但在实际业务中，当事人对外成交时选用何种贸易术语，还需根据交易的具体情况仔细斟酌，做到既有利于达成交易，又避免因承担过大的风险而造成意外的损失。这就要求我们在对上述 11 种贸易术语有了一般了解的基础上，再作进一步的归纳分析，以便深入掌握。

3.3.1　各组贸易术语的不同特点

1. E 组贸易术语

按 E 组的 EXW 这一贸易术语达成的交易，在性质上类似于国内贸易。因为卖方是在本国的内地完成交货，其所承担的风险、责任和费用也都局限于出口国内，卖方不必过问货物出境、入境及运输、保险等事项，由买方自己安排车辆或其他运输工具到约定的交货地点接运货物。所以，在卖方与买方达成的契约中可不涉及运输和保险的问题，而且除非合同中有相反规定，卖方一般无义务提供出口包装，也不负责将货物装上买方安排的运输工具。如果签约时已明确该货物是供出口的，并对包装的要求作出了规定，卖方则应按规定提供符合出口需要的包装。如果双方约定卖方要承担将货物装上买方安排的运输工具的义务，则应在合同中对此作出明确的规定。

但国际商会在《2010 通则》的引言中指出，人们认为理想的是仍然保留 EXW 条件下卖方义务最小的传统原则，其目的是适用于那些卖方不愿意承担任何装货义务的情况。

由于在 EXW 条件下，买方要承担过重的义务，所以对外成交时，买方不能仅仅考虑价格低廉，还应认真考虑可能遇到的各种风险以及运输环节等问题，要权衡利弊，注意核算经济效益。另外，按这一术语成交，买方要承担办理货物出口和进口的清关手续的义务，所以还应考虑在这方面有无困难。如果买方不能直接或间接地办理出口和进口手续，则不应采用这一术语成交。

2. F 组贸易术语

F 组中包括的 3 种贸易术语 FCA、FAS 和 FOB，它们在交货地点、风险划分界限以及适用的运输方式等方面并不完全相同，然而它们也有相同之处，其共同点是按这些术语成交时，卖方要负责将货物按规定的时间运到双方约定的交货地点，并按约定的方式完成交货。从交货地点到目的地的运输事项由买方安排，运费由买方负担。买方要指定承运人，订立从交货地至目的地的运输合同，并通知卖方。可见，按这些术语达成交易，卖方承担的费用在交货地点随着风险的转移而相应地转移给了买方。另外，按照《2010 通则》的解释，采用这 3 种贸易术语成交时，均由卖方负责货物出口报关的手续和费用；由买方负责货物进口报关的手续和费用。

由于按 F 组术语成交时，卖方负责在交货地点提交货物，而由买方安排运输工具到交货地点接运货物，所以，如何做好船货的衔接工作至关重要。为了避免因货等船或船等货而造成当事人的损失，卖方和买方之间应加强联系，将备货和派船的情况及时通知对方，遇到问题加强协商，妥善解决。

3. C 组贸易术语

C 组贸易术语中的 CFR 和 CIF 是在装运港交货，风险划分均以船舷为界，适用于水上运输方式；CPT 和 CIP 则是在约定地点向承运人交货，风险划分以货交第一承运人为界，适用于各种运输方式。但它们同为一组也具有共同之处，那就是卖方在约定的装运港（地）交货后，还要负责办理货物从装运港（地）到目的港（地）的运输事项，并承担相关费用。因按本组术语成交，货价构成因素中都包括运费，故国际商会在《2010 通则》的引言中称本组术语项下“主要运费已付”。当然，其中的 CIF 和 CIP 下，卖方还要负责办理货运保险，并承担保险费用。由于卖方承担的风险仍然是在装运港（地）交货时转移，所以不应将它们看作是到货合同。

C 组术语下，风险划分和费用划分是两个不同的概念，风险划分在装运港（地），费用划分则是在目的港（地）。也就是说，卖方虽然承担从交货地至目的地的运输责任，并负担相关费用，但是，他并不承担从交货地至目的地的运输途中货物发生损坏、灭失及延误的风险。

4. D 组贸易术语

D 组包括的 3 种贸易术语中，都是在进口国的目的港或目的地交货，这就与前面各组术语有了明显的区别。按照 D 组术语成交的合同称到货合同(arrival contract)。到货合同是与装运合同(shipment contract)相对而言的,按照 F 组或 C 组术语成交的合同称作装运合同。在装运合同下,卖方要支付将货物按照惯常航线和习惯方式运至约定地点所需的通常运输费用,而货物灭失或损坏的风险以及在货物以适当方式交付运输之后发生意外而导致的额外费用,则由买方承担。按 D 组术语成交时,卖方要负责将货物安全及时地运达指定地点,包括边境地点、目的港口以及进口国内地,实际交给买方处置,才算完成交货。卖方要承担货物运至该地点之前的一切风险和费用。

可见,D 组术语条件下,卖方所承担的风险要大于前面各组,特别是按照 DDP 术语成交时,卖方负责将货物交到进口国内的约定地点,承担在此之前的一切风险、责任和费用,其中包括办理货物出口和进口的手续以及相关费用。所以,作为卖方在对外成交时,一定要认真考虑该项业务中可能会遇到的各种风险以及可以采取的防范措施。另外,在打算采用 DDP 条件对外成交时,卖方还应考虑办理进口手续有无困难,如果卖方不能直接或间接地取得进口许可证,则不应采用 DDP 条件成交。

3.3.2 选用贸易术语应考虑的主要因素

在国际贸易中,贸易术语是确定合同性质、决定交货条件的重要因素,选定适当的贸易术语对促进合同的订立和履行,提高企业的经济效益具有重要的意义。作为交易的当事人,在选择贸易术语时主要应考虑以下因素:

(1)考虑运输条件

买卖双方采用何种贸易术语,首先应考虑采用何种运输方式运送。作为出口方,在本身有足够运输能力或安排运输无困难,而且经济上又合算的情况下,可争取按由自身安排运输的条件成交(如按 FCA、FAS 或 FOB 进口,按 CIP、CIF 或 CFR 出口);否则,应酌情争取按由对方安排运输的条件成交,如按 FCA、FAS 或 FOB 出口,按 CIP、CIF 或 CFR 进口。

(2)考虑货源情况

国际贸易中货物品种很多,不同类别的货物具有不同的特点,它们在运输方面各有不同要求,故安排运输的难易不同,运费开支大小也有差异。这是选用贸易术语应考虑的因素。此外,成交量的大小,也直接涉及安排运输是否有困难和经济上是否合算的问题。当成交量太小,又无班轮通航的情况下,负责安排运输的一方势必会增加运输成本,故选用贸易术语时也应予以考虑。

(3)考虑运费因素

运费是货价构成因素之一,在选用贸易术语时,应考虑货物经由路线的运费收取情况和运价变动趋势。一般来说,当运价看涨时,为了避免承担运价上涨的风险,可以选用由对方安排运输的贸易术语成交,如按 C 组术语进口,按 F 组术语出口。在运价看涨的情况下,如因某种原因不得不采用按由自身安排运输的条件成交,则应将运价上涨的风险考虑到货价中去，以免遭受运价变动的损失。

(4)考虑运输途中的风险

在国际贸易中，交易的商品一般需要通过长途运输，货物在运输过程中可能遇到各种自然灾害、意外事故等风险，特别是在遇到战争或正常的国际贸易遭到人为障碍与破坏的时期和地区，则运输途中的风险更大。因此，买卖双方洽商交易时，必须根据不同时期、不同地区、不同运输路线和运输方式的风险情况，并结合购销意图来选用适当的贸易术语。

(5)考虑办理进出口货物结关手续有无困难

在国际贸易中，关于进出口货物的结关手续，有些国家规定只能由结关所在国的当事人安排或代为办理，有些国家则无此项限制。因此，当某出口国政府规定，买方不能直接或间接办理出口结关手续，则不宜按 EXW 条件成交，而应选用 FCA 条件成交；若进口国当局规定，卖方不能直接或间接办理进口结关手续，此时则不宜采用 DDP，而应选用 D 组的其他术语成交。

本章小结

国际贸易术语是在长期的国际贸易实践中逐渐形成和发展起来的专门术语。它是用来说明交货地点、商品的价格和买卖双方有关费用、风险和责任的划分，以确定买卖双方在进出口过程中应尽的义务。在实际业务当中，经常用的贸易术语是 FOB、CFR、CIF。近年来，随着集装箱业务和国际多式联运业务的发展，采用 FCA、CPT、CIP 贸易术语也日渐增多，《2010 通则》是最新的国际贸易通则。

复习与思考题

一、名词解释

贸易术语　国际贸易惯例

二、判断题

1. 价格术语主要是为了说明商品的价格构成。　(　)
2. 价格变形在改变费用负担的同时，也改变了风险的划分。　(　)
3. 按 CIF 成交的合同，属于在目的港交货的合同。　(　)
4. 以 FOB、CIF 出口，万一货物装船时落入海中，均由卖方承担此损失。　(　)
5. FCA、CFR、DAT 术语适用于任何运输方式。　(　)
6. CIF、FOB 条件下，均由卖方支付运费。　(　)
7. FCA 条件下，卖方可将货交与签订运输合同的运输代理人。　(　)
8. CPT 与 CFR 术语一样，卖方不必承担货物自交货地点至目的地的运输途中的风险。　(　)

9. CIP与CIF的不同只在于两者适用的运输方式不同。（ ）

10. 由于国际贸易惯例不是法律，因此仲裁中如以惯例作为评判依据的裁定可不执行。（ ）

三、简答题

1. 为什么国际贸易惯例的适用是以当事人的意思自治为基础的？

2. 简述国际贸易惯例对贸易实践的指导作用。

3. 出口货物装船时，万一脱钩落入海中，FOB术语下应由何方承担此损？CIF术语下应由何方承担此损？

4. 为什么不能称CIF为“到岸价”？

5. 为什么CIF交易是一种典型的象征性交货？

6. 简述CPT与FCA贸易术语的相同处。

7. 简述CPT与CFR贸易术语的主要区别。

8. 简述E、F、C组贸易术语的特点。

9. 简述CIF与CIP贸易术语的主要区别。

四、案例分析题

我国某内陆出口公司于2000年2月向日本出口3万kg(30t)甘草膏，每吨40箱共1200箱，每吨售价1800美元，FOB新港，共54000美元，即期信用证，装运期为2月25日之前，货物必须装集装箱。该出口公司在天津设有办事处，于是在2月上旬便将货物运到天津，由天津办事处负责订箱装船。不料，货物在天津存仓后的第二天，仓库午夜着火，抢救不及，1200箱甘草膏全部被焚。办事处立即通知内地公司总部并要求尽快补发3万kg(30t)，否则无法按期装船。结果该出口公司因货源不济，只好要求日商将信用证的效期和装运期各延长15天。[①]

---

① 资料来源：中华考试网2012年国际商务师考试辅导 http://www.examw.com/sws/Business/Expertise/131434/.

第 4 章　国际贸易的价格

【教学目的和要求】

通过本章的学习，要求学生正确掌握国际贸易货物的价格，学会合理采用各种作价方法、价格转换，准确运用佣金和折扣，能够应用理论知识完成国际贸易合同价格条款的制定。

【本章主要知识点】

- 商品的价格构成
- 主要贸易术语的价格转换
- 佣金和折扣的运用
- 合同中价格条款的规定

【章首案例】

案例 4-1　中国甲公司从巴基斯坦乙公司进口一批货物，货款总值 500 万元人民币。双方约定，如乙公司迟延交货超过 7 天，应支付违约金 20 万元。甲公司与乙公司签订合同后，与国内丙公司签下供货协议，并约定了相同的违约金条款。结果乙公司比原定日期晚 16 天交货，由此造成甲公司向丙公司交货也拖延了 16 天。丙公司从货款中扣除了 20 万元，但未提出其他要求。甲公司多次向乙公司提出索赔请求，称鉴于乙公司拖延交货时间超过了合同约定的 1 倍多，造成甲公司的损失超过违约金数额，原来的违约金条款不适用。甲公司要求乙公司减价 10%，一次性返还 50 万元货款。而乙公司只支付了 20 万元违约金，对甲公司的减价要求不予理睬。①

案例分析　此案例分析依据如下：

《联合国国际货物销售合同公约》第 74 条规定，"一方当事人违反合同应负的损害赔偿额，应与另一方当事人因他违反合同而遭受的包括利润在内的损失额相等。这种损害赔偿不得超过违反合同一方在订立合同时，依照他当时已知道或理应知道的事实和情况，对违反合同预料到或理应预料到的可能损失。"本案中，违约金是双方预先约定的损害赔偿金，是合同的有效组成部分，双方应按合同约定办理。合同规定"迟延交货超过 7 天，应支付违约金 20 万元"，并未规定，延期交货超过 14 天后应增加违约金数额；如果确因迟延交货造成甲公司的损失超过违约金数额，甲公司可就超过的部分要求损害赔偿，但要提供相应的损失证明。假设因迟延交货增加的银行利息，或者向乙公司索要更多的合理的违约金等，本案似乎缺少这方面的证据。因此，

---

① 资料来源：豆丁网 http://www.docin.com/p-48019138.html.

乙公司只支付20万元违约金的行为是符合合同约定和《联合国国际货物销售合同公约》规定的。

《联合国国际货物销售合同公约》第50条规定，“如果货物不符合同，不论价款是否已付，买方都可以减低价格，减价按实际交付的货物在交货时的价值与符合合同的货物在当时的价值两者之间的比例计算。但是，如果卖方按照第37条或第48条的规定对任何不履行义务做出补救，或者买方拒绝接受卖方按照该两条规定履行义务，则买方不得减低价格。”根据这条规定，减价是针对货物与合同不符的救济方法。本案中双方未对货物的品质发生争议，因此，甲公司无权提出减价请求，不能因为迟延交货超过预期时间而采取减价的救济方法。

案例4-2 中国A公司与瑞士B公司签订了一份销售合同，由A公司以每吨1360.00美元CFR鹿特丹的价格向B公司提供12万kg(120t)金属硅，以信用证方式付款。双方约定：由SGS出具重量/数量检验证明书，并以此作为B公司付款的依据；货到目的口岸后，B公司如发现货物品质与合同规定不符，除属于保险公司或船公司的责任外，B公司可凭双方同意的检验机构出具的检验证明向A公司提出品质异议。合同的“备注”条款规定，B公司有权自费聘请SGS，如确定货物与合同不符，B公司有权解除合同或要求换货。合同订立后，B公司依约开出了信用证，A公司亦按时备货装运。SGS对货物进行检验后，发现一小部分货物包装有破损，SGS在其出具的检验证明书上注明了该情况。B公司在得知上述情形后，致传真函给A公司，通知A公司货物包装有破损，请A公司要求船公司垫补，并要求A公司发装运通知。A公司将货物发运后，要求付款。信用证有效期届满时，双方仍未就付款问题达成一致意见，银行将单据退回A公司。A公司提请仲裁，要求B公司支付货款、滞期费等。

案例分析 在履行合同过程中A，B公司的失误在于：

① A公司在装船前已存在一小部分待装船货物包装破损的事实和装船后不清洁提单的有可能被拒付风险。

② A公司在B公司请船公司代为补救垫补包装后却未得到船公司签发的清洁提单，使得不符点单据到银行交单议付时遭到拒付而收不回货款。

③ B公司通过SGS检验，明知存在一小部分货物包装有破损，仅是通知A公司(出口方)同意货物包装有破损，请船公司垫补包装后可以装船，并要求A公司向B公司发出装运通知，而没有通知议付行和付款行接受不符点单据和议付付款。

因此，仲裁庭裁决：在本合同的履行过程中，双方均有过错，应按各自的过错比例承担责任。

4.1　货物的价格

4.1.1　货物价格构成

国际贸易中及时准确的确定出口价格是买卖双方最为关心的重要问题，出口价格的组成因素主要有成本、利润、费用、出口退税等几个方面，其中成本是整个出口价格的核心。一般来说，我们掌握的出口成本是采购成本（含税成本），即含有增殖税。它是外贸企业为出口产品进行生产、加工或采购原料而产生的成本，通常也称之为含税成本。

出口退税是为了降低商品的出口成本，采取增值税全部或部分退还的做法。核算价格时，应将采购成本中的税收部分按出口退税率予以扣除，我国当前增值税的基本税率为 17%，因此我们通常采用公式一计算出口退税额。

公式一为　　出口退税额＝[（采购成本/1.17）×出口退税率]

求出出口退税额，再通过公式二计算不含税的采购成本。

公式二为　　采购成本（不含税）＝实际采购－出口退税额

明确了出口成本的构成和退税的计算后，接下来通过对报价过程中利润、费用的核算进行具体分析，进一步提高整个出口报价的准确性、及时性和有效性。

1. 出口利润的计算基数

出口利润的确定可以用某一固定的数额表示，也可以用一定的利润率即百分比来表示。一般来说，出口报价中关于利润的确定主要有 4 种利润基数：实际采购成本、采购成本（含出口退税）、出口总成本（含出口费用）和出口价格（销售价格）。

例 4－1　某企业出口一批服装，FOB 上海，该产品采购成本为 100 元人民币/件，最新纺织品出口退税率为 11%，该产品国内增值税为 17%，出口各项费用和为 6 元人民币/件，核算当日美元对人民币的外汇牌价为 1:7，预期利润率为 10%。试求不同的利润基数下企业报价时的利润额。

解：

（1）以实际采购成本为基数

实际采购成本＝采购成本－出口退税收入

＝采购成本－采购成本÷（1＋增值税率）×出口退税率

＝采购成本－采购成本÷1.17×11%

或

实际采购成本＝[采购成本×（1＋增值税率－出口退税率）]÷（1＋增值税率）

出口利润＝实际采购成本×10%

＝（100 元－100 元÷1.17×11%）×10%

=(100 元－9.40 元)×10%=9.06 元

(2)以采购成本为基数

出口利润=采购成本×10%=100 元×10%=10 元

(3)以出口总成本为基数

出口总成本=采购成本+出口费用=100 元+6 元=106 元

出口利润=出口总成本×10%=106 元×10%=10.60 元

(4)以出口价格为基数

FOB=实际采购成本+出口费用+利润

=采购成本－出口退税+出口费用+FOB×10%

=(采购成本－出口退税+出口费用)÷(1－预期利润率)

=(采购成本－采购成本÷1.17×11%+出口费用)÷(1－10%)

=(100 元－100 元÷1.17×11%+6 元)÷(1－10%) =107.33 元

出口利润=FOB×10%=107.33 元×10%=10.73 元

2. 出口报价中的费用核算

(1)出口费用的主要种类

外贸企业的费用范围是根据自身业务经营特点来确定的，主要包括营业费用、管理费用和财务费用 3 部分。

①营业费用指外贸企业在购、销、存各个经营环节所发生的各种费用，主要包括国内运杂费、港口装卸费、包装费、仓储保管费、商品检验费、广告费、报关费、邮电费、经营人员的工资福利等。

②管理费用指外贸企业为组织和管理企业经营活动所发生的费用，主要包括管理人员的工资福利、业务招待费、研发费、涉外费、咨询费、折旧费、办公费等。

③财务费用指外贸企业为筹集业务经营所需资金而发生的各项费用，主要包括利息支出、金融机构手续费、汇兑净损失等。

(2)出口费用的分摊

为了正确计算每个产品的出口换汇成本和盈亏额，企业必须将营业费用、管理费用和财务费用分摊到每个出口商品中。

在出口费用中，有的费用(如运杂费、仓储费等)在费用发生时就可以明确认定由哪种出口商品负担，但有的费用在发生时与出口商品没有直接联系，无法确认应由哪种商品负担。

例如，某外销员一个月完成 5 笔出口合同，每笔合同的报关费 100 元，门到门全包干费用 800 元，法定检验及认证费用 200 元，港口杂费 340 元，这些费用都可以认定到每笔具体的合同中，同时该外销员为了这 5 笔合同出差 2 次到生产地监督生产过程，差旅费事后统计共计为 1049 元，招待业务合作伙伴花费招待费 754 元，这些费用是不容易直接分摊到每一笔具体的合同上的。

同时一定要注意的是，费用的发生往往是在履行合同的过程中，也就是在出口报价之后；而在开始进行出口报价的过程中有时是无法准确的事先预估出口合同履行过程中所需要产生和支付的全部费用的。

因此为了正确报价，需要通过一定的方法将出口费用合理地分摊到相应的出口业务中去。

①直接认定法。能够直接认定是某笔出口业务发生的费用就由该业务负担，就是直接认定法。例如上例中的报关费、门到门全包干费、商检费。能直接认定费用的特点是在合同未成立，即在买卖双方报价阶段就能预先核算出来的相关费用，可以在报价时通过费用项目逐一累加计入出口价格中。

②比例分摊法。不能直接认定到某具体出口合同以及在买卖双方报价阶段不能预先准确核算出来的费用，可以采用比例分摊法。

任何一笔出口业务都要发生费用，这些费用报价的时候必须含在出口价格内，不然当利润率为保本的0时，实际业务是亏损的。亏损额就是履行合同过程中实际发生的累计费用额。预先准确知道分摊费用总额是不容易的，但对任何出口企业来说，年费用分摊率（简称费用率）是容易知道的，用某一时期（一般为1年）发生的各种费用总额比上同期该企业总采购成本，费用分摊率（费用率）＝本期费用发生总额/本期成本采购总额

这里要注意的是对外报价时直接认定法中的费用，同样也可以有效地应用在费用率分摊中。

例如，某出口企业在出口一笔订单过程中发生如下费用：报关费100元，港口装箱费400元，签发证书费200元，内陆运费450元，包装费280元；该订单单位商品采购成本为40元，数量1000个，企业费用率为5%，外汇汇率为1∶7（美元对人民币），暂不考虑房租、水电费和人员工资福利等其他经营成本，现用两种方法进行费用的核算。①

在直接认定法中

费用总额＝100元＋400元＋200元＋450元＋280元＝1430元

在比例分摊法中

费用发生总额＝采购成本×费用率＝40000元×5%＝2000元

可以看出，采用比例分摊核算方法，核算的费用总额是能够支付实际发生的各项费用的。尽管比直接认定的费用额度高出570元，但具体分摊到单位的出口商品中，差额为（2000元－1430元）/1000，为0.57元人民币，再加以汇率换算后实际则只多出0.57/7即0.08美元。综合来说，采用比例分摊方法核算费用比直接认定方法要高出一定的预估额，但通过每一件出口商品的分摊以及外汇牌价的换算，往往超出额

① 资料来源：郭春荣. 国际贸易实务课件. http://wenku. baidu. com/link? url = f9HMYvfKVZO9-qc4Ktk94Q6yLEpSaQ4SSN2 _ 9hy2w8uBaeT4QByCsaGR _ 7q8pHLJvfZPPstGVFs _ h5sZE0iDD _ OON4-WOe-HoIfJBZq2jUH8Kq.

度只是很小的一部分。

由于进出口业务的程序都是先议价签约然后履约，所以报价时就必须预先核算每笔业务的全部费用，计入出口价格后报价，客户接受后价格不能更改。本例中的直接认定法确定费用为1450元，假如在签约后的生产过程中又额外产生报价时无法预先估计到的额外费用500元，则直接认定法的费用核算就不能解决类似问题。也就是说，如果报价时以保本价发盘，现在该笔合同就要亏损500元额外费用。但如果采用比例分摊法，预先核算的费用为2000元，则可以有效地避免亏损。

另外，由于不同出口企业关于费用核算的标尺不同，有的企业对外报价核算费用时只核算该笔订单在出口过程中将要发生的费用，管理费用（如房租、水电成本和外销人员的基本工资等）都计入部门或者公司的费用核算中。但有的出口企业核算时则会把相应的房租、水电成本和外销人员的基本工资等都算入每个外销人员的费用额度中，这样对外销员来说，这部分的费用也是无法事先通过具体金额预估到每笔出口合同的报价中的。

综上所述，如果对于出口订单、客户信誉、合同履行、企业费用核算等业务环节比较熟悉的情况下，可以采用直接认定的方式，也可以采用费用率核算。如果对于上述情况并不熟悉或者合同履行过程中未知因素较多，则采用费用率核算方法更为有效。

3. 不同费用核算方法下的出口报价分析

明确了利润与费用的核算方法后，即可以对出口报价方法做进一步的分析。

常用的出口报价有两种方法，一种是通过销售收入扣除采购成本和出口费用的原理，进行汇率的换算后报价；另一种是通过建立毛利润率与换汇成本的关系报价。

(1)通过销售收入扣除采购成本和出口费用进行对外报价

这里的出口利润的计算基数可以采用上述列明的任何一种，因为这里的利润是具体的数额。

例如，某企业出口玩具25000个，工厂报出的采购成本是15元人民币，企业的年费用分摊率为5%，产品的出口退税率为10%，增值税税率为17%，同期美元对人民币牌价为1∶7，根据同类产品的国际市场价格的比较，企业以采购成本计算利润，净利润率为8%。本订单的FOB对外报价解析如下：

采购成本＝15元×25000＝375000.00元

出口利润＝375000元×8%＝30000.00元

费用总额＝15元×25000×5%＝18750.00元

出口退税＝375000元÷1.17×10%＝32051.28元

FOB总价＝(375000元＋30000元＋18750元－32051.28元)÷7＝55956.96美元

FOB单位报价＝55956.96美元÷25000＝2.238美元[①]

实际业务中采用该种报价方法应注意的问题：

① 资料来源：福步外贸论坛 http://bbs.fobshanghai.com/thread-361773-1-1.html.

①当上述任何一个报价要素在实际核算出现误差或当客户进行还价时发生了变更，这时为了正确核算利润的盈亏，必须带入公式重复计算。

②没有建立换汇成本与所求利润之间的函数关系，不利于现场快速报价。

③不同企业在开始对外报价阶段如果能准确核算出该笔订单在未来履约过程中将产生的各种费用，也可以直接通过费用种类的累加计算费用总额；但如果将来履约过程中产生额外费用，则只能从现有报价的利润部分中抵扣。

(2)通过计算毛利润和净利润的方式进行对外报价

毛利润＝FOB价×牌价＋采购成本÷1.17×出口退税率－采购成本

净利润＝毛利润－费用

＝FOB价×牌价＋采购成本÷1.17×出口退税率－采购成本－费用

若以采购成本为计算利润的基数，则

净利润率＝净利润÷采购成本

$$=\frac{\text{FOB价}\times\text{牌价}-\text{出口退税率}\div 1.17\times\text{采购成本}-\text{费用}}{\text{采购成本}}$$

根据换汇成本＝采购成本÷外汇收入(FOB价)，可求出：

$$\text{净利润率}=\frac{\text{牌价}-\text{出口退税率}\div 1.17\times\text{换汇成本}-\text{费用}\div\text{FOB}}{\text{换汇成本}}$$

再根据费用率＝费用/采购成本进行换算，可求出

净利润率＝[(牌价－出口退税率÷1.17×换汇成本)/换汇成本－费用率

由此得出：

毛利润率＝净利润率＋费用率

通过上述论证，可以把费用率、毛利润率、净利润率有效组合在一起，用该公式求得的本例的报价为：

毛利润率＝8%＋5%＝[7－(1－10%/1.17)×换汇成本]/换汇成本－费用率

按换汇成本＝(7÷1.0445)美元＝6.7美元计算，同样可以求出FOB单位报价：FOB＝(15元÷6.7)美元＝2.238美元

实际业务中采用该种报价方法应注意的问题：

①该报价方法有效地建立了利润率与换汇成本之间的函数关系，在此原理的基础上报价过程即可以通过换汇成本＝采购成本÷FOB价快速实现。

②将报价阶段能准确核算的费用和不能具体分摊到某笔合同的费用以及在履约过程中可能会发生的未知费用有效地结合在一起，通过费用率的形式统一核算。

③该报价方法中的利润计算基数和费用的计算基数都是出口企业的采购成本，这样使得利润率可以方便地加减费用率；否则，当计算利润基数为出口价格或者含费用的总成本时，由于费用率的计算基数是采购成本，这样就不能正确地通过增减而求出预期利润率了。

在国际货物运输中，经常使用的是20ft和40ft集装箱，20ft集装箱的有效容积

为 25m³,40ft 集装箱的有效容积为 55m³。出口商在做报价核算时,建议按照集装箱可容纳的最大包装数量来计算报价数量,以节省海运费。

例 4-2 商品 03001(三色戴帽熊)的包装单位是 CARTON(箱),销售单位是 PC(只),规格描述是每箱装 60 只,每箱体积为 0.164m³。试分别计算该商品用 20ft、40ft 集装箱运输出口时的最大包装数量和报价数量。

解:每 20ft 集装箱:

包装数量=(25÷0.164)箱=152.439 箱,取整为 152 箱

报价数量=60 只×152=9120 只

每 40ft 集装箱:

包装数量=(55÷0.164)箱=335.365 箱,取整为 335 箱

报价数量=60 只×335=20100 只①

例 4-3 商品 01006(蓝莓罐头)的包装单位是 CARTON(箱),销售单位是 CARTON(箱),每箱体积为 0.0095m³,试分别计算该商品用 20ft 和 40ft 集装箱运输出口时的最大包装数量和报价数量。

解:每 20ft 集装箱:

包装数量=(25÷0.0095)箱=2631.578 箱,取整为 2631 箱

报价数量=2631 箱

每 40ft 集装箱:

包装数量=(55÷0.0095)箱=5789.473 箱,取整为 5789 箱

报价数量=5789 箱

注意:由于该商品的包装单位和销售单位相同,故此例的报价数量=包装数量。②

4. 采购成本核算

例 4-4 商品 03001(三色戴帽熊),供应商报价为每只 6 元。求采购 9120 只的成本。

解:

采购成本=6 元×9120=54720 元③

5. 出口退税收入核算

例 4-5 在产品展示中查到商品 03001 的海关编码是 95034100。在税则查询中,输入"95034100",单击"搜索"按钮,可查出增值税率为 17%,出口退税率为 15%。已从供应商处得知供货价为每只 6 元(含增值税 17%)。试计算 9120 只三色戴帽熊

① 资料来源:百度文库 http://wenku.baidu.com/link?url=7RqQEukuWLobPMaTxCPaH0JB0F-q9N0HCkv0tLe9fyGKc3VL0wNcBtj1d5EiYKtdTVXKnlV0gEHYXSeQsoYw0nVLVUKL89CwR0yau-Vriefq.

② 资料来源:百度文库 http://wenku.baidu.com/link?url=7RqQEukuWLobPMaTxCPaH0JB0F-q9N0HCkv0tLe9fyGKc3VL0wNcBtj1d5EiYKtdTVXKnlV0gEHYXSeQsoYw0nVLVUKL89CwR0yau-Vriefq.

③ 资料来源:百度文库 http://wenku.baidu.com/link?url=7RqQEukuWLobPMaTxCPaH0JB0F-q9N0HCkv0tLe9fyGKc3VL0wNcBtj1d5EiYKtdTVXKnlV0gEHYXSeQsoYw0nVLVUKL89CwR0yau-Vriefq.

的出口退税收入。

解：

$$退税收入=采购成本\div(1+增值税率)\times出口退税率$$

$$=6元\times9120\div(1+17\%)\times15\%=7015.38元$$[①]

6. 国内费用核算

国内费用包括内陆运费、报检费、报关费、核销费、公司综合业务费、快递费。

内陆运费为 100 元/m^3，报检费 120 元，报关费 150 元，核销费 100 元，公司综合业务费 3000 元，DHL 费 100 元。

其中：

$$内陆运费=出口货物的总体积\times100$$

$$总体积=报价数量\div每箱包装数量\times每箱体积$$

例 4-6　商品 03001 的描述为"每箱 5 打，每打 12 个"，表示每箱可装 60 个，每箱体积 0.164m^3。求报价数量为 9120 只的内陆运费。

解：

$$总体积=9120\div60\times0.164m^3=24.928m^3$$

$$内陆运费=24.928\times100元=2492.8元$$[②]

7. 海运费核算

出口交易中，采用 CFR、CIF 贸易术语成交的条件下，出口商需核算海运费。

例 4-7　商品 03001(三色戴帽熊)要出口到加拿大，目的港是蒙特利尔港口。试分别计算报价数量为 5000 件和 9120 件的海运费。

解：

第 1 步：计算产品体积。

商品 03001 的体积是每箱 0.164m^3，每箱装 60 只。先计算产品体积。

报价数量为 5000 件，总体积$=5000\div60\times0.164m^3=13.66m^3$；

报价数量为 9120 件，总体积$=9120\div60\times0.164m^3=24.928m^3$。

第 2 步：查运价。

查到运至加拿大蒙特利尔港的海运费分别是：每 20ft 集装箱 USD1350，每 40ft 集装箱 USD2430，拼箱每立方米 USD65。

根据第 1 步计算出的体积结果来看，5000 件的运费宜采用拼箱，9120 件的海运费宜采用 40ft 集装箱。

---

① 资料来源：百度文库 http://wenku. baidu. com/link? url = 7RqQEukuWLobPMaTxCPaH0JB0F-q9N0HCkv0tLe9fyGKc3VL0wNcBtj1d5EiYKtdTVXKnlV0gEHYXSeQsoYw0nVLVUKL89CwR0yau-Vriefq.

② 资料来源：百度文库 http://wenku. baidu. com/link? url = 7RqQEukuWLobPMaTxCPaH0JB0F-q9N0HCkv0tLe9fyGKc3VL0wNcBtj1d5EiYKtdTVXKnlV0gEHYXSeQsoYw0nVLVUKL89CwR0yau-Vriefq

报价数量为 5000 件，海运费＝13.66×65 美元＝887.9 美元；

报价数量为 9120 件，海运费＝1350 美元。

第 3 步：换算成人民币。

查到美元的汇率为 7 元人民币兑换 1 美元。

报价数量为 5000 件，海运费（人民币）＝887.9×7 元＝6215.3 元；

报价数量为 9120 件，海运费（人民币）＝1350×7 元＝9450 元。

8. 保险费核算

出口交易中，在以 CIF 术语成交的情况下，出口商需要核算保险费。公式如下：

保险费＝保险金额×保险费率

保险金额＝CIF 货价×（1＋保险加成率）

在进出口贸易中，根据有关的国际惯例，保险加成率通常为 10％。出口商也可根据进口商的要求与保险公司约定不同的保险加成率。

例 4－8 商品 03001 的 CIF 价格为 USD8937.6，进口商要求按成交价格的 110％投保一切险（保险费率 0.8％）和战争险（保险费率 0.08％）。试计算出口商应付给保险公司的保险费用。

解：

保险金额＝8937.6 美元×110％＝9831.36 美元

保险费＝9831.36 美元×（0.8％＋0.08％）＝86.52 美元

查人民币对美元汇率为 7 比 1，换算人民币＝86.52×7 元＝605.64 元。

提示：在我国出口业务中，CFR 和 CIF 是两种常用的术语。鉴于保险费是按 CIF 货价为基础的保险额计算的，两种术语价格应按下述方式换算。

由 CIF 换算成 CFR 价：

CFR＝CIF×［1－（1＋保险加成率）×保险费率］

由 CFR 换算成 CIF 价

CIF＝CFR÷［1－（1＋保险加成率）×保险费率］

9. 银行费用核算

银行费用＝报价总金额×银行费率

例 4－9 报价总金额为 USD8846.4 时，分别计算 L/C、D/P、D/A、T/T 的银行费用。

解：

第 1 步：关于费率。

设 L/C 费率为 1％、D/A 费率为 0.15％、D/P 费率为 0.17％、T/T 费率为 0.1％。

第 2 步：查询汇率。

在主页“今日汇率”中，查到美元的汇率为 7 元人民币兑换 1 美元。

第 3 步：计算银行费用。

L/C 银行费用＝8846.4×1％×7 元＝619.25 元

D/P 银行费用＝8846.4×0.17％×7 元＝105.27 元

D/A 银行费用＝8846.4×0.15％×7 元＝92.89 元

T/T 银行费用＝8846.4×0.1％×7 元＝61.92 元①

10. 利润核算

利润＝报价金额－采购成本－各项费用＋退税收入

例 4-10　商品 03001，增值税率 17％，退税率 15％，体积每箱 $0.164m^3$。报价数量为 9120 只，FOB 报价金额为每只 0.8 美元，采购成本为每只 6 元，报检费 120 元，报关费 150 元，内陆运费 2492.8 元，核销费 100 元，银行费用 601.92 元，公司综合业务费 3000 元，外币汇率为 7 元人民币兑 1 美元。试计算该笔 FOB 报价的利润额。

解：

报价金额＝0.8×9120×7 元＝51072 元

采购成本＝6 元×9120＝54720 元

各项费用＝120 元＋150 元＋2492.8 元＋100 元＋601.92 元＋3000 元
＝6464.72 元

退税收入＝54720 元÷(1＋17％)×15％＝7015.38 元

利润＝51072 元－54720 元－6464.72 元＋7015.38 元＝－3097.34 元②

11. 对外报价核算应注意的问题

根据上述报价情况，应注意以下问题：

① 按照实际报价的一定百分比计算的内容应一次求出，否则容易造成报价的低估。

② 实际业务中，除了采用费用额相加的方法外，还有规定定额费用的做法，该费用率的计算基础是含税的进货成本。

③ 银行费用是根据出口发票金额的一定百分比收取，计费基础是成交价格。佣多和保险费通常也根据成交价格来计算。

④ 垫款利息按照进货成本计算，远期收款利息按照成交价格计算。

⑤ 报价核算有总价核算和单价核算两种方法：总价法比较精确，但要将核算结果折算成单价后才能对外报价；用单价法可以直接求出报价，但计算过程需保留多位小数，以保证报价准确。上述实例采用的就是单价核算法。

⑥ 注意报价的计量单位以及集装箱数量的准确性：它直接影响单位运价和国内

---

① 资料来源：百度文库 http://wenku.baidu.com/link?url=7RqQEukuWLobPMaTxCPaH0JB0F-q9N0HCkv0tLe9fyGKc3VL0wNcBtj1d5EiYKtdTVXKnlV0gEHYXSeQsoYw0nVLVUKL89CwR0yau-Vriefq.

② 资料来源：百度文库 http://wenku.baidu.com/link?url=7RqQEukuWLobPMaTxCPaH0JB0F-q9N0HCkv0tLe9fyGKc3VL0wNcBtj1d5EiYKtdTVXKnlV0gEHYXSeQsoYw0nVLVUKL89CwR0yau-Vriefq.

费用的多少。

⑦ 出口报价核算出来之后，可以采用逆算方法验算，即报价产生以后，用收入减去支出等于成本的原理来核算对外报价是否正确。

⑧ 业务员在对外磋商之前就应进行报价核算，以做到对一票买卖的综合经营状况心中有数。因此，务必填好出口商品价格核算单。

4.1.2　主要贸易术语的价格转换

1. FOB、CFR、CIF 三种贸易术语的价格构成

在我国进出口业务中，最常采用的贸易术语是 FOB、CFR 和 CIF 三种。这三种贸易术语仅适用于海上或内河运输。在价格构成中，通常包括三方面的内容：生产或采购成本、各种费用和净利润。

FOB、CFR 和 CIF 三种贸易术语的价格构成计算公式如下：

FOB 价＝生产/采购成本价＋国内费用＋净利润

CFR 价＝生产/采购成本价＋国内费用＋国外运费＋净利润

　　　＝FOB 价＋国外运费

CIF 价＝生产采购成本价＋国内费用＋国外运费＋国外保险费＋净利润

　　　＝FOB 价＋国外运费＋国外保险费

2. FCA、CPT 和 CIP 三种贸易术语的价格构成

FCA、CPT 和 CIP 三种贸易术语，是国际商会为适应国际贸易的发展而制定的贸易术语。它们的适用范围比较广，其价格构成也有三部分：生产或采购成本、各种费用和净利润。由于采用的运输方式不同，交货地点和交贷方式不同，有关费用也有所不同。

FCA、CPT 和 CIP 三种贸易术语的价格构成计算公式如下：

FCA 价＝生产/采购成本价＋国内费用＋净利润

CPT 价＝生产/采购成本价＋国内费用＋国外运费＋净利润

　　　＝FCA 价十国外运费。

CIP 价＝生产/采购成本价＋国内运费＋国外运费＋国外保险费＋净利润

　　　＝FCA 价＋国外运费＋国外保险费

3. 主要贸易术语的价格换算

(1)FOB、CFR 和 CIF 三种价格的换算

1) 将 FOB 价换算为其他价

CFR 价＝FOB 价＋国外运费

CIF 价＝(FOB 价＋国外运费)/(1－投保加成×保险费率)

2) 将 CFR 价换算为其他价

FOB 价＝CFR 价－国外运费

CIF 价＝CFR 价/(1－投保加成×保险费率)

3）将 CIF 价换算为其他价

FOB 价＝CIF 价×(1－投保加成×保险费率)－国外运费

CFR 价＝CIF 价×(1－投保加成×保险费率)

(2) FCA、CPT 和 CIP 三种术语的换算

1）将 FCA 价换算为其他价

CPT 价＝FCA 价＋国外运费

CIP 价＝(FCA 价＋国外运费)/(1－投保加成×保险费率)

2）将 CPT 价换算为其他价

FCA 价＝CPT 价－国外运费

CIP 价＝CPT 价/(1－投保加成×保险费率)

3）将 CIP 价换算为其他价

FCA 价＝CIP 价×(1－投保加成×保险费率)－国外运费

CPT 价＝CIP 价×(1－投保加成×保险费率)

4.2　佣金与折扣

在价格条款中，有时会涉及佣金(commission)和折扣(discount)。价格条款中所规定的价格，可分为包含有佣金或折扣的价格和不包含佣金与折扣的净价。包含有佣金的价格，在业务中通常称为“含佣价”。

4.2.1　佣金

1. 佣金的含义

在国际贸易中，有些交易是通过中间代理商进行的，因中间商介绍生意或代买代卖而需收取一定的酬金，此项酬金叫佣金。

在货价中包含佣金的价格叫含佣价，不含佣金的价格为净价。

例如：USD1000 PER M/T CIFC5% LONDON。

①如在合同价格条款中，明确规定佣金的百分比，叫作“明佣”。

②如不在合同中表示出来，由当事人按约定另行私下交付，叫作“暗佣”。

③在买卖双方同时收取佣金，称为“双头佣”。

2. 佣金的规定方法

(1)规定佣金率

例如，每公吨 1000 美元 CIF 香港包括佣金 3%。

也可以在贸易术语后直接加注佣金的英文缩写“C”并注明百分比。例如，每公吨 1000 美元 CIFC3%香港。

(2)以绝对数表示佣金

例如，每公吨支付佣金 30 美元。

在实践中，规定佣金率的做法比较常见。给予中间商佣金会提高其与我方成交的积极性，但也意味着出口方费用的增加，因此佣金率的高低影响着商品的成交价格，应该合理规定，一般掌握在1%～5%。

3. 佣金的计算

多数情况下，以何种价格术语成交，就以何种价格为基础计算佣金。

在国际贸易中，佣金的计算方法是各不相同的。主要体现在以佣金率的方法规定佣金时，计算佣金的基数怎样确定。常用的方法是将成交金额（发票金额）作为计佣基数，例如按CIFC3%成交，发票金额为10 000美元，则应付佣金为10 000美元×3%＝300美元。也有人认为，价格中的运费、保险费不属于出口商本身的收益，不应该作为计佣的基数，应按FOB价值计算佣金。如果按这种方法计算佣金，在以CIF、CFR等术语成交时，要将其中的运费、保险费扣除，求得FOB价之后计算佣金。

佣金的计算公式：

$$\text{单位货物佣金额}=\text{含佣价}\times\text{佣金率}$$

$$\text{净价}=\text{含佣价}-\text{单位货物佣金额}$$

$$\text{净价}=\text{含佣价}\times(1-\text{佣金率})$$

$$\text{含佣价}=\text{净价}/(1-\text{佣金率})$$

例4-11 某公司向香港客户出口水果罐头200箱，每箱132.6HK（香港币）CIF香港，客户要求改报CFR香港5%佣金价，设保险费率为1%，加一成投保，在保持原报价格不变的情况下。试求：

(1)CFRC5%香港价应报多少？

(2)出口200箱应付给客户多少佣金？

解：

$$\text{保险费}=\text{CIF 价}\times(1+\text{投保加成率})\times\text{保险费率}$$

$$=132.6\text{HK}\times(1+10\%)\times1\%=1.459\text{HK}$$

$$\text{CFR 净价}=\text{CIF 净价}-\text{保险费}$$

$$=132.6\text{HK}-1.459\text{HK}=131.141\text{HK}$$

$$\text{CFR 含佣价}=\text{CFR 净价}\div(1-\text{佣金率})$$

$$=131.141\text{HK}\div(1-5\%)=138.044\text{HK}$$

$$\text{佣金}=\text{CFR 含佣价}\times\text{佣金率}$$

$$=138.044\text{HK}\times5\%\times200=1380.44\text{HK(港元)}$$ ①

4. 佣金的支付

① 出口企业收到全部货款后将佣金另行支付给中间商或代理商。

这种做法有利于合同的圆满履行。因为中间商为了取得佣金，不仅会尽力促成

① 资料来源：百度文库 http://wenku.baidu.com/link?url=KC7W3AUijPGobXU6VhSQg17q-ZTg-zD10OrHbslZMDkaLPZB_sTHOk8FAcWstaq20GwMG5tP2EVhOS4RPRCS6nou8xr3YFokOHxzmCUq15jjW.

交易，还会负责联系、督促实际买主履约，协助解决履约过程中可能发生的问题，使合同得以顺利履行。但为了避免中间商的误解，应在与其确立业务关系时就明确这种做法，并最好达成书面协议。

② 中间商在付款时直接从货价中扣除佣金。采用这种做法，应注意防止重复付佣。

③ 有的中间商要求出口企业在交易达成后就支付佣金。这种做法不能保证交易的顺利履行，因而一般不能接受。

实际业务中，常用的是第一种方法，可以在合同履行后逐笔支付，也可按协议按月、季、半年甚至一年分期支付，为了发挥佣金的作用，充分调动外商的积极性，应按约支付佣金，防止错付、漏付。

4.2.2　折扣

1. 折扣的含义

折扣是指卖方给予买方一定的价格减让，即在原价基础上给予适当的优惠。在我国对外贸易中，使用折扣主要是为了照顾老客户，确保销售渠道，扩大对外销售等目的。在实际业务中应根据具体情况，针对不同客户，灵活运用各种折扣方式。例如，为了扩大销售而使用数量折扣，为发展客户关系而使用特别折扣等。

2. 折扣的规定方法

折扣一般在合同的价格条款中明确规定（明扣），也有双方私下就折扣问题达成协议而不在合同中表示出来的（暗扣或回扣）。

3. 折扣的计算与支付方法

折扣通常是以成交额或发票金额为基础计算出来的。

$$折扣额＝含折扣价\times折扣率$$

折扣一般在买方支付货款时预先扣除。如是暗扣，在合同中并不表示出来，而按双方私下达成的协议，由卖方另行支付给买方。

4.3　合同中的价格条款

合同中的价格条款，一般包括商品的单价和总值两项基本内容。单价的作价办法，佣金与折扣的运用，也属价格条款的内容。商品的单价通常由 4 个部分组成，即包括计量单位（如公吨）、单位价格金额（如 200）、计价货币（如美元）和贸易术语（如 CIF 伦敦）。在价格条款中可规定："200 美元每公吨，CIF 伦敦"。总值是指单价同成交商品数量的乘积，即一笔交易的货款总金额。例如：

每公吨	580	美元	CIF 纽约
计量单位	单位价格金额	计价货币	贸易术语

净价条款举例：

单价:0.70 美元每箱,FOB 天津

总值:14 850 美元

含佣价条款举例:

单价:200 美元每公吨,CIFC2%伦敦

总值:100 000 美元

含折扣价条款举例:

单价:45 英镑每件,CIF 汉堡折扣 2%

总值:44 100 英镑

规定价格条款的注意事项:

① 商品的单价,防止偏高或偏低。订价过高就会丧失竞争力,不利于达成交易;而过低就会丧失利润。

② 根据经营意图和实际情况,在权衡利弊的基础上选用适当的贸易术语。在实际的过程中,普遍是由客户决定采用什么贸易术语,当然作为卖方也可建议对双方有利的贸易术语。

③ 争取选择有利的计价货币,以免遭受币值变动带来的风险,如采用了对我方不利的计价货币,应争取订立外汇保值条款。出口定价,卖方应争取硬币计价,进口定价,买方应争取软币计价。另外可以与银行签订远期外汇合约。

④ 灵活运用各种不同的作价办法,以避免价格变动的风险。在固定价格、非固定价格、价格调整条款之间选择最合适的方法。

⑤ 参照国际贸易的习惯做法,注意佣金和折扣的运用。在当今竞争日益加剧的情况下,佣金和折扣常用于促进贸易的成交上。在实践的过程中,还出现当外贸公司接到利润不足时,直接将客户介绍给工厂,再从工厂抽佣的情况。

⑥ 如果货物品质和数量约定有一定的机动幅度,则对机动部分的作价也一并规定。这样有利于明确合同,便于合同的履行。

⑦ 如包装材料和包装费用另行计算,对其计价方法也应一并规定。这样有利于成本的核算与合同的履行。

⑧ 单价中涉及的计价数量单位、计价货币、装卸地名称等必须书写正确、清楚,以利于合同的履行。

这些属于合同的要件,为了避免日后的争议,必须在合同中明确规定。

本章小结

本章对国际贸易中的商品价格进行了介绍。国际贸易商品的价格由成本、利润、费用、出口退税等要素构成。根据计算基数的不同,利润可分别以实际采购成本、采购成本、出口总成本、出口价格为基数进行计算。国际贸易中的费用主要包括管理费用、营业费用和财务费用。讲解了费用的分摊方法,以及如何在不同费用核算方法下

进行出口报价。介绍了采购成本、出口退税、国内费用、海运费用、保险费、银行费用的核算方法，以及不同贸易术语下的价格换算，介绍了佣金和折扣，讲解了国际贸易合同中的价格条款内容等。

复习与思考题

一、判断题

1. 通常出口成交价格是由国际市场价格水平决定的，并受国际市场价格走势的影响。（ ）

2. 出口成本价格就是出口成交价格。（ ）

3. 出口成本价格与出口成交价格的不同在于所涉及的国外费用不同。（ ）

4. 以 FOB 价格成交，成交价即为外汇净收入。（ ）

5. FOB、CFR 和 CIF 三种术语的价格构成的主要不同点在于国外费用不同。（ ）

6. 佣金是卖方给买方的价格减让。（ ）

7. CIF 价格构成中的保险费是以 FOB 价格为基础计算的。（ ）

8. 进出口商品的净价是指不包括明佣和暗佣的实际价格。（ ）

9. 在实际业务中，较常采用的作价方法是固定作价。（ ）

10. 不论在何种情况下，固定作价都比非固定作价有利。（ ）

二、翻译并解释下列名词

Unit Price　Commission　Discount

三、简答题

1. 国际贸易中的商品单价应包括哪些必不可少的内容？

2. 选择计价货币时要注意哪些问题？

3. 如果出口商原以本币对外报价，当外商要求改外币报价时，他应该如何折算？

4. 简述含佣价的含义及其表示方法？

5. 合同中的价格条款应包含哪些内容？订立价格条款应注意哪些问题？

四、计算题

1. 我公司出口商品国内总成本为每箱 1200 元人民币。外商向我发盘，价格为每箱 140 美元 CIF 纽约。当日中国银行外汇牌价为 100 美元＝700 元人民币。问：我公司可否接受？若我方发盘，价格应该是多少？（海运费为每箱 10 美元，保险费率为 0.5%）（保留一位小数）。

2. 我对美国客商出口一批商品，报价为每千克 100 元人民币 CFR 纽约，美国客商要求改报 CIFC5 美元价（投保一切险，加一成投保，保费率为 4%，人民币兑美元的比价为 1:7）。试确定在不影响收汇额的前提下，准确的 CIFC5 价应是多少？

3. 某进出口公司向澳大利亚出口某商品，外销价为每公吨500美元CIFC 3悉尼，支付运费70美元，保险费6.5美元，佣金15美元。如果该公司该商品收购价为每公吨1 800元人民币，国内直接和间接费用加17%，请计算该商品的换汇成本。

第5章　国际货物贸易运输

【教学目的和要求】

通过本章的学习，使学生掌握海洋运输、集装箱运输和国际多式联运等各种运输方式和各种不同的运输单据，熟悉班轮运费结构与计算，掌握国际买卖合同中的装运条款。

【本章主要知识点】

- 班轮运输的定义与特点
- 租船运输的定义与特点
- 航空运输的主要方式
- 集装箱运输的交接方式

【章首案例】

案例5-1　某公司以FAS条件进口原料一批，出口商把货物以集装箱送至厦门港时，船运公司即以进口货物到货通知单通知该公司提货，而且在到货通知单中载有：本批货物是使用集装箱，必须在到货7日内提货，否则要加延滞费。该公司因急用原料又恐缴纳延滞费，便按照规定期限报关提货，但船公司却声称本航次运载的集装箱应由船公司整批处理开箱，不得分批开箱。问：7天以后开箱，集装箱使用延滞费该由谁负担？这项原料买卖合同规定：如有品质不符买方须于货到后一个月内提出索赔，如果此集装箱在货到一个月后才开箱，如发现该批原料品质不符，该公司是否仍可向国外出口商提出索赔？如果出口商不赔，该公司可否向船公司索赔？①

案例评析　在集装箱运输中，船公司所使用的集装箱可能是自己公司的，也可以是向其他公司租用的。凡租用别人的集装箱，因为涉及租箱费用以及加速集装箱周转等原因，一般船公司会要求货方尽早拆箱以利于加快回收。比如本案例中，船公司在其发出的到货通知单上规定，货方须于货到七日内提货，否则加收滞期费用。但是，在提货时，船公司又以本航次集装箱由船公司整批处理开箱、不得分散开箱提货为由拒绝交货，使买方处于两难境地。如果因此发生延滞费用，应该由船方负责。为稳妥起见，货方可请有关方面出具货方延滞提货是因为船方要求所致的证明，以备发生争议时使用。买方因无法开箱检验，不能在索赔有效期内向卖方提出索赔，一般可向卖方申请延长索赔期限或检验时限；否则，在超过索赔期限以后再发生货损，买方无权向卖方提出索赔。只是由于卖方出于自身利益考虑不会答应延长索赔期限，此时由于船上述行为给买方造成的损失，可由买方向船方索赔。

---

① 资料来源：百度文库 http://wenku. baidu. com/link? url＝JUAw1mOhTyjer3QnRe8pmANsF_ACFaE-uSLol500fbtTh-AcsOEVPJ5DLRWKO2VhkaoIWZCFytHWW6Vtm6ips2G4TiF1loeF2CPm3VUGwUai.

国际贸易货物运输的方式有多种，包括海洋运输、铁路运输、航空运输、邮包运输、公路运输、集装箱运输及多式联运等。在实际操作中，应根据货物特点、货量大小、距离远近、运费高低、自然条件等多种因素来综合考虑采用何种运输方式。

5.1 运输方式

5.1.1 海洋运输

海洋运输(ocean transport)是国际贸易中最主要的运输方式，我国进出口货运总量的80%都是通过海洋运输方式完成的。海洋运输的优点是通过能力大、运量大、运费低、不受道路、轨道限制；缺点是易受气候和自然条件影响，航期不稳定、航行风险大、运输的连续性差且速度较慢。

海洋运输通常有两种营运方式：班轮运输(liner shipping)和租船运输(charter shipping)。

1. 班轮运输

(1) 班轮运输

班轮运输又称定期船运输，船公司的运输船只按照固定的船期、固定的航线、在固定的港口之间往来行驶的运输方式，并按事先公布的费率收取运费的运输。班轮运输适合批量小、次数多的商品。

(2) 特点

①四固定，即固定的航线、固定的港口、固定的船期、相对固定的运费率。

②由船方负责装卸，装卸费用包括在运费中。

③船货双方的权利、义务和责任豁免以船方签发的提单条款为依据。

(3) 班轮运费的计收方法

班轮运费包括基本运费和附加费两部分。

1)基本运费

① 按重量计收 W(重量吨 Weight Ton，W/T)，如建材、矿产品。

② 按体积计收 M(尺码吨 Measurement Ton，M/T)。

③ 按重量或体积从高计收 W/M(由船方选定，从高计收)。

④ 从价计收 AV(Ad Valorem)，如钻石等贵重物品。

⑤ 选择计收方法(在重量/体积/价值三者中按高收取，由船方选定)。

⑥ 按件计收(汽车、摩托车按辆计收，牲口按头计收)。

⑦ 议价计收，即由货主和船公司临时协商议定运价(运量较大、货值低、易装卸的矿砂、农副产品等)。

2) 附加费

根据某些特定情况或需作特殊处理的货物，在基本费之外加收的费用。

① 超重附加费(heavy-lift additional):是指由于货物单件重量超过一定限度而加收的一种附加费。

② 超长附加费(long length additional):是指由于单件货物的长度超过一定限度而加收的一种附加费。

③ 直航附加费(direct additional):如一批货达到规定的数量,托运人要求将一批货物直接运达非基本港口卸货,船公司为此加收的费用,称为直航附加费。

④ 转船附加费(transhipment surcharge):如果货物需要转船运输,则船公司必须在转船港口办理换装和转船手续,由于上述作业所增加的费用,称为转船附加费。

⑤港口附加费(port surcharge):由于某些港口的情况比较复杂,装卸效率较低,或港口收费较高等原因,船公司特此加收一定的费用,称为港口附加费。

⑥ 选港附加费(optional additional):货方托运时尚不能确定具体卸港地点,要求在预先提出的两个或两个以上港口中选择一港卸货,船方加收的附加费。

⑦ 燃油附加费(bunker surcharge):船用燃油费一般占总成本的15%左右。

⑧ 变更卸货港附加费(alternation of destination surcharge)。

⑨ 绕航附加费(deviation surcharge)等。

(4)班轮运费的计算

$$F = F_b \times (1 + \sum_s) \times Q$$

式中 F 为班轮运费;F_b基本运费率 ;$\sum_s$ 为附加费率之和;Q 为总货运量。

案例 5-2　广东 A 公司与法国 B 公司签订某商品出口合同。商品总重 10000kg(10 公吨),400 箱装,每箱毛重 25kg,体积 20cm×30cm×40cm,单价 CFR 每箱 55 美元。试计算该货物的总运费。

案例分析　查表知该商品为 8 级,计费标准为 W/M,每吨运费 80 美元,另征收转船附加费 20%,燃油附加费 10%,计算应收总运费。

每吨的单位运价为:

80 美元×(1+20%+10%)=104 美元

该货物的总运费为:

104 美元×10=1040 美元[①]

2. 租船运输

租船运输 tramp:又称不定期船,由承租人和船方在租船合同中规定航线和停靠港口、运输货物的种类以及航行时间,同时运费和租金也由双方在租船合同中加以规定。

(1)租船运输的经营方式

① 资料来源:百度文库 http://wenku. baidu. com/link? url = M217U83zaZxHiG1siz_I4KDjguwrWCBWVpAq5WPXIYtcYX5KegKHAb5UPGCWuvQUffSb4pxVd3c1CHBOxchDVcRhyf_Xl25IfTiJ-KRxddE_.

① 定程租船(voyage charter):又称航次租船,是指由船舶所有人负责提供船舶,在指定港口之间进行一个航次或数个航次,承运指定货物的租船运输。

② 定期租船(time charter):是指船舶所有人将船舶出租给承租人,供其使用一定时期的租船运输。

③ 光船租船 (bare boat charter):是期租船的一种,所不同的是船舶所有人提供的是一艘空船,承租人自己配备船长和船员,并负责船员的给养和船舶营运管理所需的一切费用。

(2)租船运输的特点

① 按租船人和船东签订的租船合同安排航行。

② 租船运输通常用于大宗货物的运输,如粮食、油料、矿产品和工业原料等。

近年来,国际上发展起一种介于航次租船和定期租船之间的租船方式,即航次期租(time charter on trip basis,TCT)。这是以完成一个航次运输为目的,按完成航次所花的时间,按约定的租金率计算租金的方式。

租船运输通常适用于大宗货物的运输,因此我国大宗货物(如粮食、油料、矿产品和工业原料等)进出口通常采用租船运输方式。就外贸企业来说,使用较多的租船方式是定程租船。

定程租船运费包括定程租船运费和定程租船的装卸费。定程租船运费的计算方式与支付时间,需由租船人与船东在所签订的定程租船合同中明确规定。其计算方式主要有两种:一种是按运费率(rate freight),即规定每单位重量或单位体积的运费额,同时规定按装船时的货物重量(intaken quantity)或按卸船时的货物重量(delivered quantity)来计算总运费;另一种是整船包价(lumpsum freight),即规定一笔整船运费,船东保证船舶能提供的载货重量和容积,不管租方实际装货多少,一律照整船包价付费。影响定程租船运费率高低的有众多因素:租船市场运费水平、承运的货物价格和装卸货物所需设备和劳动力、运费的支付时间、装卸费的负担方法、港口费用高低及船舶经纪人的佣金高低等。定程租船运输情况下,有关货物的装卸费用由租船人和船东协商确定后在定程租船合同中作出具体规定。具体做法主要有以下四种:

①船方负担装货费和卸货费,又可称为“班轮条件”(gross terms;liner terms 或 berth terms)。在此条件下,船货双方一般以船边划分费用。多用于木材和包装货物的运输。

②船方管装不管卸(free out,FO),即船方负担装货费,但不负担卸货费。

③船方管卸不管装(freeln,F1),即船方负担卸货费,而不负担装货费。

④船方装和卸均不管(freeln and out,FIO),即船方既不负担装货费,也不负担卸货费。这种条件一般适用于散装货。采用这一规定方法时,必要时还需明确规定理舱费和平舱费由谁负担,如规定由租方负担,则称为“船方不管装卸、理舱和平舱”(free ln and out,stowed and trimmed,FIOST)条款。

在定程租船运输情况下，装卸货时间的长短影响到船舶的使用周期，直接关系到船方利益。因而在租船合同中，除需规定装卸货时间外，还需要规定一种奖励处罚措施，以督促租船人实现快装快卸。

5.1.2　航空运输

航空运输(air transport)是一种现代化的运输方式，它与海洋运输、铁路运输相比，具有运输速度较快、货运质量高且不受地面条件的限制等优点。因此，它最适宜运送急需物资、鲜活商品、精密仪器和贵重物品。但存在运输成本高、载运量小、受天气影响较大以及可达性差的缺点。

1. 航空运输的主要方式

(1)班机运输

班机运输是在固定航线上定期航行运送客货的航班。具有固定的时间、航线、始发站、经停站和终点站。收发货人可确切掌握起运和到达时间。

(2)包机运输

包机运输是指将整架飞机包租给一个包机人或几个包机人，从一个或几个航空站装运货物至指定的目的地。包机运输分为整机包机和部分包机。

(3)集中托运

集中托运是指航空货运代理公司把若干批单独发运的货物组成一批向航空公司办理托运，填写一份总运单将货物发运到同一目的站，然后由航空货运代理公司在目的站的代理人负责收货、报关，并将货物分别交给各收货人的一种运输方式。

(4)航空快递业务

航空快递业务是目前国际航空运输中最快捷的运输方式。它是利用空运快递送达收件人的运输方式，航空快递的收件范围有文件和包裹两大类。

2. 航空运输的承运人

(1)航空运输公司

航空运输公司是航空货物运输业务中的实际承运人，负责办理从启运机场至到达机场的运输，并对全程运输负责。

(2)航空货运代理公司

航空货运代理公司可以是货主的代理，负责办理航空货物运输的订舱，在始发机场和到达机场的交、接货与进出口报关等事宜；也可以是航空公司的代理，办理接货并以航空承运人身份签发航空运单，对运输过程负责。

中国对外贸易运输总公司既是中国民航的代理，也是我国各进出口公司的货运代理，它充任航空货运代理公司的职责。为此，中国对外贸易运输公司同世界许多国家和地区的货运代理公司建立了航空货运代理业务。

3. 航空运输的运价

航空运输货物的运价是指从启运机场至目的机场的运价，不包括其他额外费用(如提货、仓储费等)。运价一般是按重量(kg)或体积重量(6000cm^3 折合 1kg)计算的,而以两者中高者为准。空运货物是按一般货物、特种货物和货物的等级规定运价标准。

5.1.3 铁路运输

铁路运输(rail transport)是国际贸易中陆地运输的主要方式,其使用量仅次于海洋运输。铁路运输的特点是定时定点定线,昼夜运行,运量大,风险小,运费也较低廉,速度较快,受天气限制少,手续简便等。但受固定线路限制,门到门的服务还需借助汽车运输实现。

铁路运输分为国际铁路运输和国内铁路运输两种。

1. 国际铁路运输

国际铁路运输是指货物经过两个或两个以上国家的铁路,使用一份运输票据,发货人发货后,由承运人负责货物的全程运输任务。它的特点是在整个联运过程中使用一份统一的票据;在由一国铁路向另一国铁路移交货物时,无需发、收货人参与;一个或两个以上国家的铁路联合运输。

采用国际铁路联运,有关当事国事先必须有书面约定。目前,我国参加的国际铁路联运指我国同蒙古、朝鲜、越南和前苏联及东欧国家共同签订的《国际铁路货物联运协定》,还有欧洲国家制定的《国际铁路货物运送公约》这些协议的签订,为亚欧大陆间的铁路联运提供了极为便利的条件。我国对朝鲜、俄罗斯、东欧一些国家的大部分进出口货物,都是采用国际铁路联运的方式运输。

2. 国内铁路运输

我国出口货物经铁路运至港口装船,以及进口货物卸船后经过铁路运往各地,均属于国内铁路的运输范围。此外,供应港、澳地区的物资经铁路运往香港、九龙,也属于国内铁路运输的范围。其中,对港铁路运输是由国内段运输和港段铁路运输两部分构成的。它是一种特殊方式的两票运输:发货人先把货物托运至深圳北站,交由设在深圳北站的外贸机构接货,然后由外贸机构通过原车转轨的办法再转运港段铁路运交买方;或者先将出口货物运至广州南站再转船运至澳门。

5.1.4 邮政运输

邮政运输(parcel post transport)是指通过邮局寄送商品的一种简便运输方式,具有手续简便、费用低的特点,比较适用于运输量轻、体积小的商品,如精密仪器、药品和急需物品等。国际邮政运输具有国际多式联运和"门到门"运输的性质,但国际邮政运输受邮件重量和体积的限制,因此只适合于重量轻、体积小的货物,如精密仪器、机器零部件、药品等。

5.1.5　集装箱运输

1. 集装箱的定义及特点

集装箱运输(container transport)指将一定数量的单件货物装入按标准规格特制的集装箱内,并以该箱作为运送单位的一种现代化的运输方式。它的特点是提高了装卸效率及运输质量,简化货运手续,降低货运成本,因此越来越多地被采用。

2. 集装箱货物的装箱方式

集装箱货物根据装箱的货量和方式不同分为整箱货和拼箱货。

(1)整箱货

整箱货(full container load,FCL)是指一个集装箱内的货物装载量达到其容积的 75%,或者一个集装箱内的货物重量达到其负荷量的 95%,箱内货量只要达到这两个标准中的任何一个,即为整箱货。

(2)拼箱货

拼箱货(less than container load,LCL)是指箱内货量达不到上述整箱货的容积或重量标准的,只能由货主送交集装箱货运站或内陆转运站拼装成箱,即为拼箱货。

3. 集装箱运输的交接方式

(1)按货运量分

按照货运量的角度,集装箱货物的交接方式可以分为:

① 整箱交/ 整箱接(FCL/ FCL),是指发货人整箱交货,收货人整箱接货。

② 拼箱交/ 拆箱接(LCL/ LCL),是指发货人拼箱交货,收货人拆箱接货。

③ 整箱交/拆箱接(FCL/ LCL),是指发货人整箱交货,收货人拆箱接货。

④ 拼箱交/整箱接(LCL/ FCL),是指发货人拼箱交货,收货人整箱接货。

(2)按货物交接地点分

按买卖双方对交接地点的安排,集装箱货物的交接方式可以分为:

① 门到门(Door to Door),即从发货人工厂或仓库至收货人工厂或仓库。

② 门到场(Door to CY),即从发货人工厂或仓库至目的地或卸箱港的集装箱堆场。

③ 场到门(CY to Door),即从起运地或集装箱港的集装箱堆场至收货人工厂或仓库。

④ 场到场(CY to CY),即从起运地或集装箱港的集装箱堆场至目的地或卸箱港的集装箱堆场。

⑤ 门到站(Door to CFS),即从发货人工厂或仓库至目的地或卸箱港的集装箱货运站。

⑥ 场到站(CY to CFS),即从起运地或集装箱港的集装箱堆场至目的地或卸箱港的集装箱货运站。

⑦ 站到门(CFS to Door),即从起运地或集装箱港的集装箱货运站至收货人工

厂或仓库。

⑧ 站到场(CFS to CY),即从起运地或集装箱港的集装箱货运站至目的地或卸箱港的集装箱堆场。

⑨ 站到站(CFS to CFS),从起运地或集装箱港的集装箱货运站至目的地或卸箱港的集装箱货运站。

国际标准化组织为统一集装箱的规格,推荐了三个系列 13 种规格的集装箱,而在国际航运上运用的主要为 20ft 和 40ft 两种,即 1A 型 8"×8"×40"和 1C 型 8"×8"×20"。为适应运输各类货物的需要,集装箱除通用的干货集装箱外,还有罐式集装箱、冷藏集装箱、框架集装箱、平台集装箱、通风集装箱、牲畜集装箱、散装集装箱、挂式集装箱等种类。

为了便于统计计算集装箱运输的货运量,目前国际上都以 20ft 集装箱作为计算衡量单位,以 TEU(twentyfoot equivalent unit)表示,意即"相当于 20ft 单位"。在统计不同型号的集装箱时,按集装箱的长度换算成 6.096m 单位(TEU)加以计算。

5.1.6 国际多式联运

国际多式联运(international combined transport)是指多式联运经营人按照多式联运合同,以至少两种不同的运输方式,将货物从一国境内接管货物的地点运至另一国境内指定交付货物的地点的运输方式。

1. 国际多式联运的特点

① 由国际多式联运经营人承担或组织完成全程运输工作。在国际多式联运方式下,一切运输事项均由多式联运经营人负责办理。多式联运经营人对全程运输负责。

② 减少中间环节,缩短货运时间,降低货损货差,提高货运质量。国际多式联运通常是以集装箱为媒介的连贯运输,货物在途中无须拆箱,减少了中间环节和装卸次数,有效地保证了货物安全和货运的质量。

③ 实现门到门运输。国际多式联运综合运用了各种运输方式,可以把货物从发货人仓库或工厂运到收货人所在地的仓库或工厂。

2. 多式联运合同

多式联运合同(multi-modal transport contract)是指多式联运经营人与托运人之间订立的凭以收取运费、负责完成或组织完成国际多式联运的合同。它明确规定了多式联运经营人和托运人之间的权利、义务、责任和豁免。

3. 多式联运经营人

多式联运经营人(multi-modal transport operator)是指本人或通过其代表订立多式联运合同的任何人,他是事主,而不是发货人的代理人或代表或参加多式联运的承运人的代理人或代表,并且负有履行合同的责任。他可以充任实际承运人,办理全程或部分运输业务,也可以是无船承运人(non-vessel operating common carrier,

NVOCC)，即将全程运输交由各段实际承运人来履行。

开展国际多式联运是实现“门到门”运输的有效途径，它简化了手续，减少了中间环节，加快了货运速度，降低了运输成本，并提高了货运质量。货物的交接地点也可以做到门到门、门到港站、港站到港站、港站到门等。

5.2　运输单据

运输单据是指承运人收到货物后证明货物已装上运输工具，已发运或已由承运人接受监管的单据。它是交接货物、处理索赔与理赔及向银行结算货款的重要凭据。

5.2.1　海运提单

海运提单(ocean bill of lading)简称提单，是目前海运业务使用最为广泛和主要的运输单据。它是由船长或船公司或其代理人签发的，证明已收到待定货物，允诺将货物运至指定的目的港，并交付给收货人的凭证。海运提单也是收货人在目的港据以向船公司或其代理提取货物的凭证。

1. 海运提单的性质和作用

海运提单是承运人或其代理人应托运人的要求，在将货物归其接管后，签发给托运人的证明收到指定货物并允许将其运到指定目的地交付收货人的书面凭证。其性质和作用表现在以下几个方面：

① 货物收据。它是承运人或其代理人应托运人的要求所签发的货物收据，证明承运人已收到提单上所列货物。

② 货物所有权凭证。提单的合法持有人则可据以提取货物，也可在载货船舶到达目的港交货之前进行转让，或凭此向银行办理抵押贷款。

③ 运输合同的证明。它是承运人与托运人之间的运输契约的证明。

2. 海运提单的种类

海运提单可从不同角度进行分类。

(1)根据船舶的经营的性质分类

根据船舶经营的性质，提单可分为班轮提单和租船提单。

班轮提单：它的背面规定了托运人与承运人之间权利和义务责任和豁免的详细条款。

租船提单：这种提单一般是一种略式提单，只列入货名、数量、船名、装货港和目的港等必要项目，而没有全式提单背面的详细条款，但在提单内加批“根据×××租船合同出立”的字样。这种提单受租船合同条款的约束。

(2)根据货物是否已装上船分类

根据货物是否已装上船，提单可分为已装船提单和备运提单。

已装船提单：承运人已将货物装上指定船舶后所签发的提单，其特点是提单上必须以文字表明货物已经装在某具体名称的船舶上，并记载装船日期，同时还应由船长或其代理人签字。在国际贸易业务中，一般都要求卖方提供已装船提单。

备运提单：是指承运人已收到托运货物等待装运期间所签发的提单。这种提单没有肯定的装货日期，往往不注明装运船舶的名称，因而买方和银行一般不接受备运提单。备运提单如经承运人加注“已装船”字样，注明装船名称，装船日期并签字证明，也可以转为已装船提单。

(3)根据货物外表状况有无不良批注分类

根据货物外表状况有无不良批注，提单可分为清洁提单和不清洁提单。

清洁提单：是指货物在装船时“表面状况良好”，船公司在提单上未加注任何有关货物受损或包装不良等批注的提单。

不清洁提单：在承运人签发的提单上带有明确宣称货物或包装有缺陷状况的提案款或批注的提单。

(4)根据台头不同分类

根据抬头不同，提单可分为记名提单、不记名提单和指示提单。

记名提单：具体填写特定的人或公司。

不记名提单：指不填具体收货人名称，即承运人将货物交给提单的持有人，谁持有提单就可以提货。

指示提单：是指提单上收货人一栏内载明“凭某人指示”(to order)或“凭指示”(to the order of)字样的提单。前者记名指示提单，承运人按记名的指示人的指示交付货物。后者不记名指示提单，承运人应按托运人的指示交付货物 。

(5)根据运输方式分类

根据运输方式，提单可分为直达提单、转船提单和联运提单。

直达提单：货物运输途中不经过换船而驶往目的港时承运人所签发的提单。凡合同和信用证规定不准转船者，必须使用这种直达提单。

转船提单：在这种提单上要注明“转船”或“在＊＊港转船”字样。

联运提单：经过海运和其他运输方式联合运输时由第一程承运人所签发的包括全程运输的提单。

(6)根据提单签发的日期分类

根据提单签发的日期提单可分为预借提单、倒签提单和过期提单

预借提单：承运人在货物未装船或未装船完毕时签发的提单。预借提单有可能构成承、托双方合谋对善意的第三者收货人进行欺诈行为。

倒签提单：承运人在提单上签注的货物装船完毕的日期早于货物实际装船完毕的日期的提单。倒签提单被认为是非法和欺诈的。

过期提单：出口商不按规定或法定的期限向银行交付的提单。过期提单影响买方提货。按照(UCP600)规定，凡超过发运日期 21 个工作日后提交的提单为过期提单。

3. 提单的主要内容

各船舶公司签发的提单格式不尽相同，但基本内容大致相同，包括提单正面内容和背面的运输条款。

提单正面内容分别由托运人、承运人或其代理人填写，具体项目有托运人、收货人、被通知人、装运港或收货地、目的港或卸货地、船名、国籍、航次、货物名称及规格说明、运费、提单签发日期、份数及签发人签名。

提单背面印就的运输条款是作为确定承运人与托运人之间，以及承运人与收货人或提单持有人之间的权利与义务的主要依据。为了统一提单条款，缓解船货双方矛盾，曾先后签署了三个有关提单的国际公约：《海牙规则》《维斯比规则》《汉堡规则》。但上述公约签署的历史背景不同、内容不同，采用不同规则的国家提单背面的内容就有差异。

图 5－1 为海运提单样本。

<table>
<tr><td colspan="2">1）Shipper</td><td rowspan="6">10）B/L No.
COSCO
中国远洋运输（集团）总公司
CHINA OCEAN SHIPPING（GROUP）CO.
ORIGINAL
COMBINED TRANPORT BLL OF LADING</td></tr>
<tr><td colspan="2">2）Consignee</td></tr>
<tr><td colspan="2">3）Notify Party</td></tr>
<tr><td>4）Place of Receipet</td><td>5）Ocean Vessel</td></tr>
<tr><td>6）Voyage No.</td><td>7）Port of Loading</td></tr>
<tr><td>8）Port of Discharge</td><td>9）Place of Delivery</td></tr>
</table>

<table>
<tr><td colspan="6">11）Marks 12）No.& Kinds of Packages 13）Description of Goods 14）G.W.（kg） 15）Meas（m^3）</td></tr>
<tr><td colspan="6"></td></tr>
<tr><td colspan="6">16）Toal Number of Containers or Packges（In Words）</td></tr>
<tr><td>17）Freight & Charges</td><td>18）Revenue Tons</td><td>19）Rate</td><td>PER</td><td>20）Prepaid</td><td>21）Collect</td></tr>
<tr><td>PREPAID AT</td><td colspan="2">PAYABLE AT</td><td colspan="3">22）Place and Date of Issue</td></tr>
<tr><td>TOTAL PREPAID</td><td colspan="2">23）Number of Original
B（S）/L</td><td colspan="3"></td></tr>
<tr><td colspan="3">LOADING ON BOARD THE VESSEL
24）Date</td><td colspan="3">25）BY</td></tr>
</table>

图 5－1　海运提单样本

海运提单主要项目填制说明如下：

1）Shipper（托运人）

托运人是与承运人签订运输契约，委托运输的货主，即发货人。在信用证支付方式下，一般以受益人为托运人；托收方式以托收的委托人为托运人。另外，根据《UCP 500》第 31 条规定：除非信用证另有规定，银行将接受表明以信用证受益人以外的第三者为发货人的运输单据。

2) Consignee(收货人)

收货人要按合同和信用证的规定来填写。一般的填法有下列几种:

①记名式:在收货人一栏直接填写上指定的公司或企业名称。该种提单不能背书转让,必须由收货人栏内指定的人提货或收货人转让。

②不记名式:即在收货人栏留空不填,或填"To Bearer"(交来人/持票人)。这种方式承运人交货凭提单的持有人,只要持有提单就能提货。

③指示式:指示式的收货人又分为不记名指示和记名指示两种。不记名指示,是在收货人一栏填"To Bearer",又称空白抬头。该种提单,发货人必须在提单背面背书,才能转让。背书又分为记名背书和不记名背书(空白背书)两种。前者是指在提单背面填上"Deliver to ×××""Endorsed to ×××",然后由发货人签章;后者是发货人在背面不做任何说明只签章即可。记名背书后,其货权归该记名人所有,而且该记名人不可以再背书转让给另外的人。不记名背书,货权即归提单的持有人。记名指示,是在收货人一栏填"To Order of Shipper",此时,发货人必须在寄单前在提单后背书;另外还有凭开证申请人指示即 L/C 中规定"To Order of Applicant",在收货人栏就填"To Order of ××× Co";凭开证行指示,即 L/C 中规定"To Order of Issuing Bank",则填"To Order of ×××Bank"。

3) Notify Party(被通知人)

原则上该栏一定要按信用证的规定填写。被通知人即收货人的代理人或提货人,货到目的港后承运人凭该栏提供的内容通知其办理提货,因此提单的被通知人一定要有详细的名称和地址,供承运人或目的港及时通知其提货。若 L/C 中未规定明确地址,为保持单证一致,可在正本提单中不列明,但要在副本提单上写明被通知人的详细地址。托收方式下的被通知人一般填托收的付款人。

4) Place of Receipt(收货地)

略

5) Ocean vessel(船名)

船名即由承运人配载的装货的船名。

6) Voyage No.(航次)

略

7) Port of Loading(装运港)

填实际装运货物的港名。L/C 项下一定要符合 L/C 的规定和要求。如果 L/C 规定为"中国港口"(Chinese Port),此时不能照抄,而要按装运的我国某一港口的实际名称填。

8) Port of Discharge(卸货港)

原则上,L/C 项下提单卸货港一定要按 L/C 规定办理。但若 L/C 规定两个以上港口者,或笼统写"××主要港口",如"European Main Ports"(欧洲主要港口)时,只能选择其中之一或填明具体卸货港名称。如果 L/C 规定卸货港名后有"In Tiansit to ××”只能在提单上托运人声明栏或唛头下方空白处加列。尤其我国只负责到卸货港而不负责转运者，不能在卸货港后加填，以说明卖方只负责到卸货港，以后再转运到何地由买方负责。另外，对美国和加拿大 O. C. P(Overland Common Points)地区出口时，卸货港名后常加注“O. C. P ××”。例如 L/C 规定：“Los Angeles O. C. P Chicago”，可 * 在提单目的港填制：Los AngeIes O. C. P；如果要求注明装运最后城市名称时，可在提单的空白处和唛头下加注“O. C. P. Chicago”，以便转运公司办理转运至“Chicago”。

9）Place of Delivery（目的港）

略

10）B/L No.（提单号）

一般位于提单的右上角，是为便于工作联系和核查，承运人对发货人所发货物承运的编号。其他单据中，如保险单、装运通知的内容往往也要求注明提单号。

11）Marks /Marks & Nos.（唛头）

如果信用证有明确规定，则按信用证缮打；信用证没有规定，则按买卖双方的约定，或由卖方决定缮制，并注意做到单单一致。

12）No. & Kinds of Packages（包装与件数）

一般散装货物该栏只填“In Bulk”，大写件数栏可留空不填。单位件数与包装都要与实际货物相符，并在大写合计数内填写英文大写文字数目，如 Three Hundred And Twenty Cartons Only。如果货物包括两种以上不同包装单位（如纸箱、铁桶），应分别填列不同包装单位的数量，然后再表示件数：

300	Cartons
400	Iron drums
700	packages

13）Description of Goods（ 商品名称 ）

原则上提单上的商品描述应按信用证规定填写并与发票等其他单据相一致。但若信用证上货物的品名较多，提单上允许使用类别总称来表示商品名称。如出口货物有餐刀、水果刀、餐叉、餐匙等，信用证上分别列明了各种商品名称、规格和数量，但包装都用纸箱，提单上就可以笼统写：餐具×××Cartons.

14)G. W.（kg）（毛重）

除非信用证有特别规定，提单上一般只填货物的总毛重，而不表明净重。一般重量均以千克表示。

15）Meas(m^3)（体积）

提单上一般只填货物的总体积，而不表明单位体积。一般体积用立方米表示。

16）Toal Number of Containers or Packages（总件数）

略

17）Freight & Charges（运费支付）

信用证项下提单的运费支付情况，按其规定填写。一般根据成交的价格条件分为两种：若在 CIF 和 CFR 条件下，则注明“Freight Prepaid”或“Freight Paid”；若在 FOB 条件下，则填“Freight Collect”或“Freight Payable at Destination”。若租船契约提单有时要求填“Freight Payable as Per Charter Party”，有时信用证还要求注明运费的金额，则按实际运费支付额填写即可。

18) Revente Tons(计费吨数)

略

19) Rate(价格)

略

20) Prepaid(预付)

略

21) Collect(到付)

略

22)Place and Date of Issue(签发地点与日期)

提单的签发地点一般在货物运港所在地，日期则按信用证的装运期要求，一般要早于或与装运期为同一天。有时由于船期不准，迟航或发货人造成迟延，使实际船期晚于规定的装期，发货人为了适应信用证规定，做到单证相符，要求船方同意以担保函换取较早或符合装运期的提单，这就是倒签提单(Anti - Dated B/L)；另外，有时货未装船或未开航，发货人为及早获得全套单据进行议付，要求船方签发已装船提单，即预借提单(Advanccd B/L)。这两种情况是应该避免的，如果发生问题，或被买方察觉，足以造成巨大经济损失和不良影响。

23) Number of Orginad(正本提单份数)

信用证支付方法下提单正本的签发份数一般都有明确规定，因此，一定要按信用证的规定出具要求的份数。

24) Date(日期)

略

25) BY(承运人签章)

提单必须由承运人或其代理人签字才能生效。

5.2.2 航空运单

航空货物运单是承运人接受货物的收据，也是承运人与托运人之间缔结的运输合同的证明。它不同于海运提单，不代表货物所有权的物权凭证，也不是可议付或转让的单据。航空运单可分为主运单和分运单。凡由航空运输公司签发的航空运单称为主运单。在集中托运业务下，航空货运代理公司在收取货物之后，需要把去往同一目的站的不同托运人的货物集中到一起，交给航空公司，此时航空货运代理公司和航空公司之间就需要一个凭证，这个凭证就是主运单。航空货运公司在进行集中托运货物时，首先从各个托运人处收取货物，在收取货物时，需要给托运人一个凭证，这个凭证就是分运单。

5.2.3 铁路运单

1. 国际铁路货物联运运单

国际铁路货物联运运单是参加国际铁路货物联运的铁路与发货人、收货人之间缔结的运输合同。国际铁路货物联运运单由下列各项组成：

① 运单正本。即运输契约，它随同货物到站，并连同货物一起交给收货人。

② 运行报单。它是参加联运各铁路办理货物交接，划分运送责任，以及结算运送运费的原始依据，随同货物至到达站，并留存到达站。

③ 运单副本。运输契约缔结后交给发货人，发货人可以凭此副本向收货人结算货款。

④ 货物交付单。它随同货物至到达站，并留存到达站。

⑤ 货物到达通知单。它随同货物至到达站，并同运单正本和货物一起交给收货人。

2. 承运货物收据

承运货物收据是在我国内地通过铁路运往港、澳地区的货物出口时使用的一种特殊运输单据，它既是承运人出具的货物收据，也是承运人与托运人签订的运输契约的证明，是据以对外结汇的证件之一。中国内地通过铁路运往港、澳地区的出口货物，一般多委托中国对外贸易运输公司承办。承运货物收据的格式及内容和海运提单基本相同，主要区别是它只有第一联为正本。在该正本的反面印有“承运简章”，载明承运人的责任范围。

5.2.4 多式联运单据

多式联运单据是由承运人或其代理人签发，其作用与海运提单相似，既是货物收据也是运输契约的证明，在单据作成指示抬头或不记名抬头时，可作为物权凭证，经背书可以转让。多式联运单据表面上和联运提单相仿，但联运提单承运人只对自己执行的一段负责，而多式联运承运人对全程负责；联运提单由船公司签发，包括海洋运输在内的全程运输，多式联运单据由多式联运承运人签发，也包括全程运输，但多种运输方式中可以不包含海洋运输。

5.3 合同中的装运条款

在国际货物买卖合同中，明确合理的装运条款是保证买卖合同顺利履行的重要条件。装运条款主要包括装运时间、装运港和目的港、分批装运、转运、装船通知、滞期费、速遣费等具体规定。

5.3.1 装运时间

装运时间是指卖方将合同规定的货物装上运输工具或交给承运人的期限。装运时间是进出口合同的主要交易条款，卖方必须严格按照合同规定的时间交货，如卖方违反这一条款，买方有权撤销合同并要求赔偿。

1. 装运期的规定方法

(1)明确规定具体装运期限

① 规定某月装运。这种方法把装运时间确定在一段时间，而非某一具体日期上。例如，限某年某月内或某年某月某日以前装运。

② 规定跨月装运。有时规定的一段可供装运的期间，可从某月跨到下月，甚至再以后的月份。

③ 规定最后装运期。即在合同中规定一个最迟装运的期限，这个最迟装运期限，既可以是某一月份的月底，也可以是某一天。

④ 规定收到信用证后若干天装运。对某些外汇管制较严的国家和地区的出口交易，或对买方资信情况不够了解，或专为买方特制的出口商品，为了防止买方不按时履行合同而造成损失，在出口合同中可采用在收到信用证后一定时间内装运的方法规定装运时间，以保障出口公司的利益。

(2)笼统规定近期装运

在进出口业务中也有采用近期装运术语，不规定装运的具体期限，用“立即装运”“尽速装运”等词语来表示。这种方法容易引起争议，慎重采用。

2. 规定装运时间应注意的问题

(1)装运时间的规定要具体明确

不应使用诸如“迅速”“立即”“尽快”之类的词语。

(2) 装运时间要规定适度的期限

装运期限的长短应根据商品的特征以及租船订舱的情况而定，不应过短，以免造成船货交接困难；不宜过长，以免造成买方资金积压。

(3)其他注意问题

规定装运时间时不仅要考虑开证时间，也要考虑卸货港的港口情况及季节因素。

5.3.2 装运港和目的港

装运港(port of shipment)是指开始装货的港口；目的港(port of destination)是指最终卸货的港口。在海运进出口合同中，一般都订明装运港和目的港。

1. 装运港的规定方法

在国际贸易中，装运港一般由卖方提出，经买方同意后确定。在实际业务中，应根据合同使用的贸易术语和运输方式正确选择和确定装运地点，其规定方法有下列几种：

① 在一般情况下，只规定一个装运港。

② 在大宗交易情况下，根据需要规定两个或两个以上的装运港，并分别列明其港口名称。

③ 为便于履行交货义务，节省开支，原则上应选择靠近产地、交通便捷、费用低廉、储存仓库等基础设施比较完善的地方。

④ 对FOB成交的合同，还要考虑规定的装运港是否允许外轮进港，其港口条件是否符合买方来船要求。

2. 目的港的规定方法

出口合同中一般只规定一个目的港(地)，如果买方需要，也可以规定两个或两个以上供选择。

确定目的港应注意如下问题。

① 必须明确具体，不宜采用笼统的规定方法，如欧洲主要港口(European main ports，EMP)或非洲主要港口(African main ports，AMP)等。

② 如为港口重名，则应在目的港后面注明国家或地区名。

③ 注意港口的装卸条件，泊位情况是否适合远洋货轮；港口是否有直达班轮；冬季装运时，港口是否有冰封期等。

5.3.3 分批装运和转运

分批装运(partial shipments)和转运(transhipment)都直接关系到买卖双方的利益，是否需要分批装运和转运，买卖双方应根据需要在合同中作出明确具体的规定。

1. 分批装运

分批装运是指一笔成交的货物先后分若干期或若干次装运。在大宗货物交易中，买卖双方会根据货源情况、运输条件、市场或资金情况，在合同中规定分批装运条款。

合同中规定分批装运的方法主要有两种：一种是规定允许分批装运，未规定如何分批；另一种是具体列明分批的期限和数量，例如3—6月分4批每月平均装运。

案例5-3 山东某公司向国外出口一批花生仁，国外客户开来不可撤销信用证，证中的装运条款规定："Shipment from Chinese port to Singapore in May, Partial shipment prohibited"。我公司因货源不足，先于5月15日在青岛港将20万kg(200公吨)花生仁装"东风"轮，取得一套提单；后又在烟台联系到一批货源，在我公司承担相关费用的前提下，该轮船又驶往烟台港装了30万kg(300公吨)花生仁于同一轮船，5月20日取得有关提单。然后在信用证有效期内将两套单据交银行议付，银行以分批装运，单证不符为由拒付货款。试问：银行的拒付是否合理？为什么？

案例评析 分批装运是指一个合同项下的货物，分若干批或若干期装运。在大宗货物或成交数量较大的交易中，买卖双方根据交货数量、运输条件和市场等因素，可在合同中规定分批装运条款。根据《跟单信用证统一惯例》规定："运输单据表面上注明货物是使用同一运输单据装运并经同一路线运输的，即使每套运输单据注明的装运日期不同，以及/或装运港、接受监管地不同，只要运输单据注明的目的地相同，也不视为分批装运。"在本案中，虽然合同和信用证中禁止分批装运，但案件中所出现的情况显然不是分批装运，因此银行的拒付是不合理的。[①]

2. 转运

卖方在交货时，如驶往目的港没有直达船或船期不定或航次间隔太长，为了便于装运，则应在合同中订明"允许转船"。

From Shanghai to Hong Kong not later than Oct 20, 2005 with partial shipments and transhipment not allowed.（从上海运至香港，最迟装期2005年10月20日，不允许分批、转船。）

From Guangzhou to New York latest shipment on Dec 30, 2005, allowing partial shipments and transhipment.（从广州运至纽约，最迟装期2005年12月30日，允许分批和转船。）

Shipment from Ningbo to London during May/June/July 2006 in three equal monthly lots with partial shipments allowed and transhipment prohibited.（从宁波运至伦敦，2006年5/6/7三月每月等装一批，允许分批，不允许转船。）

5.3.4 装运通知

装运通知(advice of shippment)是装运条款中不可缺少的一项重要内容。不论按哪种贸易术语成交，交易双方都要承担相互通知的义务。规定装运通知的目的在于明确买卖双方的责任，促使买卖双方互相配合，共同关注搞好车、船、货的衔接，并便于办理货运保险。因此，订好装运通知条款，有利于合同的履行。应当特别强调的是，买卖双方按CFR条件成交时，装运通知具有特殊重要的意义。所以卖方于货物装船后，应立即向买方发出装运通知。按其他贸易术语成交时，买卖双方应约定相互给予有关交接货物的通知，以便相互配合，共同搞好货物的交接工作。

5.3.5 装卸时间、装卸率和滞期费、速遣费

1. 装卸时间

装卸时间是指允许完成装卸任务所约定的时间，一般以天数或小时数来表示。有关装卸时间的规定方法主要有下列几种：

① 日或连续日。日是指午夜至午夜连续24h的时间，以"日"表示装卸时间时，从装货开始到卸货结束，整个经过的日数就是总的装货或卸货时间。

② 工作日，即按港口习惯正常工作的日子，星期日和节假日不算。

---

① 资料来源：豆丁网 http://www.docin.com/p-63196019.html.

③ 晴天工作日，即既是工作日又是晴天作业才算，如果遇到刮风下雨装卸作业不能正常进行，即使是工作日也不予计算。

④ 连续 24h 晴天工作日。一般用于昼夜作业的港口，连续工作 24h 才算一天。

2. 装卸率

所谓装卸率，即每日装卸货物的数量。装卸率的具体规定一般应按照港口习惯的正常装卸速度来确定，装卸率规定过高，承租方就要承担滞期费的损失；规定过低，承租方可得到船方的速遣费，但船方会因装卸率低，船舶在港时间长而增加运费。因此，装卸率的规定应适当。

3. 滞期费和速遣费

滞期费是指未按规定的装卸时间和装卸率完成装卸任务，延误了船期，则应向船方支付一定金额的罚款，此项罚款为滞期费。速遣费是指如果按规定的装卸时间和装卸率，提前完成装卸任务，使船方节省了船舶在港的费用开支，船方将其获取的利益一部分给租船人作为奖励，此项奖励称为速遣费。

案例 5-4　某公司与日本某公司签订了一份出口 15 万 kg(150 公吨)冷冻食品的合同。合同规定：3—7 月份，每月平均装运 3 万 kg(30 公吨)，凭即期信用证支付，后来证规定装运前由港口商检局出具船边测温证书作为议付单据之一。我方 3—5 月份正常交货，顺利结汇。但到 6 月份，由于船期延误，延迟到 7 月 6 日装运出口，而海运提单则倒签为 6 月 30 日，而送银行的商检证书在船边的测温日期为 7 月 6 日，议付行也未发现此弊端，在 7 月 10 日同船又运出 3 万 kg(30 公吨)，我方所交商检证书在船边的测温日期为 7 月 10 日，但开证行收到单量证后速电表示拒付这两笔货款。问：我方的失误在哪里？开证行的依据是什么？[①]

案例分析　我方的失误是：

(1)倒签提单。将本已延迟到 7 月 6 日才装运的货物倒签到 6 月 30 日，这已构成侵权行为。

(2)单单不符。提单的日期为 6 月 30 日，但是商检证书上船边测温的日期却是 7 月 6 日，这就出现了矛盾的地方，显得过于笨拙。

(3)明显的错误是把信用证中规定分月装运的货物装在同一条船上，这无疑也是告诉对方倒签的 6 月 30 日的提单是伪造的，而且这本身也违反了信用证和合同中有关装运方面的规定，是不该犯的明显错误。

开证行拒付的依据是：对前一批货物，由于商检证书和提单的日期不符，开证行可以单证不符、单单不符为根据拒付。对后一批货物(7 月 10 日发运的货物)，虽单证相符，但开证行可以前批(6 月份)的应装货物未按时装运为由，依据《跟单信用证统一惯例》500 号的有关规定，即在信用证指定的时期内任何一批为未按时装运，则信用证的该批及以后均告失效，判决 7 月 10 日所装货物完全无效，因此，开证行对该

① 资料来源：豆丁网 http://www.docin.com/p-34875128.html.

批货物有权拒付货款。

本章小结

在当前的国际贸易中，海、陆、空运输业务的全面发展，改变了以往单一运输的局面，逐步形成了外贸的综合运输体系。国际贸易的业务人员必须要掌握各种运输方式的特点，学会选择使用各种不同运输方式，熟悉装运过程中装运时间、地点、运费、单据性质、作用的规定，并能根据企业出口意图，灵活应用。

复习与思考题

一、名词解释

海运提单　班轮运输　租船运输　集装箱运输

二、判断

1. 海洋运输是国际货物运输中使用最多的运输方式。（　）

2. 由于班轮是按固定运费率收取运费，因此任两个港口间无论选择哪个班轮公司，托运人所支付的运输都是一样的。（　）

3. W/M or A. V. 指按重量和体积中较高的一个收取运费后再加上一定百分比的从价费。（　）

4. 班轮公司对同一包装内混有不同商品的运费是按各商品的平均运费收取。（　）

5. 租船运输较适合大宗货物的运输。（　）

6. 定程租船下，船方不负担装卸费和理舱与平舱费。（　）

7. 程租船和期租船的不同之处在于租船的期限不同。（　）

8. 在使用程租船和期租船条件下，都应在租船合同中规定滞期与速遣的计算。（　）

9. 记名提单和指示提单同样可以背书转让。（　）

10. 过期提单是指超过 L/C 装运期的提单。（　）

三、简答题

1. 简述班轮运输的特点。
2. 为什么买方不愿接受备运提单、不清洁提单和过期提单？
3. 简述程租船和期租船的主要区别。
4. 简述为什么买卖合同中要规定滞期和速遣条款？
5. 简述规定装运期和交货期时应注意的问题。
6. 简述规定装运港和目的港时应注意的问题。

第6章　国际货物贸易运输保险

【教学目的和要求】

通过本章的学习，理解海上运输风险与损失；掌握中国人民保险公司的基本险别，海上运输风险、陆上运输风险、航空运输保险等内容，了解协会货物保险条款以及我国进出口货物保险的基本做法。

【本章主要知识点】

- 海上风险包括的内容
- 单独海损与共同海损的区别
- 我国海洋货物运输保险的险别
- 伦敦保险协会海运货物保险条款

【章首案例】

案例6-1　我国某外贸公司向日、英两国商人分别以CIF和CFR价格出售蘑菇罐头，有关被保险人均办理了保险手续。这两批货物自启运地仓库运往装运港的途中均遭受损失。问：这两笔交易中各由谁办理货运保险手续？该货物损失的风险与责任各由谁承担？保险公司是否给予赔偿？并简述理由。[①]

案例评析　与日本商人的交易，由卖方办理货运保险手续；与英国商人的交易，由买方办理货运保险手续。在这两笔交易中，该风险与责任均由卖方承担。保险公司对于"与日本商人的交易"应对该货损给予赔偿，CIF条件下由卖方投保，保险合同在货物启运地启运后生效；保险公司对于"与英国商人的交易"不会对该货损给予赔偿，FOB、CFR条件下由买方投保，保险合同在货物越过船舷后生效。

在国际贸易中，每笔成交的货物，从卖方交至买方手中，一般都要经过长途运输。在此过程中，货物可能遇到自然灾害或意外事故，从而使货物遭受损失。货主为了转嫁货物在运输途中的风险，通常都要投保货物运输险。如货物一旦发生承保范围内的风险损失，即可从保险公司取得经济上的补偿。可见，货物运输保险是同自然灾害和意外事故作斗争的一种经济措施。

国际货物运输保险的种类很多，其中包括海上货物运输保险、陆上货物运输保险、航空货物运输保险和邮包运输保险，其中以海上货物运输保险起源最早，历史最久。陆上、航空等货物运输保险都是在海上货物运输保险的基础上发展起来的。尽管各种不同货物运输保险的具体责任有所不同，但它们的基本原则、保险公司保障的范围等基本一致。因此，本章以介绍海上货物运输保险为主，对其他货物运输保险仅

---

① 资料来源：豆丁网 http://www.docin.com/p-684391231.html.

作简要说明。

6.1 海上货物运输保险承保的范围

海洋运输是国际贸易货运中最主要的运输方式，但船舶在航行中极易遭遇海上各种风险的侵袭与威胁，货物常因这些风险的发生而遭受损害或灭失，并且由此产生各种相关费用。海上货物运输保险所承保的风险和损失，大致可分为海上风险和损失以及外来原因所引起的风险和损失两大类。

6.1.1 风险

风险包括海上风险和外来风险。前者包括自然灾害和意外事故，但并不包括海上的一切危险；后者包括一般外来风险和特殊外来风险。

1. 海上风险

(1)自然灾害

自然灾害是指不以人们意志为转移的自然界力量所引起的灾害。但在海上保险业务中，它并不是泛指一切由于自然力量所造成的灾害，而是仅指恶劣气候、雷电、海啸、地震、或火山爆发等人力不可抗拒的灾害。

(2)意外事故

由于船舶搁浅、触礁、沉没、互撞、失踪或与其他固体物如流冰、码头碰撞，以及失火、爆炸等意外原因造成的事故或其他类似事故。各种意外事故包括搁浅、触礁、沉没、碰撞、倾覆、火灾、爆炸、陆上运输工具倾覆或出轨、抛货、吊索损害、海盗行为、船长或船员的不法行为。

2. 外来风险

外来风险一般是指海上风险以外的其他外来原因所造成的风险。外来风险可分为一般外来风险和特殊外来风险。

(1)一般外来风险

一般外来风险是指被保险货物在运输途中由于偷窃、短量、雨淋、沾污、渗漏、破碎，受热受潮、串味等外来原因所造成的风险，主要有偷窃、沾污、渗漏、受热受潮、串味、钩损、淡水雨淋、短量、破碎、短少和提货不着、生锈、碰损。

(2)特殊外来风险

特殊外来风险是指由于军事、政治，国家政策法令以及行政措施等特殊外来原因所造成的风险与损失。例如，战争、罢工、因船舶中途被扣而导致交货不到，以及货物被有关当局拒绝进口或没收而导致的损失等。

6.1.2　海上损失

1. 全部损失

全部损失简称全损，是指被保险货物遭受全部损失。按其损失情况的不同，全部损失又可分为实际全损和推定全损两种。

(1)实际全损

实际全损是指被保险货物完全灭失或完全变质，或者货物实际上已不可能归还保险人而言。构成被保险货物"实际全损"的情况有下列几种：

① 保险标的的完全灭失。例如，船只遭遇海难后沉没，货物同时沉入海底。

② 保险标的物丧失已无法挽回。例如，船只被海盗劫去，货物被敌方扣押等。虽然，船、货物本身并未遭到损失，但被保险人已失去了这些财产。

③ 保险标的物已丧失商业价值或失去原有用途。例如，茶叶经水泡后，虽没有灭失，仍旧是茶叶，但已不能饮用，失去商业价值。

④ 船舶失踪，达到一定时期。例如，半年仍无音讯，则可视为全部灭失。

(2)推定全损

货物发生保险事故后，认为实际全损已经不可避免，或者为避免发生实际全损所需支付的费用与继续将货物运抵目的地的费用之和超过保险价值的，称为推定全损。具体地说，构成被保险货物"推定全损"的情况有下列几种：

① 保险货物受损后，修理费用估计要超过货物修复后的价值。

② 保险货物受损后，整理和续运到目的地的费用，将超过货物到达目的地的价值。

③ 保险货物的实际全损已经无法避免，或者为了避免实际全损需要施救等所花费用，将超过获救后的标的价值。

④ 保险标的遭受保险责任范围内的事故，使被保险人失去标的所有权，而收回这一所有权，其所需花费的费用，将超过收回后的标的价值。

2. 部分损失

部分损失是指被保险货物的损失没有达到全部损失的程度。在部分损失中，包括共同海损和单独海损两种。

(1)共同海损

共同海损是指载货的船舶在海上遇到灾害、事故，威胁到船、货等各方的共同安全，为了解除这种威胁，维护船货安全，或者使航程得以继续完成，由船方有意识地、合理地采取措施，所作出的某些特殊牺牲或支出某些额外费用，这些损失和费用叫共同海损。例如，船舶航行途中遭遇暴风雨，致使船身严重倾斜，为解除危险，船长命令抛货入海以保持船身平衡。抛货行为是船方为了避免船/货的全部损失而有意识地采取的措施，被抛弃的部分货物即为这种措施所造成的特殊牺牲，这项损失即为共同海损牺牲。

共同海损是采取救难措施所引起的，构成共同海损应具备以下条件：

① 必须确实遭遇危难。亦即共同海损的危险必须是实际存在的，或者是不可避免，而不是主观臆测的。因为不是所有的海上灾害、事故都会引起共同海损危险的。只有危险是实际存在的或者是不可避免地产生时，才构成共同海损。

② 必须是自动地有意识地采取的合理措施。例如，船只在海上遭遇风暴，船身剧烈倾斜，如不减轻重量，会导致船身整个倾入海中而沉没。为此，将偏重部分货舱中的物资抛弃一部分入海以保持船身平衡。有意采取这种合理措施造成的损失，应属共同海损。

③ 必须是为船、货共同安全而采取的措施。采取共同海损的措施，必须是以维护船只和所有载运物资的共同安全为目的。如只是为了船舶或货物单方面的利益而造成的损失，则不能作为共同海损。

④ 必须是属于非常性质的损失。例如，船只搁浅之后，为使船只脱浅，非正常地使用船上轮机，因而使轮机遭受到损失，即属于非常性质的损失。

共同海损牺牲和费用都是为了使船舶、货物和运费方免于遭受损失而支出的，因而应该由船舶、货物和运费各方按最后获救价值的比例分摊，这种分摊叫共同海损的分摊。

(2)单独海损

单独海报是指除共同海损以外的意外损失，即由于承保范围内的风险所直接导致的船舶或货物的部分损失。该损失仅由各受损者单独负担)例如，载有花生仁等物品的船舶，在航行途中遇到暴风雨，海水浸入船舱，使花生仁受水泡变质。这种损失是由承保范围内的风险直接导致的，属于单独海损。

以上表明，共同海损和单独海损是有区别的，这主要表现在两个方面：

① 造成海损的原因有别。单独海损是承保风险所直接导致的船货损失；共同海损则不是承保风险所直接导致的损失，而是为了解除船、货共同危险有意采取合理措施而造成的损失。

② 损失的承担责任有别。单独海损由受损方自行承担；而共同海损，则应由各受益方按照受益大小的比例共同分摊。

单独海损与共同海损的主要区别见表 6－1。

表 6－1　单独海损与共同海损的主要区别

单独海损	共同海损
由风险直接导致的损失	为解除或减轻风险而人为造成的损失
损失由受损方自己承担	受益各方共同分摊损失

6.1.3　海上费用

海上费用是指保险人即保险公司承保的费用。保险货物遭遇保险责任范围内的事故，除了能使货物本身受到损毁导致经济损失外，还会产生费用方面的损失。这种费用，保险人也给予赔偿，主要有施救费用和救助费用。

1. 施救费用

施救费用是指当保险标的遭遇保险责任范围内的灾害事故时被保险人或者他的代理人、雇佣人员和受让人等为防止损失的扩大而采取抢救措施所支出的费用，称为施救费用，保险人对这种施救费用，负责赔偿。

2. 救助费用

救助费用是指保险标的遭遇保险责任范围内的灾害事故时，由保险人和被保险人以外的第三者采取救助行动，而向其支付的费用。

施救费用与救助费用的区别：

① 采取行为的主体不同。

②给付报酬的原则不同。施救费用是施救不论有无效果，都予赔偿；而救助费用是"救助无效果，则无报酬"。

③ 保险人的赔偿责任不同。保险人对保险标的本身的赔偿和施救费用的责任最多各为一个保额，即两者之和不能超过两个保额；对救助费用的赔偿与对被保险货物本身损失的赔偿合在一起，以一个保险金额为限。

6.2　我国海洋货物运输保险的险别

保险险别是保险人对风险和损失的承保责任范围，它是保险人与被保险人履行权利与义务的基础，也是保险人承保责任大小和被保险人缴付保险费多少的依据。海洋运输货物保险的险别很多，概括起来分为基本险别和附加险别两大类。

6.2.1　基本险别

基本险是可以独立投保的险别，主要承保海上根据我国现行的《海洋货物运输保险条款》中规定的基本险，包括平安险、水渍险和一切险三种。

1. 平安险

平安险这一名称在我国保险行业中沿用甚久。从其英文原意是指单独海损不负责赔偿。当前平安险的责任范围包括：

① 在运输过程中，由于自然灾害造成被保险货物的实际全损或推定全损。

② 由于运输工具遭遇搁浅、触礁、沉没、互撞、与流冰或其他物体碰撞以及失火、爆炸等意外事故造成被保险货物的全部或部分损失。

③ 只要运输工具曾经发生搁浅、触礁、沉没、焚毁等意外事故，不论该意外事故发生之前或者以后曾在海上遭遇恶劣气候、雷电、海啸等自然灾害造成的被保险货物的部分损失。

④ 在装卸转船过程中，被保险货物一件或数件落海所造成的全部损失或部分

损失。

⑤ 被保险人对遭受承保责任内危险的货物采取抢救，防止或减少货损措施支付的合理费用，但以不超过该批被救货物的保险金额为限。

⑥ 运输工具遭遇自然灾害或者或意外事故，需要在中途的港口或者在避难港口停靠，因而引起的卸货。装货、存仓以及运送货物所产生的特别费用。

⑦ 发生共同海损所引起的牺牲、分摊费和救助费用。

⑧ 运输契约订有“船舶互撞条款”，按该条款规定应由货方偿还船方的损失。

2. 水渍险

水渍险的责任范围，除包括上列“平安险”的各项责任外，还负责被保险货物由于恶劣气候、雷电、海啸、地震、洪水等自然灾害所造成的部分损失。

3. 一切险

一切险的责任范围除包括“平安险”和“水渍险”的所有责任外，还包括货物在运输过程中，因一般外来原因所造成的被保险货物的全损或部分损失。

上述三种基本险别，被保险人可以从中选择一种投保。

根据中国人民保险公司海洋运输货物保险条款规定，“平安险”“水渍险”“一切险”承保责任的起讫，均采用国际保险业中惯用的“仓至仓条款”规定的办法处理。仓至仓条款规定保险公司所承担的保险责任，是从被保险货物运离保险单所载明的起运港（地）发货人仓库开始，一直到货物到达保险单所载明的目的港（地）收货人的仓库时为止。当货物一进入收货人仓库，保险责任即行终止。但是，当货物从目的港卸离海轮时起算满 60 天，不论保险货物有没有进入收货人的仓库，保险责任均告终止。例如，一百件绵纱从天津出口被运往吉隆坡，海轮于 6 月 1 日抵达吉隆坡港并开始卸货，6 月 3 日全部卸在码头货棚而未运往收货人仓库，那么该保险责任到 8 月 2 日即告终止。当然，如果在 8 月 2 日前这批棉纱运进了收货人仓库，则不论在哪一天进入该仓库，保险责任也告终止。如上述保险期限内被保险货物需转运到非保险单所载明的目的地时，则以该项货物开始转运时终止。另外，被保险货物在运至保险单所载明的目的港或目的地以前的某一仓库而发生分配、分派的情况，则该仓库就作为被保险人的最后仓库，保险责任也从货物运抵该仓库时终止。

此外，保险人可以要求扩展保险期。例如，对某些内陆国家出口货物，如在港口卸货转运内陆，无法按保险条款规定的保险期限内到达目的地，即可申请扩展。经保险公司出立凭证予以延长，每日加收一定保险费。

不过，在上述三种基本险别中，明确规定了除外责任。所谓除外责任是指保险公司明确规定不予承保的损失或费用。

案例 6－2 我国 A 公司按照 CIF 价格条件与某国 B 公司签订了一单 200 万 kg（2000 公吨）食用糖的生意，投保一切险。由于货轮陈旧，速度慢，加上沿途尽量多装货物，停靠码头的次数和时间太多，结果航行 3 个月才到达目的港。卸货后发现，路途时间过长，加之又要穿过赤道，食用糖长时间地受热，使得货物变质，根本无法出售。问:这种情况保险公司是否应赔偿?为什么?

案例评析　在中国海洋运输货物保险条款的基本险别中,保险人明确规定了除外责任。所谓除外责任是指保险公司明确规定不予承保的损失或费用。对于下列损失保险人不负赔偿责任:被保险人的故意行为或过失所造成的损失;属于发货人责任所引起的损失;在保险责任开始前,被保险货物已存在的品质不良或数量短缺所造成的损失;被保险货物的自然损耗、本质缺陷、特性以及市价跌落、运输延迟所引起的损失或费用等。在本案中,货物受损是由于货轮陈旧,速度慢,加上沿途尽量多装货物,停靠码头的次数和时间太多造成的,属于保险公司的除外责任,因此保险公司可以拒绝赔偿。[①]

6.2.2　附加险别

海洋运输货物保险的附加险种类繁多,归纳起来,可分为一般附加险和特别附加险两类。

1. 一般附加险

一般附加险包括:

① 偷窃提货不着险(Theft, Pilferage and Non-Delivery, TPND)。保险有效期内,保险货物被偷走或窃走,以及货物运低目的地以后,货物的全部或整件未交的损失,由保险公司负责赔偿。

② 淡水雨淋险(Fresh Water &/or Rain Damage)。货物在运输中,由于淡水、雨水以及冰雪融化所造成的损失,保险公司都应负责赔偿。淡水包括船上淡水舱、水管漏水以及舱汗等。

③ 短量险(Shortage)。保险人负责赔偿承保的货物运抵目的地时发现整件短少或在运输途中被遗失发生数量损失和实际重量短缺的损失 。

④ 混杂、沾污险(Intermixture and Contamination)。保险人负责赔偿承保的货物在运输过程中因混进杂质或被沾污,影响货物质量所造成的损失。

⑤ 渗漏险(Leakage)。保险人负责赔偿承保的流质、半流质、油类货物在运输途中因容器损坏而引起的渗漏损失 。

⑥ 碰损、破碎险(Clash and Breakage)。保险人负责赔偿承保的货物因震动、颠簸、碰撞、挤压而造成的损失。

⑦ 串味险(Taint of Odour)。保险人负责赔偿承保的食用物品(如食品、粮食、茶叶、中药材、香料)等因受其他物品的影响而引起的串味损失。

⑧ 受热、受潮险(Sweat and Heating)。

⑨ 钩损险(Hook Damage)。

⑩ 包装破裂险(Breakage of Packing)。

---

① 资料来源:道客巴巴网 http://www.doc88.com/p-359263086094.html.

⑪ 锈损险(Breakage of Packing)。

上述11种附加险,不能独立投保,它只能在投平安险或水渍险的基础上加保,但若投保"一切险"时,因上述险别均包括在内,故毋需加保。

2. 特别附加险

特别附加险是指承保由于军事、政治、国家政策法令以及行政措施等特殊外来原因所引起的风险与损失的险别。中国人民保险公司承保的特别附加险,除包括下列战争险和罢工险以外,还有交货不到险、进口关税险、舱面险、拒收险、黄曲霉素险。

(1)战争险(War Risk)

战争险是承保战争或类似战争行为等引起保险货物的直接损失,不能单独投保,只能在投保一种基本险的基础上加保。保险公司对此种险别的承保责任范围包括:由于战争、类似战争行为和敌对行为、武装冲突或海盗行为以及由此而引起的捕获、拘留、禁制、扣押所造成的损失,或者由于各种常规武器(包括水雷、鱼雷、炸弹)所造成的损失,由于上述原因所引起的共同海损的牺牲、分摊和救助费用。但对原子弹、氢弹核武器所造成的损失,保险公司不予赔偿。

战争险的责任起讫与"平安险""水渍险""一切险"的责任起讫不同,它不采用仓至仓条款。战争险的负责期限仅限于水上危险或运输工具上的危险。例如,海运战争险规定自保险单所载明的起运港装上海轮或驳船时开始,直到保险单所载明的目的港卸离海轮或驳船时为止,如果货物不卸离海轮或驳船,则保险责任最长延至货物到目的港之当日午夜起算15天为止。如在中途港转船,则不论货物在当地卸载与否,保险责任以海轮到达该港或卸货地点的当日午夜起算满15天为止,待再装上续运的海轮时,保险人仍继续负责。

(2)罢工险(Strikes Risk)

罢工险是保险人承保因罢工者、被迫停工工人、参加工潮、暴动和民众战争的人员采取行动所造成的承保货物的直接损失。对于任何人的恶意行为造成的损失,保险公司也予赔偿。

(3)舱面险(On Deck Risk)

该附加险承保装载于舱面(船舶甲板上)的货物被抛弃或海浪冲击落水所致的损失。

(4)进口关税险(Import Duty Risk)

该险承保的是被保险货物受损后,仍得在目的港按完好货物交纳进口关税而造成相应货损部分的关税损失。

(5)拒收险(Rejection Risk)

当被保险货物出于各种原因,在进口港被进口国政府或有关当局拒绝进口或没收而产生损失时所进行赔偿。

(6)黄曲霉素险(Aflatoxin Risk)

该附加险承保被保险货物(主要是花生、谷物等易产生黄曲霉素)在进口港或进口地经卫生当局检验证明，其所含黄曲霉素超过进口国限制标准，而被拒绝进口、没收或强制改变用途所造成的损失。

(7)交货不到险(Failure to Deliver Risk)

该险承保自被保险货物装上船舶时开始，在 6 个月内不能运到原定目的地交货。不论何种原因造成交货不到，保险人都按全部损失予以赔偿，但是被保险人应将货物的全部权益转移给保险人，因为造成交货不到的原因并非运输上的，而是某些政治原因(如被另一国在中途港强迫卸货等)，所以被保险人在投保该险别时必须获得进口货物所有的一切许可手续，否则投保该险是无效的。

(8)货物出口到香港(含九龙)或澳门存仓火险责任扩展条款

它对于被保险货物自内地出口运抵香港(包括九龙)或澳门，卸离运输工具，直接存放于保险单载明的仓库期间发生火灾所受的损失，承担赔偿责任。

特殊附加险不能独立投保，只能在一种基本险基础上加保。

6.3 伦敦保险协会海运货物保险条款

在世界海上保险业务中，英国是一个具有悠久历史和比较发达的国家。它所制定的保险规章制度，特别是保险单和保险条款对世界各国影响颇大。目前，世界上大多数国家在海上保险业务中直接采用英国伦敦保险协会所制定的《协会货物条款》

《协会货物条款》最早制定于 1912 年，后来经过修订，最近的一次修订完成于 2009 年，并于 2009 年 1 月 1 日起开始实行。目前，在世界上有三分之二的国家在海上保险业务中采用了《协会货物条款》，对世界的保险业的发展产生很大的影响。我国的保险公司承保的业务，如果外商要求按 I. C. C 条款投保，我方可以接受。

6.3.1 伦敦保险协会修订的海运货物保险条款的种类

伦敦保险协会的海运货物保险条款主要有六种：

(1)协会货物条款(A)

协会货物条款(A)，[I. C. C 2009(A)，Institute Cargo Clause(A)，简称 I. C. C (A)]。

(2)协会货物条款(B)

协会货物条款(B)，[I. C. C 2009(B)，Institute Cargo Clause(B)，简称 I. C. C (B)]。

(3)协会货物条款(C)

协会货物条款(C)，[I. C. C 2009(C)，Institute Cargo Clause(C)，简称 I. C. C (C)]。

(4)协会战争险条款

协会战争险条款(货物)(Institute War Cargo Clause)。

(5)协会罢工险条款

协会罢工险条款(货物)(Institute St Cargo Clause)。

(6)恶意损害险条款

恶意损害险条款(Institute Cargo Clause)。

根据现行的《协会货物条款》,在I. C. C. (A)、(B)、(C)条款和I. C. C,战争险、罢工险条款中,对以上八项内容,除承保范围、险外责任和保险期限外,其他各项内容完全相同。

6.3.2 协会货物保险主要险别的承保风险与除外责任

在险别条款中,承保风险和除外责任是最关键的内容。

1. I. C. C. (A)承保风险和除外责任

(1)(A)险的承保风险

根据伦敦保险协会对新条款的规定方法,对I. C. C. (A)是采用"一切风险减除外责任"的办法,即除了"除外责任"项下所列风险保险人不予负责外,其他风险均予负责。

(2)(A)险的除外责任

① 一般除外责任。如归因于被保险人故意的不法行为造成的损失或费用;自然渗漏、自然损耗、自然磨损、包装不足或不当所造成的损失或费用;保险标的内在缺陷或特性所造成的损失或费用;直接由于延迟所引起的损失或费用;由于船舶所有人、租船人经营破产或不履行债务所造成的损失或费用;由于使用任何原子或核武器所造成的损失或费用。

② 不适航、不适货除外责任。所谓不适航、不适货除外责任是指保险标的在装船时,如被保险人或其受雇人已经知道船舶不适航,以及船舶、装运工具、集装箱等不适货,保险人不负赔偿责任。

③ 战争除外责任。如由于战争、内战、敌对行为等造成的损失或费用;由于捕获、拘留、扣留等(海盗除外)所造成的损失或费用;由于漂流水雷、鱼雷等造成的损失或费用。

④ 罢工除外责任。罢工者、被迫停工工人造成的损失或费用以及由于罢工、被迫停工所造成的损失或费用等。

2. I. C. C. (B)险的承保风险和除外责任

① (B)险的承保风险。根据伦敦保险协会对(B)和(C)险规定,其承保风险的做法是采用"列明风险"的方法,即在条款的首部开宗明义地把保险人所承保的风险一一列出。

② I. C. C. (B)的除外责任,与I. C. C. (A)的除外责任基本相同,但有下列两点区别:

● I. C. C. (A)只对被保险人的故意不法行为所造成的损失、费用不负赔偿责任外，对于被保险人之外的任何个人或数人故意损害和破坏标的物或其他任何部分的损害要负赔偿责任。但在 I. C. C. (B)下，保险人对此也不负赔偿责任。

- I. C. C. (A)对海盗行为列入保险范围。而 I. C. C. (B)对海盗行为不负保险责任。

3. I. C. C. (C)的承保风险和除外责任

① I. C. C. (C)承保风险比 I. C. C. (A)、(B)要小得多。它只承保“重大意外事故”，而不承保“自然灾害及非重大意外事故”

② (C)险的除外责任。其除外责任与 I. C. C. (B)完全相同。

综上所述，I. C. C. (A)条款其承保风险类似我国的“一切险”，I. C. C. (B)条款类似“水渍险”，I. C. C. (C)条款类似“平安险”，但比“平安险”的责任范围要小一些。

6.3.3　协会货物保险主要险别的保险期限

保险期限亦称保险有效期，是指保险人承担保险责任的起止期限。英国伦敦保险协会海运货物条款中的(A)、(B)、(C)条款与上节所述我国海运货物保险期限的规定大体相同，也是“仓至仓”，但比我国条款规定更为详细。

在我国进出口业务中，特别是以 CIF 条件出口时，有些国外商人如果要求我出口公司按伦敦保险协会货物条款投保，我出口企业和中国人民保险公司也可通融接受。

6.4　其他运输方式下的货运保险

下面分别介绍中国人民保险公司对其他各种运输方式的货运保险。

6.4.1　陆上运输货物保险

陆上运输货物保险的险别分为陆运险和陆运一切险两种，其承保的责任范围如下：

(1) 陆运险的责任范围

保险公司对陆运险的承保范围大致相当于海运货物保险中的“水渍险”。

(2) 陆运一切险的责任范围

除包括上述陆运险的责任外，保险公司对被保险货物在运输途中由于一般外来原因造成的短少、短量、偷窃、渗漏)碰损、破碎、钩损、雨淋、生锈、受潮、受热、发霉、串味、沾污等全部或部分损失，也负赔偿责任。

(3) 陆上运输货物保险的除外责任

① 被保险人的故意行为或过失所造成的损失。

② 属于发货人所负责任或被保险货物的自然消耗所引起的损失。

③ 由于战争、工人罢工或运输延迟所造成的损失。

保险责任的起讫期限与海洋运输货物保险的仓至仓条款基本相同。

6.4.2 航空运输货物保险

航空运输货物保险也分为航空运输险和航空运输一切险两种。

航空运输险的承保责任范围与海运水渍险大体相同。

航空运输一切险除包括上述航空运输险的责任外，对被保险货物在运输途中由于一般外来原因所造成的，包括被偷窃、短少等全部或部分损失也负赔偿之责。

但是，在航空运输货物保险的情况下，除外责任与前节所述的海洋运输货物保险的除外责任相同。

6.4.3 邮运包裹保险

邮运包裹保险包括邮包险和邮包一切险两种基本险别。在投保这两种基本险别之一的基础上，还可酌情加保一种或若干种附加险。

6.5 买卖合同中的保险条款和我国进出口货物保险的做法

6.5.1 合同中的保险条款

如前所述，采用不同的贸易术语，办理投保的人就不同。凡采用 FOB 或 CFR 条件成交时，在买卖合同中，应订明由买方投保。凡以 CIF 条件成交的出口合同，均需向中国人民保险公司按保险金额、险别和适用的条款投保，并订明由卖方负责办理投保。例如，在合同保险条款中订明：

由卖方按发票金额的××%投保××险，××险(险别)按照中国人民保险公司1981 年 1 月 1 日的有关海洋运输货物保险条款为准。

上述条款表明，在 CIF 出口合同的保险条款中，必须订明下列内容。

(1) 投保金额

投保金额，或称保险金额。它是保险人所应承担的最高赔偿金，也是核算保险费的基础。保险金额一般应由买卖双方经过协商确定，按照国际保险市场习惯，通常按 CIF 或 CIP 总值加 10%计算。所加的百分率称为保险加成率，它作为买方的经营管理费用和预期利润加保，在 CIF 或 CIP 出口合同中，如买方要求以较高加成率计算保险金额投保时，在保险公司同意承保条件下，我方也可接受。

(2) 险别

凡我国出口以 CIF 或 CIP 条件成交的，通常按照中国人民保险公司现行的货物运输的保险险别并根据商品的特点及海上风险的程度，由双方约定投保的险别。

(3) 以哪一个保险公司的保险条款为准

目前,我国通常采用中国人民保险公司 1981 年 1 月 1 日生效的货物运输保险条款为依据,但有时国外客户要求按照英国伦敦保险业协会货物保险条款为准,我方也可以通融接受。

6.5.2　保险的做法

(1) 出口货物保险的做法

凡按 CIF 和 CIP 条件成交的出口货物,由出口企业向当地保险公司办理投保手续。在备妥货物,并确定装运日期和运输工具后,按规定格式逐笔填制保险单送保险公司投保,缴纳保险费,并向保险公司领取保险单证。

保险公司向出口企业收取保险费是按下列方法计算的:

保险费＝保险金额×保险费率

保险费率是按照不同货物、不同目的地、不同运输工具和投保险别,由保险公司根据货物损失率和赔付率,并在此基础上,参照国际保险费水平,结合我国国情而制定的。

(2) 进口货物保险的做法

按 FOB、CFR 和 CPT 条件成交的进口货物,均由买方办理保险。为了简化投保手续和防止出现漏保或来不及办理投保等情况,我国进口货物一般采取预约保险的做法。各外贸公司对每批进口货物,无需填制投保单,而仅以国外的装运通知代替投保单,作为办理了投保手续,保险公司则对该批货物负自动承保责任。

(3) 保险单证

保险单证是保险公司和投保人之间订立的保险合同,也是保险公司出具的承保证明,是被保险人凭以向保险公司索赔和保险公司进行理赔的依据。在国际贸易中,保险单证是可以转让的。

保险单证有以下两种:

① 保险单。

② 保险凭证,又称小保单,它是一种简化的保险合同。保险凭证具有与保险单同样的法律效力。

此外,为简化手续,我国的保险公司也有的只在出口企业的商业发票上加注保险编号,险别金额,并加盖印戳,作为承保凭证,其他项目以发票所列为准。这种凭证目前仅适用于对港、澳地区的部分交易,称为联合凭证。

案例 6-3　我国某公司以每箱 50 美元 CIF 悉尼出口某商品共一万箱,货物出口前,该公司向中国人民保险公司某分公司投保了水渍险、串味险及淡水雨淋险,其保险费率分别为 0.7%、0.3%和 0.2%,按发票金额 110%投保。试计算该批货物的投保金额和保险费。

案例评析　保险金额计算的公式是:保险金额＝CIF 货值×(1＋加成率)。保险费是被保险人向保险人缴纳的费用。保险费率是指由保险公司根据一定时期、不同种类的货物的赔付率，按不同险别和目的地确定的。保险费则根据保险费率表按保险金计算，其计算公式是：

保险费＝保险金额×保险费率

在本案中：

保险总金额＝CIF 货值×（1＋加成率）×10000 箱

＝50×（1＋10％）＝550000 美元

总保险费＝保险金额×保险费率

＝550000×（0.7％＋0.3％＋0.2％）＝6600 美元[①]

本章小结

海运运输货物保险保障的风险分为海上风险和外来风险，带来的损失分为全部损失和部分损失。我国海运货物保险基本险是平安险、水渍险、一切险。协会货物保险 A 、B、C 条款承包范围依次减小。保险责任起讫适用“仓至仓条款”，战争险除外。其他运输方式（如陆运、航空、邮包）也有对应的保险险别。

复习与思考题

一、名词解释

单独海损　实际全损　特殊外来风险　施救费

二、判断

1. 货运保险实际上是一种经济补偿制度，属于财产保险范畴。（　）

2. 海上风险不仅包括海上运输发生的全部风险，也不局限于海上发生的风险。（　）

3. 据我国《海洋运输货物保险条款》规定，意外事故仅指运输工副搁浅、触礁、沉没、失火等。（　）

4. 外来风险是指事先难以预料的某些外部因素引起的风险，不包括非事故性损耗。（　）

5. 按惯例，船舶失踪半年仍无消息可视为实际全损。（　）

6. 共同海损不仅涉及货方，还涉及船方。（　）

7. 单独海损仅指货方遭受的损失。（　）

8. 单独海损与共同海损的不同在于致损原因和损失内容不同。（　）

9. 共同海损仅限抛弃货物所造成的损失，如发生此类损失，应由有关方面分摊。（　）

---

① 资料来源：道客巴巴网 http://www.doc88.com/p-359263086094.html.

10. 水渍险的责任范围既包括了平安险的全部保承范围，也包括了由外来风险引起的全部损失。（　）

三、简答题

1. 简述货运保险在对外贸易中的作用。
2. 简述构成实际全损的几种情况。
3. 简述构成共同海损必须具备的条件。
4. 简述单独海损与共同海损的主要区别。
5. 简述我国《海洋运输货物保险条款》的主要内容。
6. 简述《协会货物条款》的主要内容。

第 7 章　国际货物贸易货款结算

【教学目的和要求】

通过本章的学习，理解和掌握国际货款结算的基本概念，国际结算的工具，以及国际贸易结算的基本方法，即汇付、托收和信用证等。

【本章主要知识点】

- 汇票、本票、支票的区别
- 汇付的种类
- 托收的当事人
- 跟单信用证的填写
- 福费廷与国际保理业务

【章首案例】

案例 7-1　我国某外贸公司受国内用户委托，以本公司名义与国外一公司签订一项进口某种商品的合同，支付条件为"即期付款交单"。在履行合同时，卖方未经该公司同意，就直接将货物连同单据都交给了国内用户，但该国内用户在收到货物后由于财务困难，无力支付货款。在这种情况下，国外卖方认为，我外贸公司作为合同的买方，根据买卖合同的支付条款，要求我外贸公司支付货款。问：外贸公司是否有义务支付货款？①

案例评析　我外贸公司无付款义务，这是因为合同中的支付方式为即期付款交单。这种方式要求卖方应按合同规定向买方交单，买方才有义务付款。本案中，由于卖方没有按合同规定向买方交单，而是向国内用户交单，因此外贸公司作为买方就没有义务付款。

国际结算是指国际间的自然人、法人和政府机关通过银行对贸易和非贸易活动形成的债权债务关系进行结算和清偿的货币收付行为。

不同国家之间之所以存在债权债务关系，是因为国际间存在着广泛的政治、经济、军事、文化等各方面的交往，这些交往常常会伴随着资金的流动随着国际交往的增加，特别是国际贸易的不断发展，国际间的债权债务总量与日俱增。国际结算业务是通过两国银行办理的由贸易或非贸易引起的债权债务的清偿，它以国际贸易为前提，是国际金融的组成部分，也是商业银行的一项基础业务，类属中间性业务。具体内容包括三个方面：国际结算工具、国际结算方式和国际结算中涉及的单证。

① 资料来源：MBA 智库文档 http://doc.mbalib.com/view/7f6c9c0dcb1ce64344452bc2b68bdefea.html.

7.1　结算工具

在国际货款结算中，一般采用票据作为结算工具，现金结算和记账结算使用较少。票据是出票人签名于票据上，无条件约定由自己或另一个人支付一定金额的、可以流通转让的证券。票据主要有汇票、本票、支票三种。在国际货款结算中，主要使用汇票。

7.1.1　汇票

1. 汇票的定义

汇票是出票人签发的，委托付款人在见票时或者在指定日期无条件支付确定的金额给收款人或者持票人的票据。

英国票据法第三条给汇票所下的定义是：A bill of Exchange is an unconditional order of writing, addressed by one person to another, signed by the person giving it, requiring the person to whom it is addressed to pay on demand or at a fixed or determinable future time a sum certain in money to the order or specified person or to bearer.

从以上定义可知，汇票是一种无条件支付的委托，有三个当事人：出票人、付款人和收款人。

汇票是随着国际贸易的发展而产生的。国际贸易的买卖双方相距遥远，所用货币各异，不能像国内贸易那样方便地进行结算。从出口方发运货物到进口方收到货物，中间有一个较长的过程。在这段时间一定有一方向另一方提供信用，不是进口商提供货款，就是出口商赊销货物。若没有强有力的中介人担保，进口商怕付了款收不到货，出口商怕发了货收不到款，这种国际贸易就难以顺利进行。后来银行参与国际贸易，作为进出口双方的中介人，开出信用证，一方面向出口商担保，货物运出口，开出以银行为付款人的汇票，发到银行，银行保证付款，同时又向进口商担保，能及时收到其所进口的货物单据，到港口提货。

2. 汇票的内容

汇票的内容是指汇票上记载的项目。根据其性质及重要性不同，这些项目可以分为以下两类。

(1)绝对应记载的项目

绝对应记载的项目是汇票上必须记载的内容，若缺少了这些项目，就会关系到汇票是否有效。

根据我国《票据法》规定，汇票应包括“汇票”字样、无条件支付委托、确定的金额、付款人名称、收款人名称、出票日期、出票人签章等内容。

具体项目如下：

1）票据名称“汇票”字样

主要目的是表明票据的性质和种类，以区别于其他票据。

2）无条件支付命令

汇票必须是书面的，而不是口头的，否则将无法签字；是命令，而不是请求、征求意见等。无条件意味着付款不能有限制或附带条件，即没有先决条件，这是汇票的本质和核心。无条件，并不是毫无原因就开出一张付款命令要求对方付款，而是指汇票上的文义不能附加任何条件。如果付款命令附加了条件，这张汇票就无效了，不具有法律效力。

3）确定的金额

票据上的权利必须以货币表示，不能用货物数量等表示，并且金额必须确定。为防止涂改，票据上的金额还必须同时使用大小写。如果大小写不一致，我国《票据法》认为无效。

4）付款人名称

付款人指汇票命令的接受者，即受票人。但是，受票人不一定付款，因为付款人可以拒付，也可以指定担当付款人。

付款人在汇票上的记载要有一定的确定性，以便持票人能找到。一般要注明详细地址，一定要仔细注明。

5）收款人名称

收款人名称又称为“抬头”，应有一定的确定性。实际上，一般只写一个完整的名称，不强求写明地址。填写方法主要有三种：

① 限制性抬头。只限于付给指定的收款人，即汇票的义务人只对记明的收款人负责。限制性抬头的票据不可以流通转让。因其在定性上限制了汇票支付功能的发挥，所以这种汇票在实务中的使用并不是很普遍。

例如：仅付××公司限（Pay××Co. Only），付××公司不准转让（Pay××Co. Not Transferable）

② 指示性抬头。可以由收款人或其委托人、指定人提示取款的汇票并不强求一定要收款人本人亲自收款，收款人可以通过背书将汇票转让给他人，由受让人以持票人身份取款。这种汇票既实现了汇票流通转让的基本性质，又要求背书而具有一定转让条件，使转让更可靠、更安全，因此在实务中使用最为广泛。

例如：“付××公司或其指定人”（Pay×× Co. Or order 或 Pay to the order of××Co.）。

背书是一种票据行为，是票据权利转移的重要方式。

背书按目的可以分为两类：一类是转让背书，即以转让票据权利为目的的背书；另一类是非转让背书，即以设立委托收款或票据质押为目的的背书。

商业汇票均可以背书转让，背书人以背书转让汇票后，即承担保证其后手付款的责任。背书人在汇票得不到付款时，应当向持票人清偿。

背书应当记载在票据的背面或者粘单上，而不得记载在票据的正面。背书栏不敷背书的，可以使用统一格式的粘单，粘附于票据凭证上规定的粘接处。粘单上的第一记载人，应当在票据和粘单粘贴处签章。如果背书记载在票据的正面，背书无效。因为背书记载在票据正面，将无法确定背书人的签章究竟是背书行为，还是承兑行为，或是保证行为，因而也不能确认该签章的效力。

③ 来人抬头。不管谁持有来人抬头票据，都有权要求付款人付款。该种抬头汇票无需背书即可转让，只要通过简单交付就可实现转让。

例如：付给来人（Pay Bearer）。

6）出票日期

出票日期指汇票签发的具体时间。出票日期有以下三个重要作用。

① 决定汇票的有效期。持票人如不在规定时间内要求票据权利，票据权利自动消失。

② 决定到期日。远期汇票到期日的计算是以出票日为基础的，确定了出票日及相应期限，即确定到期日。

③ 决定出票人的行为效力。若出票时法人已宣告破产或清理，则汇票不能成立。

7）出票人签字

票据法最重要和最基本的原则之一就是签字原则。票据责任的承担以签字为条件，谁签字，谁负责；不签字，就不负责。

以上内容是我国《票据法》规定必须记载的事项，缺一不可，否则汇票无效。

（2）相对要记载的项目

除了以上必要记载的项目，还有三个相对要记载的项目。如果不记载也不会影响汇票的法律效力。

1）出票地点

出票地点是指出票人签发汇票的地点，它对国际汇票具有重要意义，因为票据是否成立是以出票地法律来衡量的。但是，票据不注明出票地并不会影响其生效。我国《票据法》规定，汇票上未记载出票地，则出票人的营业场所、住所或者经营居住地为出票地。

2）付款地点

付款地点指持票人提示票据请求付款的地点。付款地的记载是非常重要的。但是，不注明付款地的票据仍然成立。

根据我国《票据法》规定，汇票上未记载付款地的，付款人的营业场所、住所或者经营居住地为付款地。

3）付款日期

付款日期是付款人履行付款义务的日期。汇票的付款期限有即期付款和远期付款之分。

① 即期付款又叫票据即付，指出票完成后即可要求票据权利的票据。在持票人向付款人做出付款提示时，付款人应马上付款。

② 远期付款指出票后不能马上要求，而只能在规定日期以后要求票据权利的票据。远期汇票的到期日有三种确定方法：固定日、出票后定期付款、见票后定期付款。

如果未注明付款期限，则为见票即付。

图 7－1 为汇票样本。

BILL OF EXCHANGE

No. 汇票编号　　　　Date: 出票日期

For: 汇票金额

At 付款期限 sight of this second of exchange (first of the same tenor and date unpaid) pay to the order of 受款人 the sum of

Drawn under 出票条款

L/C No.________ Dated________

To. 付款人

出票人签章

图 7－1　汇票样本

3. 汇票的种类

根据承兑人不同，可以将汇票分为银行承兑汇票和商业承兑汇票；根据出票人不同，可以将汇票分为银行汇票和商业汇票；根据汇款时间不同，可以将汇票分为即期汇票和远期汇票。

(1)银行汇票和商业汇票

1) 银行汇票(bankers'draft)

银行汇票是指出票人和付款人都是银行的汇票。银行汇票的基本当事人只有两个，即出票银行和收款人，银行既是出票人，又是付款人。

银行汇票的结算程序可分为承汇、解付和结清三个阶段。

① 承汇是指汇款人向银行提出申请、银行审核符合规定后向申请人开具的汇票。申请人申请时应填写“银行汇票委托书”，签发银行在收妥款项后，按规定填写并加盖印章后，签发银行汇票，交汇款人。如果是异地支取现金的，应填写兑付银行的名称，并在大写金额前标明“现金”字样。

② 解付是指收款人将汇票交银行由银行兑付。银行在收到收款人交来的汇票后，应审查汇票的真伪、填写是否符合要求，核对印章及密押是否真实、背书是否符合要求以及有效期限等必要的内容，在确认无误后，款项即可入收款人账户或支付现金。

③ 结清是指汇入银行将兑付的汇票划转汇出银行，汇出银行在核实确属本行开出的汇票后即办理结清票汇。

2）商业汇票（commercial bill）

商业汇票是企事业单位等签发的，委托付款人在付款日期无条件支付确定金额给收款人或持票人的一种汇票。

商业汇票一般有三个当事人，即出票人、付款人和收款人。

商业汇票是适用于企业单位先发货后付款或双方约定延期付款的商品交易。这种汇票经过购货单位或银行承诺付款，承兑人负有到期无条件支付票款的责任，对付款人具有较强的约束力。购销双方根据需要可以商定不超过 6 个月的付款期限。购货单位在资金暂时不足的情况下，可以凭承兑的汇票购买商品。销货单位急需资金时，可持承兑的汇票向银行申请贴现。销货单位也可以在汇票背面背书后转让给第三者，以支付货款。

目前流通中的商业汇票大多是银行承兑汇票，商业承兑汇票使用较少。

（2）银行承兑汇票和商业承兑汇票

1）银行承兑汇票（banker's acceptance bill）

银行承兑汇票是由银行承诺到期付款的汇票。

银行承兑汇票是指由企业申请签发，委托银行等金融机构在指定日期无条件按票面金额支付给持票人的票据。

银行承兑的作用在于为汇票成为流通性票据提供信用保证。汇票是列明付款人和收款人的双名票据，经银行作为第三者承兑后则成为三名票据。承兑银行成为主债务人，而付款人则成为第二债务人。

2）商业承兑汇票（commercial acceptance bill）

商业承兑汇票是由收款人签发，经商业企业承兑的商业汇票。付款人须在商业承兑汇票正面签署“承兑”后，将商业承兑汇票交给收款人。

（3）即期汇票和远期汇票

1）即期汇票（sight bill，demand bill）

即期汇票即见票即付的汇票，包括载明即期付款、见票即付或提示付款以及未载明付款日的汇票。逾期后再经承兑或背书的汇票，对该种承兑人或背书人而言，应视为即期汇票。即期汇票一般以提示日为到期日，持票人持票到银行或其他委托付款人处，后者见票必须付款的一种汇票。这种汇票的持票人可以随时行使自己的票据权利，在此之前无须提前通知付款人准备履行义务。

2）远期汇票（time bill or usance bill）

远期汇票是指在一定期限或特定日期付款的汇票。对远期汇票的付款时间有以下几种规定办法：

见票后若干天付款（At ×× days after sight）；

出票后若干天付款（At ×× days after date）；

提单签发日后若干天付款（At ×× days after date of Bill of Lading）；

指定日期付款（Fixed date）。

(4)光票和跟单汇票

根据有无附属单据,可以将汇票分为光票和跟单汇票。

1) 光票(clean bill)

光票是指无需附带任何单据即可收付票款的汇票。这类汇票全凭票面信用在市面上流通而无物权单据作保证。银行汇票多为光票。

2) 跟单汇票

跟单汇票是指附带有关单据的汇票。跟单汇票一般为商业汇票。跟单汇票的流通转让及资金融通,除与当事人的信用有关外,更取决于附属单据所代表货物的价值及单据质量。

7.1.2 本票

1. 本票的概念

本票是出票人签发的,承诺自己在见票时无条件支付确定金额给收款人或者持票人的票据。这是我国《票据法》对本票的定义,指的是银行本票。

国外票据法允许企业和个人签发本票,称为一般本票。但在国际贸易中使用的本票,均为银行本票。

银行本票都是即期的。一般本票可以是即期的或远期的。

2. 本票的种类

(1)即期本票

根据本票付款期限的不同,国际上本票可分为即期本票和远期本票。所谓即期本票是见票即付的本票;远期本票包括定日付款本票、出票后定期付款的本票和见票后定期付款的本票。我国《票据法》第73条第1款只规定了"本票是出票人签发的,承诺自己在见票时无条件支付确定的金额给收款人或者持票人的票据"。因此,我国票据法只调整"见票时无条件支付"的即期本票,而不调整远期本票。

(2)银行本票

根据签发本票的主体不同,国际上本票可分为企事业单位和个人签发的商业本票和银行签发的银行本票。我国《票据法》第73条第2款规定"本法所称本票,是指银行本票"。所以,我国票据法只调整银行本票,而不调整商业本票。

(3)记名本票

根据本票上是否记载收款人的名称,国际上本票可分为记名本票和无记名本票。我国《票据法》第76条规定,本票必须记载收款人名称,否则,本票无效。所以,我国票据法只调整记名本票。

3. 本票的特征

(1)使用方便

我国现行的银行本票使用方便灵活。单位、个体经济户和个人不管其是否在银行开户,他们之间在同城范围内的所有商品交易、劳务供应以及其他款项的结算都可以使用银行本票。收款单位和个人待银行本票可以办理转账结算，也可以支取现金，同样也可以背书转让。银行本票见票即付，结算迅速。

(2)信誉度高，支付能力强

银行本票是由银行签发，并于指定到期日由签发银行无条件支付，因而信誉度很高，一般不存在得不到正常支付的问题。其中定额银行本票由中国人民银行发行，各大国有商业银行代理签发，不存在票款得不到兑付的问题。不定额银行本票由各大国有商业银行签发，由于其资金力量雄厚，因而一般也不存在票款得不到兑付的问题。

本票是出票人签发的、承诺自己在见票时无条件支付确定金额给收款人或持票人的票据。本票按其出票人身份为标准，可以分为银行本票和商业本票。银行或其他金融机构为出票人签发的本票为银行本票；银行或其他金融机构以外的法人或自然人为出票人签发的本票为商业本票。

本票具有一般票据所共有的性质，但又有不同于汇票和支票的一些特点。

其具有如下两个相同点。

(1)具有同一性质

① 都是设权有价证券。

即票据持票人凭票据上所记载的权利内容来证明其票据权利以取得财产。

② 都是格式证券。票据的格式(其形式和记载事项)都是由法律(即票据法)严格规定，不遵守格式对票据的效力有一定的影响。

③ 都是文字证券。票据权利的内容以及票据有关的一切事项都以票据上记载的文字为准，不受票据上文字以外事项的影响。

④ 都是可以流通转让的证券。一般债务契约的债权，如果要进行转让时，必须征得债务人的同意。而作为流通证券的票据，可以经过背书或不作背书仅交付票据的简易程序而自由转让与流通。

⑤ 都是无因证券。即票据上权利的存在只依票据本身上的文字确定，权利人享有票据权利只以持有票据为必要，至于权利人取得票据的原因，票据权利发生的原因均可不问。这些原因存在与否，有效与否，与票据权利原则上互不影响。由于我国目前的票据还不是完全票据法意义上的票据。只是银行结算的方式，这种无因性不是绝对的。

(2)具有相同的票据功能

① 汇兑功能。凭借票据的这一功能，解决两地之间现金支付在空间上的障碍。

② 信用功能。票据的使用可以解决现金支付在时间上的障碍。票据本身不是商品，它是建立在信用基础上的书面支付凭证。

③ 支付功能。票据的使用可以解决现金支付在手续上的麻烦。票据通过背书可作为多次转让，在市场上成为一种流通、支付工具，减少现金的使用。而且由于票据交换制度的发展，票据可以通过票据交换中心集中清算，简化结算手续，加速资金

周转，提高社会资金使用效益。

7.1.3 支票

1. 支票的概念

支票(cheque,check)是出票人签发，委托办理支票存款业务的银行或者其他金融机构在见票时无条件支付确定的金额给收款人或持票人的票据。

2. 支票的种类

(1)记名支票

记名支票(cheque payable to order)是在支票的收款人一栏写明收款人姓名，如"限付某甲"(Pay A Only)或"指定人"(Pay A Order)，取款时须由收款人签章，方可支取。

(2)不记名支票

不记名支票(cheque payable to bearer)又称空白支票，支票上不记载收款人姓名，只写"付来人"(pay bearer)。取款时持票人无须在支票背后签章，即可支取。此项支票仅凭交付而转让。

(3)画线支票

画线支票(crossed cheque)是在支票正面画两道平行线的支票。画线支票与一般支票不同，画线支票非由银行不得领取票款，故只能委托银行代收票款入账。使用画线支票的目的是为了在支票遗失或被人冒领时，还有可能通过银行代收的线索追回票款。

(4)保付支票

保付支票(certified cheque)是指为了避免出票人开出空头支票，保证支票提示时付款，支票的收款人或持票人可要求银行对支票"保付"。保付是由付款银行在支票上加盖"保付"戳记，以表明在支票提示时一定付款。支票一经保付，付款责任即由银行承担。出票人、背书人都可免于追索。付款银行对支票保付后，即将票款从出票人的账户转入一个专户，以备付款，所以保付支票提示时，不会退票。

(5)银行支票

银行支票(banker's cheque)是由银行签发，并由银行付款的支票，也是银行即期汇票。银行代顾客办理票汇汇款时，可以开立银行支票。

(6)旅行支票

旅行支票(traveller's cheque)是银行或旅行社为旅游者发行的一种固定金额的支付工具，是旅游者从出票机构用现金购买的一种支付手段。

7.1.4 汇票、本票和支票的区别

汇票、本票、支票同属狭义的票据范畴，其构成要素大致相同，都具有出票、背书、承兑、付款这些流通证券的基本条件，都是可以转让的流通工具。它们之间的主要区

别如下。

① 汇票和支票有三个基本当事人，即出票人、付款人、收款人；而本票只有出票人（付款人和出票人为同一个人）和收款人两个基本当事人。

② 支票的出票人与付款人之间必须先有资金关系，才能签发支票；汇票的出票人与付款人之间不必先有资金关系；本票的出票人与付款人为同一个人，不存在所谓的资金关系。

③ 支票和本票的主债务人是出票人，而汇票的主债务人，在承兑前是出票人，在承兑后是承兑人。

④ 远期汇票需要承兑，支票一般为即期无需承兑，本票也无需承兑。

⑤ 汇票的出票人担保承兑付款，若另有承兑人，由承兑人担保付款；支票出票人担保支票付款；本票的出票人自负付款责任。

⑥ 支票、本票持有人只对出票人有追索权，而汇票持有人在票据的有效期内，对出票人、背书人、承兑人都有追索权。

⑦ 汇票有复本，而本票、支票则没有。

⑧ 支票、本票没有拒绝承兑证书，而汇票则有。

汇票、本票和友票的区别参见表7-1。

表7-1 汇票、本票和支票的区别

票种	当事人	资金关系	主债务人	承兑	复本	拒绝承兑证书
汇票	三个	不必有	出票人/承兑人	远期汇票要	有	有
本票	两个	不存在	出票人	无需	没有	没有
支票	三个	有	出票人	无需	没有	没有

7.2 汇付和托收

7.2.1 汇付

1. 汇付的定义

汇付又称汇款，是最简单的国际货款结算方式。采用汇付方式结算货款时，卖方将货物发运给买方，并将有关货运单据自行寄送买方；而买方则通过银行将货款汇交给卖方。

2. 汇付方式的当事人

汇付方式涉及四个基本当事人，即汇款人、汇出行、汇入行和收款人。

汇款人（remitter）即付款人。在国际贸易结算中，通常是进口人。

汇出行（remitting bank）是接受汇款人的委托或申请，汇出款项的银行，通常是进口人所在地的银行。

汇入行(receiving bank)又称解付行(paying bank)，通常是汇出行在收款人所在地的代理行(correspondent bank)。

收款人(Payee)通常是出口人。

3. 汇付方式的种类

汇付有电汇、信汇和票汇三种汇款方法。

(1)电汇

电汇是汇出行以电传向汇入行发出付款委托的一种汇款方式。

图 7－2 为电汇凭证样本。

电子汇凭证

币别：人民币　　××××年××月××日　　流水号：

<table>
<tr><td rowspan="3">汇款人</td><td>全称</td><td colspan="3"></td><td rowspan="3">收款人</td><td>全称</td><td colspan="3">中经网数据有限公司</td></tr>
<tr><td>账号或住址</td><td colspan="3">×××××××××</td><td>账号或住址</td><td colspan="3">2610027019
北京市西城区三里河路58号中经网</td></tr>
<tr><td>汇出地点</td><td>×××省×××市</td><td>汇出行名称</td><td>××××</td><td>汇入地点</td><td>北京市</td><td>汇入行名称</td><td>建行月坛南街分理处</td></tr>
<tr><td>金额</td><td colspan="9">（大写）肆仟元整</td></tr>
<tr><td colspan="10">汇款用途：订购中经网企业在线服务</td></tr>
<tr><td colspan="6">附言：
中经网企业在线账号：××××</td><td colspan="4">汇出行盖章</td></tr>
</table>

此联汇出给汇款人的回单（代申请书）

（a）电汇凭证正面

<table>
<tr><td colspan="2">汇入城市名称</td><td>××××</td><td rowspan="3">标志：
□普通
□附言</td></tr>
<tr><td rowspan="3">汇款人</td><td>身份证件名称及号码</td><td>××××××××××××</td></tr>
<tr><td>联系电话</td><td>××××××</td></tr>
<tr><td>联系地址</td><td>××××××</td><td rowspan="3">手续费：
□现金
□转账</td></tr>
<tr><td rowspan="2">代理人</td><td>姓名</td><td></td></tr>
<tr><td>身份证件名称及号码</td><td></td></tr>
</table>

（b）电汇凭证背面

图 7－2　电汇凭证样本

(2) 信汇

信汇是指汇款人向当地银行交付本国货币，由银行开具付款委托书，用邮寄交国外分行或代理行，办理付出外汇业务。采用信汇方式，由于邮程需要的时间比电汇长，银行有机会利用这笔资金，所以信汇汇率低于电汇汇率，其差额相当于邮程利息。

(3) 票汇

票汇是汇出行应汇款人的申请，代汇款人开立以其分行或代理行为解付行的银行即期汇票(Banker's Demand Draft D/D)支付一定金额给收款人的一种汇款方式。票汇是进口人向进口地银行购买银行汇票寄给出口人，出口人凭此向汇票上指定的银行取款的一种方式。汇出银行在开出银行汇票的同时，对汇入行寄发“付款通知书”，汇入行凭此验对汇票后付款。

无论采用电汇、信汇，还是票汇，其所使用的结算工具(委托通知或汇票)的传送方向与资金的流动方向相同，因此均属顺汇（to remit）。但这三种汇款方式也有不同之处，例如在付款速度上，电汇最快，信汇次之。所以，电汇最受卖方欢迎，也是目前采用的主要汇付方式，但银行收取的费用也最高。而信汇方式由于资金在途时间长，操作手续多，已日趋落后，目前已较少使用。

表 7-2 为三种汇款方式的比较。

表 7-2　三种汇款方式的比较

汇款方式	支付工具	汇款人成本费用	安全方面	汇款速度	使用范围
电汇	电报、电传或 SWIFT	最高	最安全	最为快捷	最广泛
信汇	信汇委托书或支付委托书	最低	较差	最慢	很少
票汇	银行即期汇票	一般	一般	一般	一般

4. 国际贸易中汇款结算方式的特点

(1)风险大

预付货款或货到付款依据的都是商业信用。对于预付货款的买方及货到付款的卖方来说，一旦付了款或发了货就失去了制约对方的手段，其能否收货或收款，完全依赖对方的信用，如果对方信用不好，很可能银货两空。因而汇款只在国际贸易结算的一些特殊场合和情况下使用。

(2)资金负担不平衡

对于预付货款的买方及货到付款的卖方来说，资金负担较重，整个交易过程中需要的资金，几乎全部由他们来提供。对于出口商来说，货到付款弄不好还会出现钱货两空的情况。

(3)手续简便，费用少

汇款支付方式的手续是最简单的，就像一笔没有相对给付的非贸易业务，银行的手续费也最少，只有一笔数额很少的汇款手续费。因此在交易双方相互信任的情况下，或者在跨国公司的不同子公司之间，用汇款支付方式是最理想的。因此，汇款方式尽管有不足之处，但在国际贸易结算中还时有运用。

7.2.2　托收

1. 托收的含义

托收是出口人开具以进口方为付款人的汇票，委托出口地银行通过它在进口地的分行或代理行代进口人收取货款的一种结算方式。

托收方式一般都通过银行办理，所以又叫银行托收。银行托收的基本做法是：出口人根据买卖合同先行发运货物，然后开立汇票连同商业单据向出口地银行提出委托申请，委托出口地银行（托收行）通过其在进口地的代理行或往来银行（代收行）向进口人收取货款。

2. 托收过程中所涉及的当事人及其权利责任关系

(1)托收过程中所涉及的当事人

1) 委托人(consignor/principal)

委托人一般是开出汇票,委托银行向国外付款人收款的出口商,也称出票人(drawer)。

2) 托收银行(remitting bank)

托收银行就是接受委托人的委托,负责办理托收业务的银行。由于托收行地处出口地国家,委托进口地银行代为办理托收业务的汇票提示和货款收取事宜时,必须将单据寄往进口地代理银行,所以托收行也称寄单行。

3) 代收银行(collecting bank)

代收银行是指接受托收银行的委托,代向付款人收款的进口地银行,也叫受托行。代收银行通常是托收银行的国外分行或代理行。

4) 提示行(presenting bank)

提示行是指向付款人做出提示汇票或单据的银行。提示银行可以是代收银行委托与付款人有往来账户关系的银行,也可以由代收银行自己兼任提示银行。

5) 付款人(drawee)。

付款人是代收银行接受其他银行的委托向之收取货款的付款方,也是汇票的受票人,一般为进口商。

(2)托收当事人的权利用责任关系

1) 委托人

跟单托收的委托人即出口商,其责任主要体现在两个方面:一是履行与进口商签订的贸易合同中规定的责任,包括按时、按质、按量装运货物,提供符合合同要求的单据;二是履行与托收行签订的委托代理合同中规定的责任。

2) 托收行

① 托收行应以善意和合理的谨慎态度办理托收事务。

② 托收行必须核实所收到的单据在表面上与托收批示所列一致,如发现任何单据有遗漏,应立即通知发出指示书的一方。

③ 托收行对以下情形不承担义务或责任:其一,对由于任何通知、信件或单据在寄送途中发生的延误或失落所造成的一切后果,或对电报、电传、电子传送系统在传递中发生延误、残缺和其他错误,或对专门性术语在翻译上和解释上的错误,概不承担义务或责任;其二,对由于天灾、暴动、骚乱、叛乱、战争或银行本身无法控制的任何其他原因,或对由于罢工或停工致使银行营业间断所造成的一切后果,概不承担义务和责任。

3) 代收行

① 妥善保管单据。托收就是通过银行交单付款,即单据通过托收行寄交代收

行，再由代收行交给进口商。只有在进口商付款或作承兑后代收银行才能提交单据。

② 及时反馈托收情况。按照托收银行的委托，向汇票付款人作承兑提示或付款提示，收取票款或遭到拒付时，代收银行应及时将情况通知托收银行。代收银行如果违反托收银行的委托指示，致使托收银行遭受损失的，应承担赔偿责任。

③ 代收银行对于下列情况不负任何责任：对由于任何通知、信件或单据在寄送途中发生延误(或)失落所造成的一切后果，或对电报等在传送中发生的错误，或对专门性术语在翻译和解释上的错误，均不承担责任；对由于天灾、战争、罢工等或代收银行本身无法控制的其他原因所造成的后果，不承担责任。未经代收银行同意，代收银行无义务提取货物，该货物的风险和责任仍由发货人承担。代收银行是托收银行的代理人，委托人(卖方)因代收银行过错而遭受损失时，只能通过托收银行追究代收银行的责任。

4）付款人

付款人一般为进口商，其基本责任就是在委托人提供合格单据的情况下，按合同的规定付款。

3. 托收的性质与特点

托收是建立在商业信用基础之上的一种结算方式，其最大特点就是“收妥付汇、实收实付”，即只有当托收银行从代收银行那里如数收到进口商应付的有关款项后，才会向出口商支付。银行在该项业务中只起结算中介作用，至于货款能否收妥，何时收妥，收多收少，银行概不负责。出口商与托收银行之间、托收银行与代收银行之间只是一种代理关系。无论是托收银行，还是代收银行，在跟单托收方式中，他们只是对进出口货物的安全性、收汇的及时性负有道义上的责任，至于进口商能否按照规定的交单条件付款赎单，完全取决于其付款的能力和付款的愿望，银行并不承担付款的责任。因此，这种结算方式对进出口商双方来说，利益风险很不平衡。对出口商而言，其承担的风险更大一些。

值得 提的是，托收方式虽然对出口商不利，但如果贸易双方是长期贸易伙伴，或出口商对进口商比较了解，那么出口商提出采用托收方式结算将是一个很有竞争力的条件，容易促成交易。因为，同信用证结算方式相比，托收对进口商来说，不仅它承担的银行费用低，且无需交纳保证金，不会占压资金。

4. 托收的种类

托收按是否附带货运单据可分为光票托收和跟单托收。

(1)光票托收(clean collection)

1)光票托收的含义

光票托收是指卖方仅开立汇票而不附带任何货运单据，委托银行收取款项的一种托收结算方式。

光票托收的汇票可以是即期汇票，也可以是远期汇票。如果是即期汇票，代收行应于收到汇票后，立即向付款人提示，要求付款。付款人如无拒付理由，应立即付款赎单。如果是远期汇票，代收行应在收到汇票后，向付款人提示，做出承兑，请求承诺到期付款的责任。付款人如无拒绝承兑的理由，应立即承兑。承兑后，代收行收回汇票，于到期日再作提示，要求付款。若付款人拒绝承兑或拒绝付款，除非托收委托书另有规定外，应由代收行在法定期限内，做成拒付证书，并及时把拒付情况通知托收行，转告委托人，以便委托人采取适当措施。

光票托收一般用于收取货款尾数、代垫费、佣金、样品费、寄售费或其他贸易从属费用。

2)光票托收的优点

光票托收作为一种结算方式，其优点较为明显：一是收款人与付款人的“感觉”良好、直接和实在，如当卖方 A 和买方 B 达成某项交易，买方 B 立即将支票交给卖方 A，买卖双方都会有一种交易顺利完成的感觉，而其他结算方式由于需要通过各自的银行等中介办理；二是光票托收手续简便；三是光票托收的费用低廉。由于银行在光票托收业务中为了降低业务成本，通常使用票据集中邮寄的方式，因此对客户的收费也较低。

3)光票托收的弊端

① 收汇速度较慢。相对于电汇，光票的收汇速度较慢。电汇，银行的收汇速度一般为 1～2 个工作日，而光票托收，由于托收行要将托收的票据寄往代收行，一般快件的邮程就需要 2～5 天，加上银行处理业务的时间，因此银行收妥托收款项需要 5～7个工作日，有的偏僻、不发达国家、地区的托收业务，由于邮路不畅、银行网点少，甚至长达半个月到一个月，才能收妥托收款项。

② 收款的不确定性。光票是商业信誉，能否收妥托收款项，有赖于付款人的信誉。若付款人的信誉欠佳，委托人就不能顺利收妥款项。而且，由于国际票据诈骗的日益增多，给票据的收汇安全带来严重的隐患。

(2) 跟单托收(documentary collection)

跟单托收是由卖方开立跟单汇票(即汇票连同一整套货运提据一起)交给银行，委托银行代收货款的托收。

国际贸易中货款的收取大多采用跟单托收方式。在跟单托收的情况下，按照向进口商交单条件的不同，可分为付款交单和承兑交单两种。

1) 付款交单

付款交单(documents against payment，D/P)，是出口商的交单以进口商的付款为条件，即出口商将汇票连同货运单据交给银行托收时，指示银行只有在进口商付清货款时，才能交出货运单据。

付款交单按付款期限的不同又可分为即期付款交单和远期付款交单。

① 即期付款交单(documents against payment at sight)。即期付款交单指出口方开具的即期汇票,由代收行向进口方提示,进口方见票后即须付款,货款付清时,进口方取得货运单据。

即期付款交单务流程如图 7-3 所示。

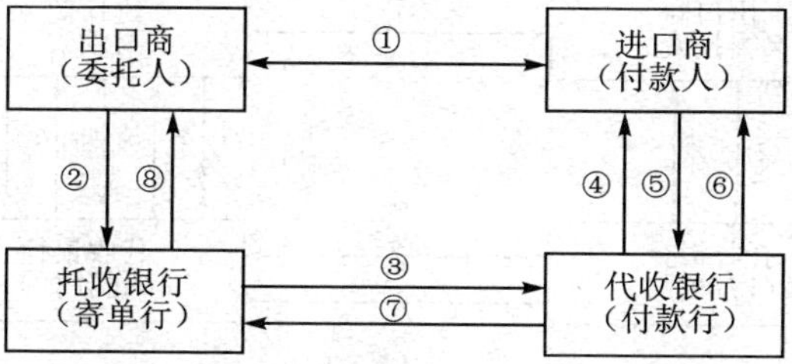

图 7-3　即期付款交单业务流程图

图 7-3 的说明见表 7-3。

表 7-3　即期付款交单业务流程说明

流程	说明
①	进出口商订立买卖合同,规定采用即期付款交单方式结算
②	出口商发货后,填写托收申请书,开具即期汇票,连同全套货运单据交托收银行,委托代收货款
③	托收银行填制和寄送托收委托书和跟单汇票委托代收银行收款
④	代收银行向进口商提示跟单汇票
⑤	进口商验单无误后付清货款
⑥	代收银行将全套货运单据交进口商
⑦	代收银行向托收银行付款
⑧	托收银行将货款付给出口商

② 远期付款交单(documents against payment after sight)。远期付款交单指进口商见票并审单无误后,立即承兑汇票,于汇票到期日付款赎单。在汇票到期前,汇票和货运单据由代收行保管。远期付款交单的业务流程与即期付款交单大致相同。不同之处在于,此时出口商出具的是远期汇票,故有承兑票据行为发生。进口商要等票据到期日付款后方能得到单据。

与即期付款交单相比,远期付款交单有以下特点:

- 出口商开具的是远期汇票。即期付款交单中,出口商开具的是即期汇票,也可以不开汇票。但远期付款交单必须开立汇票,采用远期付款交单的目的是给进口商一段时间准备或筹集资金。

- 进口商应先予承兑。在代收行提示远期汇票和单据时，进口商应先于承兑，承兑后的汇票及单据由代收行收回。即期付款交单无此环节。
- 到期付款赎单。在远期汇票到期时，代收行应向进口商作付款提示，进口商予以付款，代收行收到货款后即交单。

远期付款交单业务流程如图 7－4 所示。

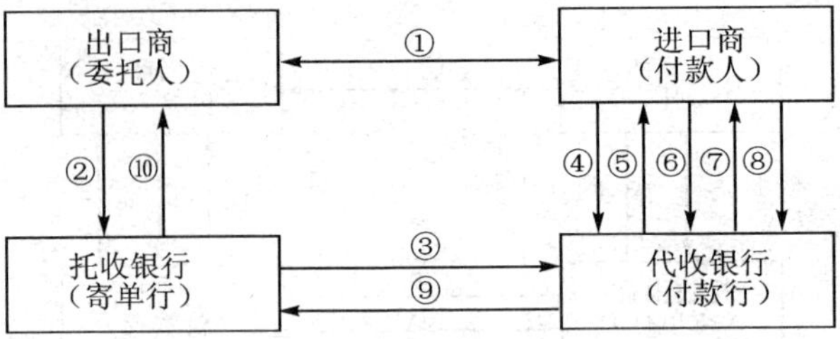

图 7－4　远期付款交单业务流程图

图 7－4 的说明见表 7－4。

表 7－4　远期付款交单业务流程说明

流程	说明
①	进出口商订立买卖合同，规定采用远期付款交单方式结算
②	出口商发货后，填写托收申请书，开具远期汇票连同全套货运单据交托收银行，委托代收货款
③	收银行邮寄托收委托书和跟单汇票委托代收银行收款
④	代收银行向进口商提示汇票、要求承兑
⑤	进口商验单无误后承兑汇票，代收银行保留汇票和全套单据
⑥	汇票到期日提示汇票，要求进口商付款
⑦	进口商付清货款
⑧	代收银行将全套货运单据交进口商
⑨	代收银行向托收银行付款
⑩	托收银行将货款付给出口商

2）承兑交单

承兑交单是指出口商在按照买卖合同发运货物后，开具远期汇票，连同货运单据，通过银行向进口商提示。进口商在审核单据无误后，即在汇票上承兑。代收行审查承兑手续齐全后留下汇票，将货运单据交给进口商，进口商于汇票到期日才予付款的一种方式。即出口商的交单以进口商在汇票上的承兑为条件。

承兑交单业务流程如图 7－5 所示。

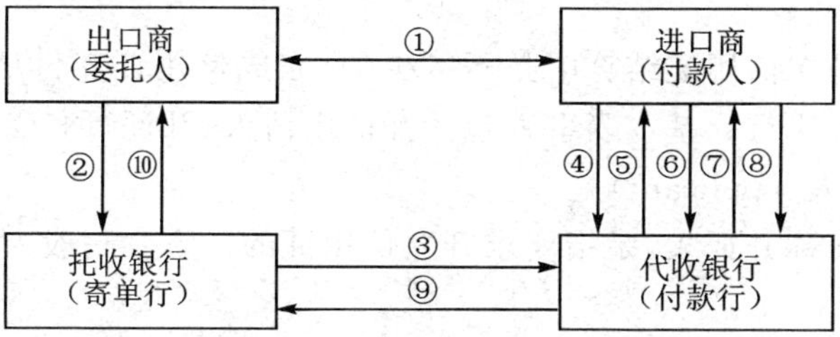

图 7－5　承兑交单业务流程图

图 7－5 的说明见表 7－5。

表 7－5　承兑交单业务流程说明

流程	说明
①	进出口商订立买卖合同，规定采用承兑交单方式结算
②	出口商发货后，填写托收申请书，声明"承兑交单"，开具远期汇票，连同全套货运单据交托收银行，委托代收货款
③	银行邮寄托收委托书和跟单汇票委托代收银行收款
④	代收银行向进口商提示汇票、要求承兑
⑤	进口商验单无误后承兑汇票
⑥	代收银行保留承兑过的汇票，将货运单据交给进口商
⑦	汇票到期日代收银行向进口商提示汇票，要求付款
⑧	进口商向代收银行付款
⑨	代收银行向托收银行汇交收妥的货款
⑩	托收银行将货款付给出口商

7.3　跟单信用证

7.3.1　跟单信用证的定义

《UCP500》中对跟单信用证的解释是："跟单信用证是指一项约定，不论其名称或描述如何的一家银行（开证行）依照客户（开证申请人）的要求和指示或以自身的名义作出，在符合信用证条款的条件下，凭规定的单据：向第三者（受益人）或其指定人付款，或承兑并支付受益人出具的汇票；或授权另一家银行进行该项付款，或承兑并支付该汇票；或授权另一家银行议付。"该定义的实质是，信用证系银行有条件承诺付款的一种保证。

7.3.2　跟单信用证的当事人

在信用证业务中，有基本当事人和特定当事人。

1. 基本当事人

基本当事人是在信用证结算中必不可少的,完成信用证支付环节都必须经过基本当事人同意方可执行。基本当事人包括开证申请人、开证行和受益人。

(1)开证申请人(applicant)

开证申请人又称开证人,是指要求开立信用证的一方。一般为买方,也可以是银行自己。

(2)开证行(opening bank, issuing bank)

开证行指应申请人要求或者代表自己开出信用证的银行。开证行在受益人提交的单据构成相符交单前提下,必须向受益人承付货款。开证行通常是买方(申请人)所在地的银行。

(3)受益人(beneficiary)

受益人是指接受信用证并享受其利益的一方。一般为出口商,也可以是中间商(可转让信用证业务中)。信用证的受益人可以表示为:出口商(exporter)、发货人(shipper)、出票人(drawer)、抬头人或收件人(addressee)。

2. 特定当事人

特定当事人是根据业务需要在特定情况下出现的,包括通知行、议付行、付款行、保兑行、偿付行和承兑行。

(1)通知行(advising bank/notifying bank)

通知行是指应开证行的要求通知信用证的银行。通知行将开证行开立的信用证转递给出口商的银行,它只证明信用证表面的真实性,并不承担其他义务。通知行一般是出口商所在地的银行,是开证行在出口商所在地的联行、分行或代理行。

(2)议付行(negotiating bank)

议付行又称为押汇行或贴现行,是应受益人的请求,对单据进行审核并购买信用证项下的汇票和单据,扣减利息后,将净款付给受益人的银行。议付行是出口商所在地的其他银行。如果信用证没有限定某一银行为议付行,则受益人可以选择当地的任何一家银行作为议付行。议付行对受益人的付款有追索权。

(3)付款行(paying bank)

付款行是指承担付款责任的银行。付款行可以是开证行,也可以是开证行指定的另一家银行。汇票项下,即为汇票的付款人。付款行在付款后对受益人无追索权。

(4)保兑行(confirming bank)

保总行是指根据开证行的授权或要求对信用证加具保兑的银行。当开证行规模比较小,或资信等级比较低,或者所在国家经济、政治、社会局势不稳定等原因,开证行开立信用证后,须由另外一家资信较好、规模较大的银行对开证行所开立的信用证承担保证兑付的责任。

对信用证的修改部分,保兑行有权选择是否保兑。如果同意保兑,必须对全部修改内容承担保兑责任,只同意对同一修改书中的部分内容加具保兑,这种同意无任何效力。若不同意保兑,必须赶快将此情况通知开证行或受益人。

保兑行与开证行具有相同的责任和地位,对符合信用证条款的票据承担议付或代付责任。保兑行付款后只能向开证行索偿,如果开证行倒闭或无理拒付,保兑行无权向受益人或其他前手追索票款。保兑行有权拒收有不符点的单据,但必须明白无误地向受益人声明这一态度。保兑行同付款行一样,对受益人无追索权。

(5)偿付行(reimbursing bank)

偿付行又称为清算银行(clearing bank),是指受开证行的指示或授权,代开证行(议付行或付款行)对信用证议付、付款的银行。这种情况下,付款行或开证行需另行开立求偿汇票。偿付行一般为国际金融中心的大银行。

偿付行与开证行签订有偿付协定,它确定了开证行与偿付行之间的委托代理关系。开证行没有存款或存款不足,又无透支协议,则偿付行有权拒付,偿付费用一般应由开证行承担。

(6)承兑行

承兑行是指在远期汇票到期时承诺付款的银行。承兑行可以是开证行,也可以是通知行或其他出口地银行。

在可转让信用证中,还涉及转让行和受让人。转让行是指办理信用证转让的指定银行,或当信用证规定可在任何银行兑用时,指开证行特别授权并实际办理转让的银行。开证行也可担任转让行。受让人是信用证的第二受益人,是接受信用证的转让,有权享受信用证全部或部分金额的人。

7.3.3 跟单信用证的种类

1. 不可撤销跟单信用证(irrevocable L/C/revocable L/C)

不可撤销跟单信用证是指开证行一经开出、在有效期内未经开证行、保兑行(如有的话)及受益人同意,信用证不能修改。只要受益人按该证规定提供有关单据,开证行(或其指定的银行)保证付清货款。《UCP600》规定,信用证是不可撤销的,即使未如此表明。

通常,信用证中 40A 确定了其类型,一般标明“irrevocable”字样的即为不可撤销跟单信用证,如图 7-6 所示。

2. 可转让和不可转让跟单信用证(transferable L/C and nontransferable L/C)

(1)可转让和不可转让跟单信用证的概念

可转让信用证是指在信用证中特别注明“可转让(transferable)”字样,受益人有权将信用证的全部或部分转让给一个或数个第三者(即第二受益人)使用。可转让信用证的受益人一般是中间商,第二受益人则是实际供货商。

反之,若信用证中注明不可转让字样,即受益人不能将信用证的全部或部分金额转让给第二受益人使用的信用证,为不可转让信用证。

可转让信用证在使用过程中,受益人可以要求信用证中的授权银行(转让行)向

- SEQUENCE OF TOTAL:27: 1/1
- FORM OF DOCUMENTARY CREDIT:40A: IRREVOCABLE
- DOCUMENTARY CREDIT NUMBER:20 : G/FO-7752807
- DATE OF ISSUE :31C: 080223
- DATE AND PLACE OF EXPIRY:31D: 080610 QINGDAO ,CHINA
- APPLICANT:50 : TOSHU CORPORATION OSALM
  12-36, KYUTARO-MACHI 4-CHOME
  CHUO-KU, OSAKA 561-8177 JAPAN
- BENEFICIARY:59 : DONGYUE KNITWEARS AND HOMETEXTILES
  IMPORT AND EXPORT CORPORATION
  197 ZHONGHUA ROAD, QINGDAO, CHINA
- CURRENCY CODE, AMOUNT : 32B: USD201780.00
- AVAILABLE WITH...BY... : 41D: ANY BANK BY NEGOTIATION
- DRAFTS AT□ :42C: AT SIGHT FOR 100 PCT OF INVOECE VALUE
- DRAWEE...:42D: THE SUMITOMO BANK, LTD. OSAKA, LOS ANGELES, CA.
- PATIAL SHIPMENT:43P: ALLOWED
- TRANSHIPMENT:43T: PROHIBITED
- LOADING/DISPATCH/TAKING/FROM :44A: QINGDAO
- FOR TRANSPORTATION TO ...:44B: YOKOHAMA
- LATEST DATE OF SHIPMENT :44C: 080531
- DESCRPT OF GOODS/SERVICES :45A: CIF YOKOHAMA MAN'S SHIRT (CONTRACT NO.99JA7031KL)

ST/NO	QTY	UNIT PRICE
71-800	67200PCS	USD1.43/PC
71-801	48000PCS	USD1.46/PC
71-802	27600PCS	USD1.29/PC

- DOCUMENTS REQUIRED:46A:

+ COMMERCIAL INVOICE IN QUINTUPLICATE
+PACKING LIST IN 3 COPIES
+FULL SET LESS ONE ORIGINAL CLEAN ON BOARD OCEAN BILLS OF LADING MARKED FREIGHT PREPAID MADE OUT TO ORDER OF THE SHIPPER BLANK ENDORSED NOTIFY APPLICANT.
+G.S.P CERTIFICATE OF ORIGIN FORM A IN 3 COPIES
+INSURANCE POLICY OR CERTIFICATE IN DUPLICATE ENDORSED IN BLANK WITH CLAIM PAYABLE IN JAPAN IN THE CURRENCY OF THE DRAFT COVERING 110 PERCENT OF INVOICE VALUE INCLUDING INSTITUTE WAR CLARSES, INSTITUTE CARGO CLAUSES (ALL RISKS), INSTITUTE S.R.C.C.CLAUSES.
+BENEFICIARY'S CERTIFICATE STATING THAT ONE SET OF ORIGINAL SHIPPING DOCUMENTS INCLUDING CERTIFICATE OF ORIGIN FORM A HAS BEEN SENT DIRECTLY TO THE APPLICANT (ATTN. OSALM SECTION) WITHIN 2 DAYS AFTER SHIPMENT BY AIR COURIER.

图 7－6　不可撤销跟单信用证样例

第二受益人开出新证，新证由原开证行承担付款责任。原证条款不变，但其中信用证金额、商品单价可以减少，有效期和装运期可以提前，投保比例可以增加，申请人可以变成原受益人。当第二受益人向转让行交单后，第一受益人有权以自己的发票和汇票替换第二证受益人的发票和汇票，以取得原证和新证之间的差额。

(2)可转让信用证的类型

1)全部金额转让与部分金额转让

根据信用证转让金额可分为全部金额转让与部分金额转让。

① 全部金额转让(total transfer)。是指将信用证的金额一次全部转让给第二受益人。当货源来自同一厂商，而且货物不准分批装运时，只能进行全部金额转让。

② 部分金额转让(partial transfer)。第一受益人只将可转让信用证金额的一部分转让给第二受益人使用。当原信用证允许分批装运时，可采用部分金额转让。此时，多个第二受益人可分别装运货物，分别依信用证规定办理议付、承兑或付款。

2) 不替换发票转让与替换发票转让

根据是否替换商业发票，可分为不替换发票转让与替换发票转让。

① 不替换发票转让(transfer without substitution of invoice)。信用证的原受益人(即第一受益人)将信用证金额的全部或一部分转让给受让人，由第二受益人装运货物并备妥所须单据，以第一受益人的名义办理议付或付款。

② 替换发票转让(transfer with substitution of invoice)。通过中间商达成的交易，使用替换发票转让。信用证的第一受益人(即中间商)将信用证金额的全部或一部分转让给第二受益人(出口商)，第二受益人装运货物并备妥所须单据后，以自己的名义办理议付或付款。银行以第一受益人提供的商业发票来替换第二受益人提交的发票，并随附其他单据一并寄往开证银行索偿。第一受益人所提交的发票金额要大于第二受益人提交的发票金额。

3) 原条件转让或变更条件转让

根据是否变更信用证所列条件，可分为原条件转让或变更条件转让。

① 原条件转让。信用证转让时，不变更原信用证上的条款。凡原条件载明下列文句的，即为原条件转让。

This Credit can be transferred only on the terms and conditions specified in the Original Credit.

(本信用证系依原信用证所列的条件转让。)

② 变更条件转让。是指信用证转让时，原信用证所列条件发生改变。下列情况均视为变更条件转让：

- 金额和单价低于原金额和单价。
- 信用证期限，提示单证日期及装运期限早于原证。
- 投保金额比例高于原信用证。

4) 国内转让和国外转让

根据转让地点不同，可分为国内转让和国外转让。

① 国内转让。信用证转让时，第一受益人与第二受益人在同一国境，称为国内转让。一般在原证中载明如下文句的，为国内转让信用证。

This credit is transferable only to a second Beneficiary in the same country.

(本信用证转让仅限同一国境转让给第二受益人)

② 国外转让。信用证转让时,第一受益人与第二受益人在不同国境,称为国外转让。在信用证中应载明如下文句:

This credit is transferable to a second Beneficiary in ×××.

(本信用证转让于××××国家的第二受益人。)

5) 银行转让与私人转让

根据转让人不同,可分为银行转让与私人转让。

① 银行转让。由银行办理转让手续,向第二受益人签发转让通知书(advice of transfer),为银行转让。

② 私人转让。第一受益人和第二受益人共同签署转让申请书,由第一受益人向第二受益人做出书面的私人转让通知书(letter of personal transfer)。

(3)可转让信用证在转让时应注意的问题

① 转让的所有费用(佣金、手续费等)须由第一受益人支付。

② 可转让信用证只能转让一次。如果信用证允许部分支款或部分发运,信用证可以分部分地转让给数名第二受益人,但不得转让给任何其后受益人。第二受益人可将信用证再转让给第一受益人。

③ 其中一名或多名第二受益人对信用证修改的拒绝并不影响其他第二受益人接受修改。对接收者而言,该转让信用证即被相应修改,对拒绝者而言,该信用证未被修改。

④ 第一受益人未能在第一次要求时提交其自己的发票和汇票(如有的话),或者第一受益人提交的发票导致了第二受益人的交单中本不存在的不符点,并且未能在第一次要求时修正,转让行有权将从第二受益人处收到的单据照交开证行,并不再对第一受益人承担责任。

(4)可转让信用证适用于的贸易方式

① 当出口的货物来源比较分散,需从不同港口装船时,出口商可要求进口商开立可转让信用证。可转让信用证的受益人(beneficiary)作为转让人(transferer),通过转让银行(transferable bank)将信用证金额(amount)的全部或部分,一次性转让给异地各货源的供应商,即第二受益人(seond beneficiary),第二受益人在规定的时间内分批装船,制单结汇。第二受益人不得作再次转让,分割转让的金额不得超过信用证的总金额。

② 当进口商委托国外代理商采购商品时,可采用可转让信用证。进口商开具以代理商为受益人的可转让信用证,国外代理商再以各供应商为第二受益人,分割转让其信用证的全部或部分金额。可转让的信用证由国外的通知银行承担转让银行的

职责。

③ 当有中间商存在时，进口商开立以中间商为第一受益人的可转让信用证，第一受益人将信用证金额的全部或部分转让给出口商(第二受益人)。这样中间商既可以保住商业秘密又可以赚取中间利润。

3. 即期信用证和远期信用证(sight L/C and usance L/C)

(1)即期信用证

即期信用证是指开证行或付款行收到符合信用证条款的即期汇票(sight draft)和单据后，立即履行付款义务的信用证，也称见票即付信用证或即期汇票付款。其性质在 42C 条文中表明。

(2)远期信用证

远期信用证是开证行或付款行收到符合信用证的单据时，不立即付款，而是等到远期汇票到期后履行付款义务的信用证。

4. 承兑信用证和议付信用证(negotiation credit)

(1)承兑信用证

承兑信用证规定由开证行或指定的承兑行对受益人开出的远期汇票进行承兑。

(2)议付信用证

议付信用证指允许受益人向某一指定银行或任何银行交单议付的信用证，在国际贸易中普遍使用。

7.3.4 跟单信用证的格式和内容

1. 跟单信用证的内容

现在各开证行的开证格式已基本接近国际商会拟定的《开立跟单信用证标准格式》(国际商会第 416 号出版物，1986 年)，信用证主要包括以下内容：

① 开证行名称(Issuing Bank)。一般在信用证中首先标出，应为全称加详细地址。

② 信用证号码(L/C Number)。一般不可缺少。

③ 信用证形式(Form of Credit)。《UCP600》中明确规定，信用证是不可撤销的。

④ 开证日期(Date of Issue)。必须标明开证日期，这是信用证是否生效的基础。

⑤ 受益人(Beneficiary)。受益人即出口商，必须标明完整的名称和详细的地址。

⑥ 开证申请人(Applicant)。合同中的进口商，应标明完整的名称和详细地址。

⑦ 信用证金额(L/C Amount)。这是开证付款责任的最高限额，应能满足合同的支付。信用证金额要用大小写分别记载。

⑧ 有效期限(Terms of Validity 或 Expiry Date)。即受益人向银行交单议付的

最后期限，超过这一期限，开证行就不再负付款责任。

⑨ 生效地点(Place of Expiry)。即交单地点，《UCP600》特别规定信用证除要明确有效期外还要明确一个交单地点，一般为开证行指定的银行，通常为出口地。

⑩ 汇票出票人(Drawer)。一般是信用证的受益人，只有可转让信用证经转让后，出票人才可能不是原证受益人。

⑪ 汇票付款人(Drawee)。在信用证业务中，汇票付款人是按信用证“Draw on ××”“Draft on ××”“Drawee”确定。

例如，“Available by beneficiary's draft(s) on applicant”条款表明，以开证申请人为付款人；“Available by draft(s) drawn on us”条款表明，以开证行为付款人；“Drawn on yourselves/you”条款表明，以通知行为付款人。信用证未明确付款人名称者，应以开证行为付款人。

⑫ 汇票出票条款(Drawn Clause)。主要表明汇票是根据某信用证开出的。

⑬ 对单据的要求(Documents Required)。信用证中一般列明需要的单据，分别说明单据的名称、份数和具体要求。最基本的单据主要是商业发票(Commercial Invoice)、运输单据(Transport Documents)、保险单据(Insurance Policy)。此外，进口商还往往要求出口商提供产地证、品质证书等单据。

⑭ 关于货物描述部分(Description of Goods or Services)。一般包括货名、数量、单价以及包装、唛头、价格条件和合同号码等内容。

⑮ 装运地/目的地(Transportation to)。一般情况下，信用证中关于运输的项目有装货港(Port of Loading/Shipment)、卸货港或目的地(Port of Discharge or Destination)、装运期限(Latest Date of Shipment)等。

⑯ 分装/转运(Partial Shipment/Transhipment)。信用证还必须说明可否分批装运(Partial Shipment Pemitted/not Permitted)和可否转运(Transhipment Allowed/not Allowed)。

⑰ 开证行对有关银行的指示条款(Instructions to Negotiating Bank/Advising Bank/ Paying Bank)。包括对议付行、通知行、付款行的指示条款。

⑱ 开证行的保证条款(Engagement/Undertaking Clause)。开证行通过保证条款来表明其付款责任。

⑲ 开证行签章(Opening Bank's Name and Signature)。即开证行代表签名，信用证必须经开证行有权签名人签字方能生效，一般情况下是采取“双签”即两人签字的办法。

⑳ 其他特别条件(Other Special Condition)。主要用以说明一些特别要求。

㉑ 根据《UCP600》开立信用证的文句。

2. 跟单信用证的格式

跟单信用证的格式和内容样例如图 7－7 所示。

Issue of a Documentary Credit （开证行）
Destination Bank 通知行）
40A Type of Documentary Credit （跟单信用证类型）
20 Letter of Credit Number （信用证号码）
31G Date of Issue （开证日期）
31D Date and Place of Expiry （信用证到期时间地点）
51D Applicant Bank （开证行）
50 Applicant（开证申请人）
59 Beneficiary（受益人）
32B Currency Code, Amount（信用证结算货币和金额）
41D Available with...by...（指定的有关银行和信用证兑付方式）
ANY BANK BY NEGOTIATION （意为任何银行议付，银行付款后则有追索权）
ANY BANK BY PAYMENT(银行付款后无追索权）
42C Drafts at （汇票付款期限）
42D Drawee （汇票付款人受票人）
（通常也是付款行）
43P Partial Shipments（分装条款）
43T Transhipment （转运条款）
44A Shipping on Board/Dispatch/Packing in Charge at/ from
（装船、发送和货物接收监管的地点）（起运港）
44B Transportation to（货物发送的最终地）
44C Latest Date of Shipment（最迟装运期）
45A Description of Goods or Services（货物描述）
46A Documents Required:（单据要求）
47A ADDITIONAL INSTRUCTIONS （附加指示）
71B Charges （费用）
48 Period for Presentation（单据提示日期）
49 Confimation Instructions（保兑指示）
78 Instructions to the Paying/Accepting/Negotiating Bank:（对付款行、议付行、承兑行的指示）
57A "Advising Through" Bank（通知行）

图 7－7　跟单信用证的格式和内容样例

案例 7－2　某公司自西德进口一批化学品，所开出的信用证中规定以青岛为目的港，但由开证行转来的单据中发现下列各点：

(1)装箱单不是由信用证受益人签发的而是由包装公司签发的。

(2)集装箱提单指示的目的港是大连港，而不是青岛或青岛附近的集装箱堆积场。

(3)发票和装箱单在一起。

(4)提单上的被通知人不正确。

(5)提单上的重量大于装箱单上的重量。

请问:进口商欲根据以上各点拒付有无道理?[①]

案例评析 进口商可以上述各点拒付。因为信用证是一种银行信用,银行对单据实行严格符合原则,即出口商提交的单据只有做到"单单相符,单证相符"才能得到付款,因此,本案中由于出口商所提交的单据存在多处不符点:

(1)包装单由包装公司而不是出口商出具。

(2)提单上指示的卸货港大连与信用证上规定的青岛港不符。

(3)如信用证中规定发票和装箱单应单独制作,而实际是二者合一明显与信用证规定不符。

(4)提单上的被通知人不符合信用证中的规定。

(5)提单上的重量与装箱单的记载不符。故可以判定该信用证下的单证和单据之间有许多不符之处,进口商可以据此拒付。

7.4 国际保理

7.4.1 国际保理概述

国际保理是一项集融资、账户管理、呆账催收和坏账担保功能于一身的综合性金融服务。它诞生于19世纪的欧美大陆,有着悠久的传统和历史,但在现代金融市场中它又是一项朝气蓬勃的新兴业务。作为供应链金融服务中不容忽视的一大亮点,保理业务已经成为贸易融资产品体系当中极为重要的一部分。在发达国家和一些发展中国家的国际贸易中,国际保理已成为一种主要的结算工具。

1. 国际保理的概念

国际保理(international factoring)又称为国际付款保理或保付代理、承购出口应收账业务,是指在使用托收、赊销等非信用证方式结算货款时,保理商(Factor)向出口商提供的一项集买方资信调查、应收款管理和代收、进口商支付担保、贸易融资于一体的综合性现代金融服务。

一般做法是:在国际贸易中赊账或承兑交单的结算方式下,由商业银行或者专业保理商(多为大银行的附属机构)从出口商那里购进以单据表示的对进口商的应收账款,从而为出口商融通资金,并且同时提供资信调查、销售分账户管理、货款回收和坏账担保等服务。当然,出口商可以根据本公司的实际情况选择要求保理商提供全套服务或者部分服务。

2. 国际保理适用范围

国际保理主要适用于商业周转快、交易金额不大、收汇期比较短并有贸易融资和

① 资料来源:豆丁网 http://www.docin.com/p-602723018.html.

防范信用风险要求的国际贸易业务之中。下列情形适用国际保理方式：

①进口商拒绝开立信用证，坚持采用赊销方式进行结算，出口商希望拓展海外市场，增加销售额。

②季节性强的出口业务。

③出口商初次进入国际贸易市场，对市场行情不甚了解，对信用风险缺乏有效的防范措施，且缺乏催收账款的有效法律手段。当对潜在买方心存疑虑，不知对方信誉、实力、履约情况时，可选择出口国际保理。

④ 流动资金被应收账款占压，需要资金周转。进口商经常欠货款，账款催收费时费力且效果不佳，或需要减少公司应收账款余额，优化财务报表。

⑤ 在美国、加拿大、欧盟、日本、新加坡等国家和地区，国际保理业发达，国际保理商联系广泛。

3. 国际保理业务的要求

国际保理业务是在国际贸易和国际结算的不断变化基础上发展起来的一种别具特色的综合性金融服务，其特殊性质和功能反过来又限定了其使用范围，或者说采用国际保理业务必须具备一定的条件。

(1)对结算方式的要求

国际保理业务发展是伴随着国际贸易结算方式非信用证化的趋势而进行的，在一定程度上，可以说贸易结算方式的非信用证化过程就是国际保理服务大发展的过程，没有贸易结算的非信用证化，就不可能有国际保理业务的迅速发展。

信用证结算方式是国际贸易中最主要的支付和结算方式，但信用证并不是最完美的结算方式，随着国际贸易的发展，其手续复杂、费用较高、占用资金较长的弊病暴露得日益明显，因而使信用证在国际结算中的地位出现下降趋势。例如在欧洲联盟成员之间的贸易中，80％以上是采用非信用证方式结算的，其中大部分是通过赊销方式结算的。

在当今国际市场处于买方市场的前提下，卖方一味要求采用 L/C、D/P 以及现金交易方式是不现实的，因为买方也有选择对自己有利的支付方式的权利，正因为如此，才有了国际保理服务的发展。

具体来讲，在以下情况下选用国际保理业务比较合适：

①国际市场明显处于买方市场，或某种商品供大于求。在买方市场上，出口商相对处于较为不利的地位。因为出口商为了扩大商品销售，不仅要考虑货物的质量、价格，还要考虑恰当的支付方式。进口商在同种商品的多个卖方市场上，更侧重于选择以灵活、有利的支付方式(如 D/A、O/A 方式)成交。

②出口商为获取新的海外客户。出口商在与进口商的最初交易中，很难充分了解其资信状况，对出口货款能否按期收回心中不确定。为了降低出口风险，出口商可以申请保理业务。

③出口商希望对其出口应收账款加强管理。由于买、卖双方存在时间、商务法

律、社会习惯和语言等方面的差异或障碍，出口商要管理其应收账款存在许多困难。为解决这些困难，出口商需要借助保理商的服务。

④出口商定期批量发货给进口商，力求简化结算手续。在特定时期和特定市场，出口商可能存在众多客户，要同时和每位客户发生贸易往来，或定期、定量对长期客户发货。如果每笔交易都要求通过L/C或D/P方式交付，不仅费时、费力，而且还可能耽误货物的发运或失去这些客户。在此情况下，出口商可利用保理业务。

(2)对出口商的要求

提供风险担保是保理商的主要业务之一，这种风险来自进口商，保理商可以通过信用额度加以控制，但并不能消除全部风险。保理商在经营中，还面临着来自出口商的风险，如资信差，不利于业务顺利开展，风险和收益不对称等。因此，保理商对出口商也有一定的要求：

①出口商必须是经营正当业务的合格法人。出口商必须是根据其所在国有关法律注册成立的公司，是独立法人，并享有在许可范围内正当经营的权利。这对于保理商确认应收账款的合法性以及顺地通过法律和诉讼程序解决贸易纠纷具有重要意义。

②出口商的经营必须具有一定规模。保理商接受保理业务意味着要承担较大的风险，但出于竞争的需要又不能过高地收取手续费和服务费。若保理业务量过小，保理商的风险将无法有效分散，形成风险与收益不对称的局面。因此，保理商只愿接受年销售额在一定限额以上的出口商作为客户。

③出口商须有一定的经营经验和资历。许多保理商要求出口商必须至少成立一年以上，并有至少一份经过稽核的年度财务报告且经营状况良好。这样要求的主要目的是保证出口商经营的连贯性，以便于保理商对出口商的资信情况、偿债能力等作出准确、真实的判断。

此外，出口商还应严格按贸易合同发货，如果因商品质量、运输等原因引起拒付，保理商不承担责任。

(3)对贸易商品的要求

①贸易商品应为消费品。保理业务一般只提供不超过180天的短期贸易融资，对结算方式要求较为简单。消费品贸易符合这一特点。资本性物资价格昂贵且采用分期付款方式支付货款。经营资本性物质和进行分期付款，资金回收时间过长，且与项目相联系，往往会涉及一些复杂的贸易融资和结算方式，这是保理商所不能接受的。

②客户经营的必须是批发业务。该项贸易经营的必须是批发业务而不是零售业务。只有从事批发业务才能使出口债权达到一定规模，而且出口商的客户应是少数确定的进口商，从而便于保理商开展业务。

③客户分布较为合理。不同国家或地区的客户的经营习惯和经营作风、经营实力以及宏观环境等是有差别的，客户过分集中，会加大保理商面临的风险；如果客户相对分散，则有利于保理商分散和降低风险。

4. 保理业务对进口商、出口商的作用

保理业务在国际结算和贸易融资中能得以迅速发展，是因为它能对进、出口双方带来积极的影响。

(1)保理业务对出口商的作用

① 尽快收回资金，提高资金的使用效益。出口商将货物装运完毕，即可立即获得不超过 80％发票金额的有追索权贸易融资，缩短了资金回收的周期，保证了较为充足的营运资金，加速了资本的周转。在经济萧条时期，有助于出口商应付因资金周转缓慢而造成的资金困难等问题；在经济繁荣时期，充足的营运资金促使出口商发展业务，扩大经营。

同时还可以有效地防止属于成长型的出口企业超营运资金经营，即在市场看好、产品畅销时期，企业的生产经营规模迅速膨胀，以至于造成超过营运资金的承受能力，出现清偿能力不足的问题，影响企业的正常发展。保理业务可以帮助解决这类问题。保理所提供的融资数量是由出口商销售额决定的，融资总额随着出口商经营规模的扩大而相应加大，两者保持同步增长，使处于发展阶段的出口企业能得到足够的营运资本金来支持这种增长。

② 转移风险。出口商的商品只要是符合贸易合同的规定，在保理商无追索权的买其出口债权后，出口商就可以将信用风险和汇价风险转嫁给保理商，潜在的坏账风险大大的减小了，债款回收率明显提高。

③ 节省非生产性费用。出口商反售后管理交给保理商代管后，可以集中力量进行生产、经营和销售，并可相应减少财务管理人员和办公设备，办公用房占用面积也可相应减少，从而可以减少日益昂贵的人力费用和房屋租金；由于保理商负责收取货款、寄送账单和查询催收工作，出口商可以节省大量的账管理费用。

④ 获取有关信息。由于保理商熟悉海外市场和商业活动的情况，在很大程度上保障了对进口商资信调查的准确性和真实性，为出口商决定是否向进口商提供商业信用提供了可靠依据。保理商还经常向中小出口商就海外市场情况和进口国的有关法规提出出口建议，替他们寻找买主和代理商，协助进入国际市场，增强其竞争能力。

⑤ 维护和提高出口商的资信。由于出售应收账款的预收款计入出口商正常的销售收入，提高了企业的资产/负债比率，改善了其资产负债表的状况，有助于出口商资信的提高，有利于出口商的有价证券上市和进一步采用其他融资方式。而且由于资金状况改善而带来更佳的选购机遇，例如出口商因资金充裕可以批量购进生产资料而享受优惠价格和折扣，也可持币待购，在市价最有利时买入。

⑥ 增大出口成本。对出口商的不利之处是会提高出口成本并因此导致出口价格上升或出口利润下降。保理业务对出口商的影响是很直接、明显的。

(2)保理业务对进口商的作用

保理业务对进口商的影响是间接的和不明显的。出口商采用保理业务使得进口商能以非信用证方式支付货款。

① 避免积压和占用资金。保理服务适用赊销方式购买商品，进口商不需要向银行申请开立信用证，免去交付押金，从而减少资金积压，避免信用额度的减少，降低进口成本。

② 简化进口手续。通过保理业务，买方可迅速得到急需的进口物资，大大节省要求开证、催证等时间，简化了进口手续。

保理业务的应用，使出口商将该项业务的费用转移到了出口货价中，增加了进口商的成本，但由于保理业务的费率低，一般为业务量的 0.75%～2.5%，货价提高的金额一般仍低于因交付开证押金而蒙受的利息损失。

7.4.2 国际保理业务发展现状

1. 国际保理业务在全球的发展现状

西方国家的现代国际保理业务在二战后得到了较快的发展，尤其是在最近 30 年中，随着科学技术的进步，国际保理业务的服务手段也更加先进，保理商为客户提供的业务内容也不断丰富和完善。在当前的国际贸易结算领域，人们已经越来越重视对国际保理的运用。FCI 已经有 150 多家会员，他们遵守统一的国际保理业务规则，形成一个完整的国际保理商体系，互相为对方的出口商提供资信调查服务。

20 世纪 90 年代以来，国际保理业务总额平均每年近 3000 亿美元，而且保持着相当高的增长率。国际保理业务的发展，主要与国际商品交易中赊销形式的商业信用的发展有关。对国际贸易的交易双方而言，保理业务能够提供许多便利：保理商提供的商业信用和资金融通，能够使出口商放心采用赊销方式来促进出口，而把售后的账款管理、货款回收、甚至会计处理都交给保理商；对进口商来说，国际保理业务的发展意味着他们有更多机会获得以赊销方式成交的业务，从而大大降低业务成本。另外，由保理商这种专业机构来处理账款回收、财务管理、资信调查等业务，有利于进出口商集中精力于生产和销售，符合社会经济向专业化、分工化发展的趋势，因此有利于提高经济的整体运行效率，促进国际贸易的开展。

目前，各国都比较重视保理业务对国际贸易的促进作用，尤其在一些欧洲发达国家（如德国、意大利、比利时和荷兰），国际保理业务相当发达。在大多数欧洲国家，保理业务主要是提供有追索权的贸易融资和其他服务，提供坏账担保处于次要地位，这主要是因为这些国家的短期出口信用保险很普及。

在该业务的发展上，欧洲和北美发展较早、较快、较普遍。美国的保理业务始终处于世界领先地位。保理业务发展最快的国家要数意大利，其保理业务总量约占欧洲业务总量的一半。德国、比利时、丹麦等国以及东欧的匈牙利、捷克等国的保理业务发展得也比较迅速。进入 20 世纪 70 年代以来，保理业务在亚洲和拉美地区得到了较快的发展，亚洲一些国家和地区，东盟国家以及墨西哥、巴西、智利、厄瓜多尔、土耳其等国家和地区都设立了保理公司并开展了保理业务。

2. 国际保理业务在中国的发展现状

自 2006 年起，我国的保理业务量大幅增长，保理产品逐渐丰富，目标客户日趋广泛，由银行保理商提供的保理服务占据中国保理市场的主要份额，同时越来越多的商业保理公司正在快速进入保理业务市场。截至 2013 年，我国保理业务总量突破 3.1 万亿元人民币，其中国内保理业务量达到 2.5 万亿人民币，见表 7－7。

表 7－6　我国保理业务发展数据

年份	保理商数	国内/亿元	同比增速/%	国际/亿美元	同比增速/%	总量	同比增速/%
2000	3	167	—	30	—	197	—
2001	4	1032	517.96	82	173.33	1114	465.48
2002	10	1995	93.31	389	374.39	2384	114.00
2003	12	3000	50.38	300	−22.88	3300	38.42
2004	12	4799	59.97	1026	242.00	5825	76.52
2005	14	4897	2.04	1982	93.18	6879	18.09
2006	15	15840	223.46	3036	53.18	18876	174.40
2007	15	24309	53.47	23836	685.11	48145	155.06
2008	16	42300	74.01	35250	47.89	77550	61.08
2009	18	74646	76.47	21593	−38.74	96239	24.10
2010	23	159391	113.53	45960	112.85	205351	113.38
2011	25	298410	87.22	58200	26.63	356610	73.66
2012	96	363230	47.33	90016	54.67	453246	27.09
2013	255	405987	11.78	102796	14.20	508783	12.25

（资料来源：中国银行业协会保理专业委员会）

表 7－7　2013 年中资银行保理业务总转让量情况一览表

序号	银行名称	国内保理业务量/亿元	国际保理业务量/亿美元	合计	占比/%
1	中国银行	6470.6	2754.1	9224.7	29.8
2	建设银行	4368.9	646.7	5015.6	16.2
3	工商银行	4886.9	45.4	4932.3	15.9
4	浦发银行	2146.4	716.6	2863.0	9.3
5	农业银行	879.5	908.8	1788.3	5.8
6	平安银行	1229.9	0.5	1230.4	4.0
7	民生银行	998.4	83.8	1082.2	3.5
8	光大银行	1011.0	10.1	1021.0	3.3
9	交通银行	739.5	91.4	830.9	2.7
10	招商银行	119.0	675.4	794.4	2.6

续表 7-7

序号	银行名称	国内保理业务量/亿元	国际保理业务量/亿美元	合计	占比/%
11	华夏银行	433.0	11.7	444.7	1.4
12	广发银行	212.1	122.6	334.7	1.1
13	进出口银行	300.2	10.3	310.5	1.0
14	中信银行	289.1	16.9	306.1	1.0
15	兴业银行	229.9	73.4	303.3	1.0
16	国家开发银行	177.4	71.8	249.2	0.8
17	北京银行	109.1	—	109.1	0.4
18	江苏银行	47.1	—	47.1	0.2
19	渤海银行	3.6	26.5	30.1	0.1
20	上海银行	11.7	1.4	13.1	0.0

（资料来源：中国银行业协会保理专业委员会）

随着内需的稳步增长以及国内保理商的增加，国内保理业务量自2008年以后呈现快速增长态势。根据保理业务总量与各国GDP比值估算，英国等欧洲发达国家这一比例超过10%，我国2013年末这一比值为5.45%。未来伴随着中国经济总量的上升，保理业务占比上升的空间仍然很大。

图7-8所示为我国2000—2013年国民经济生产总值与国内保理业务量。国际保理业务与进出口数据密切相关，2009年进出口总额出现下滑，国际保理业务量也相应出现下滑。图7-9所示为2000—2013年我国外贸与国际保理业务量的数据对比。电子信息技术是开展国际保理业务的基础。西方国家的商业银行已经普遍采用EDI技术。在这种技术下，商业活动中的所有文件都标准化，通过卫星或其他计算机信息网络传输。而我国的企业、政府、银行等各类商业部门的信息化建设还都处于起步阶段，大部分定单、发票等商业文件还是通过人工方式进行传递。所以政府应该鼓励各类企业、金融机构构建EDI技术，并给予一定的优惠措施和技术支援。

国内商业银行随着相互间竞争的加剧，传统业务的盈利空间不断缩小，迫切需要发展中间业务，寻求新的利润增长点。中国出口贸易的巨大市场潜力如能与商业银

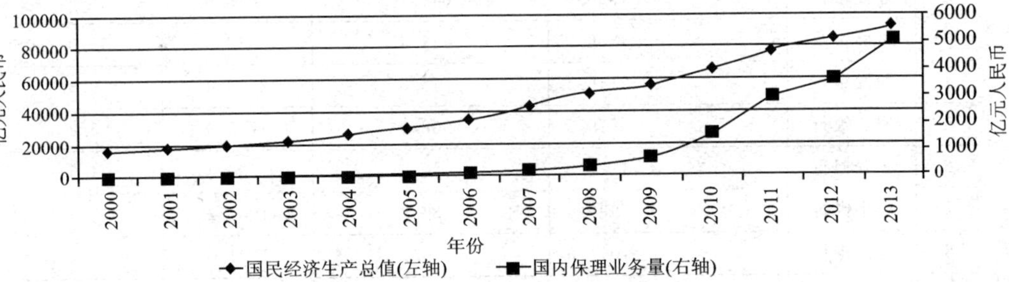

图7-8 国民经济生产总值与国内保理业务量

行国际保理业务的拓展相结合，将给商业银行利润的增长、中国出口商品在国际市场上竞争力的提高，乃至中国国民经济持续健康地发展，起到积极的作用。因此，国际保理业务作为一项盈利能力较强的中间业务，在我国具有广阔的发展前景。

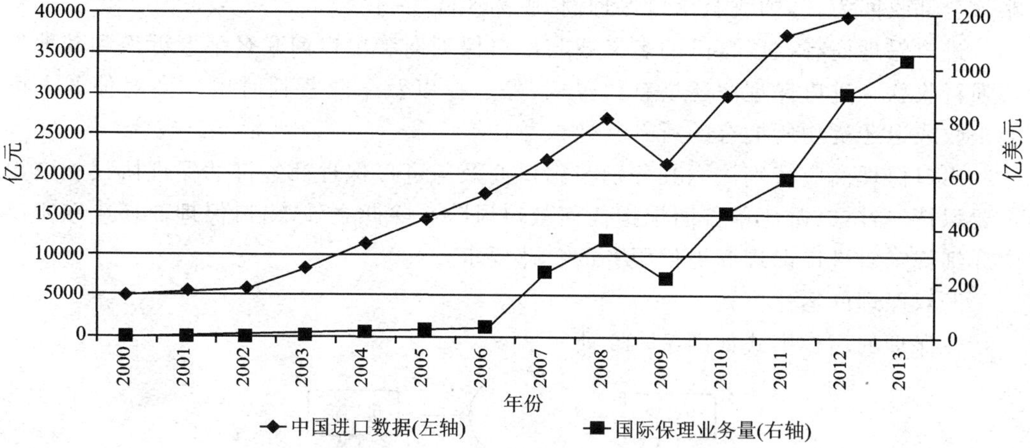

图 7－9 我国外贸与国际保理业务量的数据对比

7.4.3 国际保理业务的类型和运作模式

1. 双保理和单保理

根据保理业务涉及的当事人不同，可以把保理业务分为双保理和单保理。

(1)双保理(two factors system)

1)双保理的概念和当事人

在双保理模式下，由出口商与出口国所在地的保理商签署协议，另外出口保理商与进口保理商双方也签署协议，相互委托代理业务，并由出口保理商根据出口商的需要，提供融资服务。是指出口商将其现在或将来的基于与进口商(债务人)订立的货物销售合同项下产生的应收账款转让给我行，再由我行转让给国外进出口保理商，由我行为出口商提供贸易融资、销售分户账户管理，并由进口保理商为其提供应收账款的催收及信用风险控制与坏账担保等服务。

双保理模式有 4 个当事人：出口商、出口保理商、进口保理商和进口商。4 个当事人之间均是单线联系：

出口保理商受出口商委托而向出口商提供包括预付款融资在内的全部保理服务，出口商仅与出口保理商一方打交道。

进口保理商受出口保理商委托，直接向债务人收款，并在核准的信用限额内提供坏账担保，进口保理商不直接接受出口商的委托。进口保理商在提供服务时，应被认为是按照签订的代理协议代表出口保理商行事，并不对出口商承担任何责任，与出口商没有直接契约关系。

在出口保理商与进口保理商签订的代理协议中，出口保理商必须将出口商出售给自己的所在地有应收账款毫无保留地提供给进口保理商，包括已获进口保理商核准和未获准两种情况。当进口保理商不准备对其他单笔交易核准信用风险或当进口保理商决定取消信用限额时，出口保理商的有关责任继续存在直至所有已核准应收账款全部收回为止，即直至出口保理商"脱离风险"为止。

进口保理商有权以自己的名义或与出口保理商和出口商联名采取诉讼和其他方式强行收款。进口保理商还享有留置权、停运权以及未收货款时出口商对债务人可能拒收或退还货物所拥有的所有其他权益。

出口保理商应特别注意其分别与出口商及与进口保理商签订的保理协议相应规定要保持一致，以避免单方面承担任何敞口风险。除此之外，出口保理商还应在协议中详细规定对进口保理商提供服务的具体要求。

2)双保理的运作模式

双保理的运作模式如图 7－10 所示。

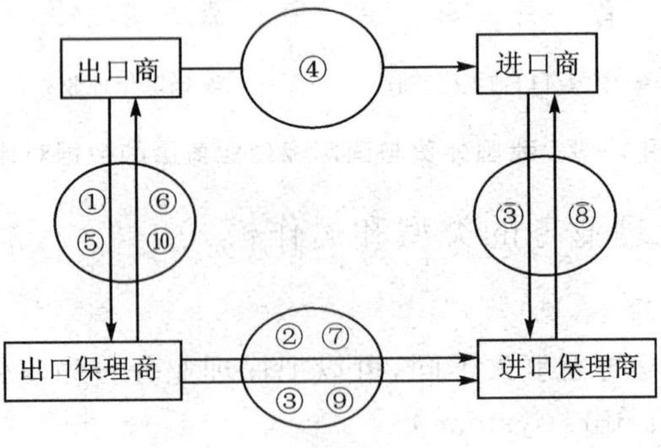

图 7－10　双保理的运作模式

表 7－8　双保选运作模式说明

①	出口商向本地保理商申请叙作保理业务，通知进口商的名址，申请(进口商)的信用额度
②	出口保理商传递申请给进口保理商
③	进口保理商资信调查，并初步核定信用额度，通知出口保理商，由出口保理商向出口商通知信用额度、提出报价
④	出口商与出口保理商正式签订《出口保理协议》后，与进口商正式签约发货，寄正本单据(提单、发票、保险单、原产地证明等)
⑤	出口商将应收账款(债权)转让给出口保理商；发票等有关单据副本、《债权转让通知书》和《出口保理融资申请书》提交出口保理商
⑥	出口保理商按《出口保理协议》向出口商提供发票金额 80％的融资
⑦	出口保理商将债权再转让给进口保理商；发票及单据的详细内容通过 EDI-Factoring 系统通知进口保理商
⑧	进口保理商在规定时间按商业惯例向进口商收款，进口商到期付款
⑨	货款转交
⑩	扣除预付款、服务费或贴息后，付余款

3）双保理的优缺点

① 双保理业务的主要优点：

- 出口商与出口保理商签订协议后，一切有关问题均可与出口保理商交涉，并可由此获得全部的保理服务，从而消除在语言、法律、贸易习惯等方面存在的障碍。
- 出口商有可能获得条件较为优惠的融资。倒如，进口保理商的贴现率比出口保理商低，可要求进口保理商以预付款方式或贴现方式提供融资。进口保理商按自己的贴现率将融资款项付给出口保理商，并由其转交给出口商。在这种情况下，出口保理商必须代出口商向进口保理商担保，对发生纠纷或违约行为的应收账款保证退还相应的融资款项。
- 出口保理商不必深入细致地研究各债务人所在国的有关法律、贸易习惯等就可提供各项专门服务，因为债务人所在地的进口保理商将负责这方面的工作，并为债务人核定相应的信用限额供出口保理商和出口商参照执行。尽管进口保理商对贸易纠纷不承担责任，但出口保理商可以要求进口保理商予以协助。尤其在出口商发生破产倒闭的情况下，进口保理商的这种协助对收回债款、减少损失将发挥非常重要的作用。
- 对于进口商来讲，它仅需同本国的进口保理商打交道，也免除了在语言、法律、商业习惯等方面可能存在的困难。

有了进口、出口两个保理商，才能使出口商的债权得到保障，督促进口商清偿债务。

② 双保理业务的主要缺点：

- 费用较高。双保理机制涉及两个国家的保理商，两方都要收费，对一些服务项目，如果提供销售账务管理服务，就不可避免地因两方面的重复劳动而重复收费，增加了出口商的负担。
- 资金划拨速度较慢。在双保理机制中，由于有进口保理商这个中间环节的存在，资金划拨速度会打一些折扣，而且在双保理机制下，进口保理商分到的业务量往往比较少，在资金划拨时，进口保理商不愿意逐笔划付，而愿意采用定期将期限内的资金划出的办法，这样的划款速度将更慢。

（2）单保理（single factor system ）

1）单保理的概念和当事人

单保理机制与双保理机制相同，只是对进口保理商的某些服务功能在一定程度上加以限制，进口保理商仍须负责提供坏账担保，催收严重逾期账款，并协助出口商和出口保理商处理贸易纠纷而导致的诉讼。

单保理机制适用于进、出口商之间较为了解，有经常性业务往来，进口商资信较好，收款不复杂的情况。它是在双保理机制上派生出来的一种变型，由于并未取消进口保理商的服务，因而单保理机制也被更形象地称为一个半保理机制（one-and-ahalf factor system)。

单保理模式下的出口地银行不是出口保理商，它与出口商之间没有订立保理合同，所以不是保理业务的当事人，而是“中间媒介”。故单保理有3个当事人：出口商、进口保理商和进口商。

2）单保理的运作模式

单保理的动作模式如图7-11所示。

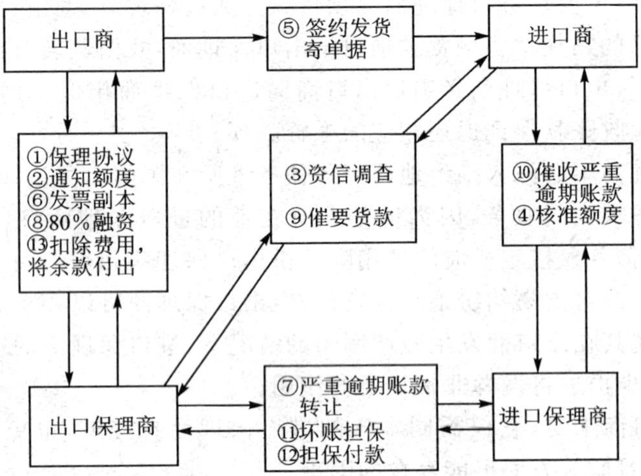

图7-11 单保理的运作模式

单保理业务的具体运作步骤为：

① 出口商寻找有合作前途的进口商。

② 出口商向出口保理商提出叙做保理的需求并要求为进口商核准信用额度。

③ 出口保理商要求进口保理商对进口商进行信用评估。

④ 如进口商信用良好，进口保理商将为其核准信用额度。

⑤ 如果进口商同意购买出口商的商品或服务，出口商开始供货，并将附有转让条款的发票寄送进口商。

⑥ 出口商将发票副本交出口保理商。

⑦ 出口保理商通知进口保理商有关发票详情。

⑧ 如出口商有融资需求，出口保理商付给出口商不超过发票金额的80%的融资款。

⑨ 进口保理商于发票到期日前若干天开始向进口商催收。

⑩ 进口商于发票到期日向进口保理商付款。

⑪ 进口保理商将款项付出口保理商。

⑫如果进口商在发票到期日90天后仍未付款，进口保理商做担保付款。

⑬出口保理商扣除融资本息(如有)及费用，将余额付出口商。

3)单保理的优缺点

① 单保理业务的主要优点：

- 对进口商：可以利用赊账、承兑交单等优惠付款条件，以有限的资金购进更多货物，扩大营业额；若出口商提供的货物与合同不符，进口商可拒付，避免信用证项下单证相符时必须付款所产生的不利因素；省却开立信用证和处理繁杂文件的费用；在批准信用额度后，购买手续简化，进货快捷。
- 对出口商：对于新的或现有的客户提供更有竞争力的赊销、承兑交单付款条件，增加营业额；进口商的信用风险转由保理商承担，出口商得到100%的收汇保障；可以以预支的方式得到融资；资信调查、账务管理和账款追收都由保理商负责，减轻业务负担，节约管理成本；免除了一般信用证交易的烦琐手续。

② 单保理业务的主要缺点：

- 收款难度加大。出口商与进口保理商处于不同国家，其在当地找不到一个能为其承当保理者的机构，出现业务问题时交涉比较困难。
- 债权转让易出现混乱。出口商要与进口保理商签署保理分协议，再由出口商所在地的一家银行与进口保理商签署保理总协议，出口商所在地银行只能办理传递函电及划拨款项的工作，不承担保理业务的责任和风险，因此对于开拓业务没有积极性。
- 不利于控制风险。进口保理商直接对出口商负责，缺乏出口国金融机构的帮助，难以准确地掌握出口商的履约能力和进行全面的业务风险评估。
- 融资渠道减少。对于出口商的应收账款，一般由出口商提供融资，单保理业务没有出口保理商，故出口商不能获得融资便利。

由于在单保理机制中进口保理商处于相对不利的地位，因而进口保理商对债务人信用额度或应收账款的核准方面要求更为严格、苛刻。那些针对同一地区的大批或大范围的出口业务在单保理机制下很难开展。

(3) 单保理和双保理的区别

1) 债权的转让

进口保理商只负责提供坏账担保而免除了正常情况下的收取债款和划款的责任。在出口商发货、向出口保理商转让债权后，出口保理商并不对进口保理商进行债权的再转让，而是由出口保理商直接向债务人收款。

2) 进口保理商的责任

进口保理商只负责催收逾期账款，并对严重逾期款项按照所提供的坏账担保承担付款责任。

当应收账款逾期达 60 天时，出口保理商则可将此逾期账款的债权转让给进口保理商，由进口保理商负责向债务人催收，进口保理商必须负责收取已核准的应收账款和尽最大努力协助收取未核准的应收账款。

当应收账款逾期时间超过 90 天仍未催收到时，进口保理商必须按照所提供的坏账担保向出口保理商进行支付，除非这些应收账款的逾期是由于贸易纠纷和违约造成的。

2. 融资性保理和非融资性保理

根据是否提供预付款融资，分为融资性保理和非融资性保理。

(1)融资性保理

融资性保理又叫预支保理，是一种预支应收账款业务。当出口商将代表应收账款的票据交给保理商时，保理商立即以预付款方式向出口商提供不超过应收账款80%的融资，剩余 20%的应收账款待保理商向债务人(进口商)收取全部货款后，再行清算。这是比较典型的保理方式。

(2)非融资性保理

非融资性保理是指保理商在收到出口商提交的、代表应收账款的销售发票等单据时并不向出口商提供融资，而是在单据到期后，向出口商支付货款。

3. 公开型保理和隐藏型保理

根据保理商是否公开，分为公开型保理和隐蔽型保理。

(1)公开型保理

公开型保理是指出口商必须以书面形式将保理商的参与通知进口商，并指示他们将货款直接付给保理商。目前的国际保理业务多是公开型的。

(2)隐蔽型保理

隐蔽型保理是指保理商的参与是对外保密的，进口商并不知晓，货款仍由进口商直接付给出口商。这种保理方式往往是出口商为了避免让他人得知自己因流动资金不足而转让应收账款，并不将保理商的参与通知给买方，货款到期时仍由出口商出面催收，再向保理商偿还预付款。至于融资与有关费用的清算，则在保理商与出口商之间直接进行。

4. 无追索权保理和有追索权保理

根据是否保留追索权，分为无追索权保理和有追索权保理。

(1) 无追索权保理(non-recourse factoring)

在无追索权保理中，保理商根据出口商提供的名单进行资信调查，并为每个客户核对相应的信用额度，在已核定的信用额度内为出口商提供坏账担保。出口商在有关信用额度内的销售，因为已得到保理商的核准，所以保理商对这部分应收账款的收购没有追索权。由于债务人资信问题所造成的呆账、坏账损失均由保理商承担。国际保理业务大多是这类无追索权保理。

(2) 有追索权保理(recourse factoring)

在有追索权保理中，保理商不负责审核买方资信，不确定信用额度，不提供坏账担保，只提供包括贸易融资在内的其他服务。如果因债务人清偿能力不足而形成呆账、坏账，保理商有权向出口商追索。

7.4.4 国际保理融资案例

案例 7－3　某年初，甲外贸出口公司 A 向出口保理商 B 银行申请办理一笔出口保理业务。由美国 D 银行作为进口保理商。这年 3 月 A 公司获得美国 D 进口保理商核准向美国 C 公司保理出口的 25 万美元的信用额度后，B 保理商即与 A 公司签订了出口保理协议。A 公司开始陆续出运货物，9 月 30 日 A 公司将该保理项下一笔金额为 6.78 万美元、付款到期日为 11 月 15 日的应收账款转让给 B 出口保理商，B 将应收账款再转让给美国 D 进口保理商，付款到期日后，进口商 C 拒付。次年 1 月 16 日进口商 C 按照《国际保理业务惯例规则》老版本 14－2 通过 D 进口保理商发来质量争议通知。7 月 11 日 D 进口保理商按照《国际保理业务惯例规则》老版本 14－7 将发生争议的应收账款再转让通知给 B 出口保理商，免除他作为进口保理商在应收账款到期日后第 90 天应做成 100％发票金额赔付的责任。

A 出口商认为 C 进口商提出争议的货物质量是没有问题的。A 公司与 B 保理商签订的《出口保理协议》中未明确规定适用《国际保理业务惯例规则》，不能强迫 A 公司受到该惯例规则的约束。对进出口商约束的只有销售合同，该合同规定质量异议期限为“货到目的港后 20 天”，实际上进口商在货到 20 天内并未提出异议，因此进口商现在提出质量争议是无效的。他认为既然应收款发票已转让给进出口保理商，如果进口商不付款，那么进出口保理商就应该付款。由于 A 出口商与 B 出口保理商的认识不一致，A 不管解决争议之事，C 进口商一直拒付，D 进口保理商认为已经免除自己保证付款责任，所以此笔进口商拒付一案很久没有解决。

案例评析　本案的争议在于《国际保理业务惯例规则》的适用范围，导致 A 出口商与 B 出口保理商的认识不一致，使 B 出口保理商在进口商 C 拒付的情况下无法向 D 所偿，也无法从 C 获得货款。此案表明，在签订保理协议时，必须明确规定适用的规则，以免引起不必要的损失。[①]

案例 7－4　国内某纺织品公司 ABC，要向英国某进口商 DEF 出口纺织品，想采用赊销(O/A)的付款方式进行。进出口两公司在交易磋商过程中，该纺织品公司首先找到国内某保理商(作为出口保理商)，向其提出出口保理的业务申请，填写《出口保理业务申请书》(又可称为《信用额度申请书》)，用于为进口商申请信用额度。申请书一般包括如下内容：出口商业务情况；交易背景资料；申请的额度情况，包括币种、金额及类型等。

国内保理商于当日选择英国一家进口保理商，通过由国际保理商联合会(FCI)开发的保理电子数据交换系统 EDIFACTORING 将有关情况通知进口保理商，请其对进口商进行信用评估。通常出口保理商选择已与其签订过《代理保理协议》、参加 FCI 组织且在进口商所在地的保理商作为进口保理商。

---

① 资料来源：林孝成．国际结算实务．高等教育出版社，2004.

进口保理商根据所提供的情况，运用各种信息来源对进口商的资信以及此种纺织品的市场行情进行调查。若进口商资信状况良好且进口商品具有不错的市场，则进口保理商将为进口商初步核准一定信用额度，并于第5个工作日将有关条件及报价通知我国保理商。按照FCI的国际惯例规定，进口保理商应最迟在14个工作日内答复出口保理商。国内保理商将被核准的进口商的信用额度以及自己的报价通知纺织品公司。

纺织品公司接受国内保理商的报价，与其签订《出口保理协议》，并与进口商正式达成交易合同，合同金额为50万美元，付款方式为O/A，期限为发票日后60天。与纺织品公司签署《出口保理协议》后，出口保理商向进口保理商正式申请信用额度。进口保理商于第3个工作日回复出口保理商，通知其信用额度批准额、效期等。

纺织品公司按合同发货后，将正本发票、提单、原产地证书、质检证书等单据寄送进口商，将发票副本及有关单据副本（根据进口保理商要求）交国内出口保理商。同时，纺织品公司还向国内保理商提交《债权转让通知书》和《出口保理融资申请书》，前者将发运货物的应收账款转让给国内保理商，后者用于向国内保理商申请资金融通。国内保理商也按照《出口保理协议》向其提供相当于发票金额80%（即40万美元）的融资。

出口保理商在收到副本发票及单据（若有）当天将发票及单据（若有）的详细内容通过EDIFACTORING系统通知进口保理商，进口保理商于发票到期日前若干天开始向进口商催收。

发票到期后，进口商向进口保理商付款，进口保理商将款项付与我国保理商，我国保理商扣除融资本息及有关保理费用，再将余额付给纺织品公司。

案例评析　两公司通过这种国际保理融资业务不但尽快安全地收回了资金，提高了资金的使用效益，避免了积压和占用资金，而且简化了进出口手续，节省了非生产性费用。①

本章小结

本章介绍了目前国际贸易货款的主要结算方式，如汇付、托收、信用证等，并对国际贸易中使用比较广泛的一种银行信用结算方式——信用证的内容、有关当事人、一般操作程序、特点、性质和审核等进行了详细介绍。

① 资料来源：外贸精英网，陈风，2006.

复习与思考题

一、名词解释

本票　汇票　支票　信用证

二、判断题

1. 见票后或出票后或提单日后固定时期付款的汇票的时间计算原则上为算头不算尾。（　）

2. 如果汇票的付款日期为见票后双方再协商，则此汇票是无效的。（　）

3. 汇票可经过背书做多次转让。（　）

4. 即期汇票和远期汇票均可贴现。（　）

5. 托收业务中如需指定“需要时的代理人”，则须在托收委托书上写明此代理人。（　）

6. 因为银行凭信托收据借单给买方，使其先行提货，因此，当汇票到期买方拒付时，应由银行付款给出口商。（　）

7. 托收业务中，提单的收货人应为代收行。（　）

8. 信用证转让后，第一受益人也将按时交货或交单的责任转移给了第二受益人。（　）

9. 对背信用证开立后，原证即失去效用。（　）

10. 付款信用证、承兑信用证及议付信用证的到期地点均为开证行或其付款行所在地。（　）

三、简答题

1. 简述汇票的分类方法。
2. 简述汇票、本票和支票的区别。
3. 简述汇付的特性。
4. 简述托收的特性。
5. 简述托收方式中当事人之间的关系。
6. 简述信用证的特点。

第 8 章　出入境货物检验检疫

【教学目的和要求】

通过本章学习，能够了解出入境货物报检的含义，认识商品检验的重要性，了解商品检验的内容和依据，理解如何规定商品检验条款，熟悉出入境货物报检程序，重点掌握商品检验条款的内容以及规定商品检验条款应注意的事项。

【本章主要知识点】

- 商品检验的重要性
- 商品检验的概念
- 合同中的商品检验条款
- 出入境商品的检验检疫程序
- 电子报检与放行

【章首案例】

案例 8－1　我某公司与新加坡一家公司以 CIF 新加坡条件向其出口一批土特产，订约时，我公司已知道该批货物要转销美国。该货物到达新加坡后，立即转运美国。其后新加坡的买主凭美国商检机构签发的在美国商检的证明书，向我提出索赔。问：我公司应如何对待美国的商检证书？为什么？①

案例评析　《联合国国际货物销售合同公约》第 38 条第(3)项规定，"如果货物在运输途中改运或买方需再发运货物，没有合理机会加以检验，而卖方在订立合同时已知道或理应知道这种改运或再发运的可能性，检验可推迟到货物到达新目的地后进行。"据此，新加坡商人提交的美国检验证书应该是有效的。

案例 8－2　进口商委托银行开出信用证，向国外出口商进口原料，信用证内言明须附商品净重检验证书。货到后，进口商委托商检局检验，发现除质量不符外，卖方还仅附重量单。进口方即速委托开证行向出口地押汇银行提出拒付，但货款已被押出。事后押汇银行以卖方所检附的重量单即为检验员的净重证明为由向开证行催付货款。问：开证行可否按进口商要求以单证不符拒付货款给押汇银行？上项装运文件是否一样？②

案例评析　在我国，商品检验体现为国家对进出口商品实施品质管理的一项制度。通过检验和监管，确定出口商品品质、重量、数量、包装等内容与买卖合同规定是

---

① 资料来源：百度文库 http://wenku. baidu. com/link? url = 13nO0Vj6jLR0azoocH9LXH-8CtvzVgz6qTpSueSwzfl6ZfuECWK9ZZY _ doTrey _ zM7pumf0lKLGTOTKkM3uWaMuBzrCCnMZuW5b-HaGWW5W.

② 资料来源：豆丁网 http://www. docin. com/p-464745479. html.

否相符，以维护合同的严肃性，提高产品的信誉、企业的信用和国家的声誉，同时也保障买方的利益，推动出口贸易的发展。在进口业务中，通过商检严把进口货物质量关，维护用货单位和广大消费者的合法权益，促进国际贸易的正常发展。

8.1　国际贸易的商品检验概述

8.1.1　商品检验的重要性

商品检验是国际贸易发展的产物，是买卖双方在货物交接过程中不可缺少的重要环节。它的重要性主要体现在以下三个方面：

(1)保证买卖双方顺利履行合同

在进出口贸易业务中，买卖双方身处不同的国家或地区，彼此相隔千山万水，难以当面交接货；并且商品要经过长途运输，途中可能还会多次装卸，难免会发生货物短损残缺甚至灭失等问题，尤其是在凭单证交接货物的象征性交货条件下，买卖双方对所交货物的品质、数量、重量、包装等问题更容易产生争议，而这也会涉及发货人、运输部门、装卸部门、保险公司等多方面的责任。因此，为了明确责任的归属，查明货损的原因和程度，避免纠纷或出现争议后能够妥善解决，就需要一个有资格的、公正的第三方即商品检验机构对货物进行检验或鉴定，以维护国际贸易双方的合法权益。

(2)把好进口商品质量关

在进出口贸易中，一国需要从其他国家或地区进口多种商品或生产要素，此时本国的检验机构就应当对进口商品的质量、数量、包装等进行检验检疫，把好质量关，以防止有些不法商人以旧充新、以次充好，避免和防止品质低下的商品进入国内，有效地维护消费者的权益。

(3)把好出口商品质量关

在进出口贸易中，一国通过对出口商品的检验，能够及时发现出口商品的不足，促使生产企业采取措施改进技术水平和工艺流程，以提高产品的质量、包装等问题，增强产品在国际市场上的竞争力，提高企业知名度，也可有效避免国外进口商的索赔及退货，促进本国出口贸易的增长。

由此可见，商品检验检疫不仅能够促进进出口贸易的正常发展，而且还关系到本国的国民经济是否能顺利发展、生态环境能否保持平衡、人民的身体健康，从而成为买卖双方交易洽谈贸易合同的一项不可缺少的内容。许多国家和有关国际组织也都纷纷立法予以保证。

8.1.2　商品检验的概念

国际货物买卖中的商品检验，是指在国际贸易活动中对买卖双方成交的商品由商品检验检疫机构对商品的品质、数量、包装、安全、卫生、装运条件以及对涉及人类健康安全、动植物生命和健康保护、环境保护、欺诈防止、国家安全维护等项内容进行检验、鉴定和监督管理。

自2000年1月1日起，我国正式实施《出入境检验检疫报检规定》，出口企业均应按照这一规定办理出口商品的检验检疫以及实际业务需要办理出口商品的检验检疫，其报检范围如下：

① 国家法律、行政法规规定必须由出入境检验检疫机构检验检疫的，包括《中华人民共和国进出口商品检验法》及其实施条例、《中华人民共和国进出境动植物检疫法》及其实施条例、《中华人民共和国食品法》等有关法律及行政法规的有关规定，即列入《出入境检验检疫机构实施检验检疫的出入境商品目录》的4113个编码商品及其他法律、行政法规规定的出证货物。

② 有关国际公约规定须经检验检疫的进出口商品。

③ 输入国有规定或与我国有协议/协定，必须凭检验检疫机构出具有关证书(明)方准入境的对象。

④ 装运出境易腐易变食品、冷冻品的船舱、集装箱等运载工具的适载检验。

⑤ 出境危险货物包装容器的性能检验和使用鉴定。

⑥ 装载动植物、动植物产品和其他检疫物的装载容器、包装物的检疫。

⑦ 对外贸易合同、信用证规定由检验检疫机构出证的商品。

⑧ 对外贸易关系人申请的鉴定业务。

⑨ 委托检验检疫的业务。

⑩ 申请签发一般原产地证明书或普惠制原产地证明书的商品。

出入境检验检疫机构对进出口商品实施检验的内容，包括商品的质量、规格、数量、包装以及是否符合卫生、安全要求。

8.1.3 出入境检验检疫制度

出入境检验检疫制度是指由国家出入境检验检疫部门依据我国有关法律和行政法规以及我国政府所缔结或者参加的国际条约协定，对进出境货物、物品及其包装物、交通运输工具、运输设备和进出境人员实施检验、检疫监督管理的法律依据和行政措施的总和。

我国出入境检验检疫制度主要包括：进出口商品检验制度、进出境动植物检疫制度以及国境卫生监督制度。

(1)进出口商品检验制度

进出口商品检验制度是根据《中华人民共和国进出口商品检验法》及其实施条例的规定，由国家质量监督检验检疫总局及其口岸出入境检验检疫机构对进出口商品进行质量检验和监督管理的制度。

商品检验机构实施进出口商品检验的内容包括商品的质量、规格、数量、重量、包装以及是否符合安全、卫生要求。我国商品检验的种类分为四种，即法定检验、合同检验、公正鉴定和委托检验。所谓“法定检验检疫”,又称强制性检验检疫,是指依照国家法律、行政法规规定对必须经出入境检验检疫机构检验检疫的进出口商品依照有关规定程序实施强制性检验检疫。对有法律行政法规规定的强制性标准或者其他必须执行的检验标准的进出口商品,依照法律、行政法规规定的检验标准检验;没有法律、行政法规规定的强制性标准或者其他必须执行的检验标准的商品,依照对外贸易合同约定的检验标准检验。

(2)进出境动植物检疫制度

进出境动植物检疫制度是根据《中华人民共和国进出境动植物检疫法》及其实施条例的规定,国家质量监督检验检疫总局及其口岸出入境检验检疫机构对进出境动植物、动植物产品的生产、加工、存放过程实行动植物检疫的进出境监督管理制度。

口岸出入境检验检疫机构实施动植物检疫监督管理的方式有:实行注册登记、疫情调查、检测和防疫指导等。其管理内容主要包括:进境检疫、出境检疫、过境检疫、进出境携带和邮寄物检疫、出入境运输工具检疫等。

(3)国境卫生监督制度

国境卫生监督制度是指出入境检验检疫机构卫生监督执法人员,根据《中华人民共和国国境卫生检疫法》及其实施细则,以及国家其他的卫生法律、法规和卫生标准,在进出口口岸对出入境的交通工具、货物、运输容器以及口岸辖区的公共场所、环境、生活措施、生产设备所进行的卫生检查、鉴定、评价和采样检验的制度。

我国实行国境卫生监督制度是为了防止传染病由国外传入或者由国内传出,实施国境卫生检疫,保护人体健康。其监督职能主要包括:进出境检疫、国境传染病检测、进出境卫生监督等。

8.1.4 商品检验机构

(1)中国的商品检验机构

我国从事进出口商品检验的机构有中华人民共和国国家出入境检验检疫局及其设在全国各地的商检机构。国务院设立的出入境商品检验部门(质量监督检验检疫总局)主管全国进出口商品检验工作。国家商检部门设在各地的出入境商品检验检疫局负责各地进出口商品检验工作。

(2)国外商检机构

国外商检机构有:综合性、专业性检验机构;国家设立的、私人设立的检验机构(美国检验署、药物管理局);同业公会经营的检验机构(日本海事鉴定协会、香港公证检验行)。

8.2 合同中的商检条款

国际货物买卖合同中的检验条款,主要包括检验时间与地点、复验期限与复验地点、检验机构与检验证书以及检验标准与方法等内容。

8.2.1　商品检验的时间和地点

商品检验时间和地点的规定，实质上是确认买卖双方由哪一方最终获得商品检验权。关于买卖合同中的检验时间与地点，通常有如下规定方法：

1. 出口国（卖方）检验

(1)产地检验

产地检验实质上卖方最终获得检验权。产地检验是货物在离开产地之前卖方委托商检机构或买方验收人员进行检验。卖方只承担离开产地之前或买方验收为止责任。一般适用于工业产品，如大型的成套设备。

(2)装运港（地）检验

装运港（地）检验，实质上卖方最终获得检验权。出口商品以离岸品质为准。

装运港由进、出口双方约定的商检机构检验，出具的商检证书为交货品质的最后依据。货物到达目的港，买方可以委托商检机构检验，但不得提出异议。买方一般不愿采取这种做法。

2. 进口国（买方）检验

(1)目的港检验

目的港检验，实质上买方最终获得检验权。出口商品以到岸品质、数量为准。

目的港卸货后，由双方约定的商检机构检验，出具的检验证书为交货品质的最后依据；买方可据此提出品质、数量的任何异议，若是卖方责任，则不能拒绝。卖方一般不愿采用。

(2)买方地或用户地检验

实质上买方最终获得检验权，出口商品在买方所在地检验，作为交货品质、数量（重量）的最后依据。

3. 出口国装运港（地）检验，进口国目的港（地）复检

出口国装运港（地）商检并出具的检验证书，只能作为议付货款依据，因此不是最终检验。货物到达目的港、买方有权复检，复检结果，如有品质、数量不符，可向卖方提出异议，作为索赔依据。

复验是指买方对到货有复验权。它是指货物应在装运前检验，但装运港（地）检验机构出具的检验证书不能作为确定货物品质及重量的最后依据，而只作为卖方向银行议付货款的凭证。货物运抵目的港（地）卸货后，买方仍有再检验的权利，即复验权。复验期限实际上就是商品品质数量的索赔期限。

8.2.2　检验标准与检验方法

1. 检验标准

商品检验的标准很多，如生产国标准、进口国标准、国际通用标准以及买卖双方协议的标准等。商品检验一般按合同和信用证规定的标准作为检验的依据。

2. 检验方法

检验方法不同,其结果不一,容易引起争议。为了避免争议,必要时应在合同中订明检验方法。在我国,检验方法的标准由国家商检局制定。

(1)商品品质的检验方法

商品品质的检验方法有感官检验法和理化检验法两种。

(2)商品数量的检验方法

商品数量的检验方法有称量法、点数法和理论计算法三种。

8.2.3　检验证书

检验证书(Inspection Certificate)在国际贸易中,由国家设置的检验机构或由经政府注册的、独立的、第三者身份的鉴定机构,对进出口商品的质量、规格、卫生、安全、检疫、包装、数量、重量、残损以及装运条件、装运技术等所进行的检验、鉴定和监督管理工作。

1. 检验证书的作用

检验证书的作用主要表现在下列几个方面。

① 作为证明卖方所交货物的品质、重量(数量)、包装以及卫生条件是否符合合同规定的依据。

② 作为买方对品质、重量、包装等条款提出异议、拒收货物、要求索赔、解决争议的凭证。

③ 作为卖方向银行议付货款的单据之一。

④ 作为海关验关放行的凭证。

2. 检验证书的种类

① 品质检验证书(Inspection Certificate of Quality):是证明进出口商品的质量、规格、等级等实际情况的证明文件,主要用于证明进出口商品的质量、规格是否符合买卖合同或有关规定。

② 重量或数量检验证书(Inspection Certificate of Weight Quantity):是证明进出口商品重量或数量的证件。

③ 包装检验证书(Inspection Certificate of Packing):是用于证明进出口商品包装及标志情况的证书。进出口商品包装检验,一般列入品质检验证书或重量(数量)检验证书中证明,但也可根据需要单独出具包装检验证书。

④ 兽医检验证书(Veterinary Inspection Certificate):是证明出口动物产品经过检疫合格的证件,适用于冻畜肉、冻禽、禽畜肉罐头、冻兔、皮张、毛类、绒类、猪鬃、肠衣等出口商品。凡加上卫生检验内容的,称兽医卫生检验证书(Veterinary Sanitary Inspection Certificate)。

⑤ 卫生检验证书(Sanitary Inspection Certificate):又称健康检验证书(Inspection Certificate of Health),是证明可供人类食用或使用的出口动物产品、食品等经过卫生检验或检疫合格的证件,适用于肠衣、罐头、冻鱼、冻虾、食品、蛋品、乳制品、蜂蜜等。

⑥ 消毒检验证书(1nspection Certificate of Disinfection):是证明出口动物产品经过消毒处理,保证卫生安全的证件。适用于猪鬃、马尾、皮张、山羊毛、羽毛等商品。

⑦ 温度检验证书(Certificate of Temperature):是证明出口冷冻商品温度的证书。如果国外仅需证明货物温度,不一定要单独的温度检验证书,可将测温结果列入品质检验证书。

⑧ 残损检验证书(Inspection Certificate of Damaged Cargo):简称验残证书,是证明进口商品残损情况的证书。主要内容为确定商品的受损情况和对使用、销售的影响,估定损失程度,判断致损原因,作为向发货人或承运人或保险人等有关责任方索赔的有效证件。

⑨ 船舱检验证书(Inspection Certification Tank/Hold):是证明承运出口商品的船舱清洁、牢固、冷藏效能及其他装运条件是否符合保护承载商品的质量和数量完整与安全的要求的证书。

⑩ 货载衡量检验证书(Inspection Certification Cargo Weight & Measurement):亦称衡量检验证书,是证明进出口商品重量、体积、吨位的证书。它是作为计算运费和制订配载计划的依据。

⑪ 价值证明书(Certificate of Value):主要用于证明发票所列商品的价格真实正确。在实际业务中,买卖双方应根据成交货物的种类、性质、有关国家的法律和行政法规、政府的涉外经济贸易政策和贸易习惯等来确定卖方应提供何种检验证书,并在买卖合同中予以明确。

⑫ 积载鉴定证书,是证明船方和集装箱装货部门正确配载积载货物,作为证明履行运输契约义务的证件。可供货物交接或发生货损时处理争议之用。

⑬ 财产价值鉴定证书:是作为对外贸易关系人和司法、仲裁、验资等有关部门索赔、理赔、评估或裁判的重要依据。

⑭ 生丝品级及公量检验证书:是出口生丝的专用证书。其作用相当于品质检验证书和重量/数量检验证书。

⑮ 产地证明书:是出口商品在进口国通关输入和享受减免关税优惠待遇和证明商品产地的凭证。

⑯ 舱口检视证书、监视装/卸载证书、舱口封识证书、油温空距证书、集装箱监装/拆证书:作为证明承运人履行契约义务,明确责任界限,便于处理货损货差责任事故的证明。

⑰ 集装箱租箱交货检验证书、租船交船剩水/油重量鉴定证书:可作为契约双方明确履约责任和处理费用清算的凭证。

3. 品质检验证书样本

品质检验证书样本见图 8-1。

中华人民共和国出入境检验疫
ENTRY-EXIT INSPECTION AND QUARANTINE
OF THE PEOPLE'S REPUBLIC OF CHINA

编号 No.:

品质检验证书
QUALITY CERTIFICATE

发货人:
Consignor
收货人:
Consignee
品名:
Description of Goods

标记及号码
Mark&No.

报验数量/重量:
Quantity/Weight Deaclared
包装种类及数量:
Number and Type of Packages
运输工具:
Means of Conveyance
检验结果:
Results of Inspection

我们已尽所知和最大能力实施上述检验,不能因我们签发本证书而免除买方或其他方面根据合同和法律所承担的产品质量责任和其他责任。

All inspections are carried out conscientiously to the best of our knowledge and ability. This certificate does not in any respect absolve the seller and other related parties from his contractual and legal obligations especially when product quality is concerned.

签证地点 place of issue __________签证日期 date of issue

授权签字人 authorized officer ___________签名 signature

图 8-1　品质检验证书样本

8.2.4　订立商品检验合同条款注意事项

① 检验条款应与合同其他条款相一致。

② 检验时间、地点不能与价格条款相矛盾。例如 FOB 装运港交货,合同应规定装运港或产地检验。

③ 合同应明确规定复检时间、地点和机构。

④ 合同应明确规定检验标准和方法。

⑤ 进口贸易合同应规定中方复检权。

8.3 出入境检验检疫的程序

8.3.1 出口报检的基本程序

1. 报检

(1)报检时间和地点

出境货物最迟应于报关或出境装运前10天向检验检疫机构申请报检;出境动物应在出境前60天预报,隔离前7天报检;出境的运输工具应在出境前向口岸检验检疫机构报检。

出境货物应在货物所在地(产地)办理报检。对由内地运往口岸分批、并批的货物,应在产地办理预检,合格后,方可运往口岸办理出境货物查验换证手续。

(2)报检要求

① 报检人必须按规定认真填写报检单,按照同一合同、发票、提单填写同一份报检单。做到书写工整,字迹清楚,不得随意涂改;项目填写齐全,译文准确,中英文内容一致,并加盖报检单位公章。

② 报检人对所需检验检疫证书的内容如有特殊要求,应预先在报检单上申明。

③ 申请报检时应按规定预缴检验检疫费。

④ 报检人应预先约定抽样检验检疫、鉴定的时间,并提供进行抽样和检验检疫鉴定等必要的工作条件。

⑤ 报检人如因特殊原因需撤销报检时,经书面申明原因后,可办理撤销手续。

(3)报检时需提供的单证

受理出境货物报检时,报检人应提供对外贸易合同(售货确认书或函电)、信用证(非信用证结汇的应在报检单上注明结汇方式)、发票、装箱单等必要的单证。下列情况报检时还应提供相关文件:

① 凡实施质量许可证管理、卫生注册或需经审批的货物,应提供有关证明。比如提供出入境检验检疫机构签发的质量许可证/卫生注册证副本,并在报检单上注明质量许可证号或卫生注册证号,同时提供厂检合格证,或需经审批的货物,应提供批准证书或出口许可证。

② 出境货物须经生产者或经营者检验合格并加附检验合格证或检测报告;申请重量鉴定的应加附重量明细单或磅码单。

③ 凭样品成交的货物,应提供经买卖双方确认的样品。

④ 报检出境运输工具、集装箱时,还应提供检疫证明,并申报有关人员的健康状况。

⑤ 生产出境危险货物包装容器的企业,必须向检验检疫机构申请包装容器的性能鉴定;生产出境危险货物的企业,必须向检验检疫机构申请危险货物包装容器的使用鉴定。

⑥ 报检出境危险货物时，必须提供危险货物包装容器性能鉴定结果单和使用鉴定结果单。

⑦ 申请原产地证明书和普惠制原产地证明书的，应提供商业发票等资料。

从外地直接收购的已经外地出入境检验检疫机构检验或检疫的出口商品，须加附当地检验检疫机构签发的“换证凭单”(正本)。

若属于订有长期贸易合同并采用记账方式结算的，报检人只需每年一次性地将合同副本送交检验检疫机构，申请时只要在《出入境货物报检单》上填明合同号码即可。

凡属凭样品成交的出口商品，原则上应由出口单位在对外发样前，申请检验检疫机构签封样品，一式三份，客户、出口单位、检验检疫机构各执一份备查。

对尚未成交或已对外成交但尚未收到信用证的出口商品，或者实行质量许可证、食品卫生厂(库)注册的货物，为了提前做好出口准备，出口单位可申请预检，经预检的商品，应加附“预检结果单”。

《出境货物报检单》是出口报检的重要依据之一，申请报检人必须按规定要求完整、准确、清晰地填写各项内容。应附资料要齐整，并与《出境货物报检单》(见图 8 - 2)一致。

出境货物报检单填写说明如下：

① 发货人、收货人、货物名称：应分别按合同、信用证中所列卖方名称、买方名称和货物名称填写。

② H.S.编码：按《商品名称及编码协调制度》中所列编码填写。(H.S.编码查询可通过“中国检验检疫信息网”查询)。

③ 产地：产地填省、市、县名。

④ 数/重量：即报检数/重量，按实际申请检验数/重量填写。一般填写净重。

⑤ 总值：按合同或发票所列货物总值填写。

⑥ 包装种类及数量：填外包装材料的种类和包装状况是否良好，多种包装应分别填写。

⑦ 输往国家(地区)：指出口货物的最终销售国。

⑧ 许可证/审批号：填写出入境检验检疫机构签发的卫生注册证书号或质量许可证号。

⑨ 合同、信用证订立的检验检疫条款或特殊要求：如合同、信用证对检验检疫条款有特殊要求的，须详细填写对检验检疫签证的特殊要求。

⑩ 标记及号码：填写实际货物运输包装上的标记(唛头)；裸装、散装货物应填 N/M，并注明“裸装”或“散装”。

⑪ 日期：应在检验检疫机构受理报检日现场由报检人填写。

图 8 - 2 为出境货物报检单样本。

中华人民共和国出入境检验检疫
出境货物报检单

报检单位（加盖公章）：　　　　　　　　　　　　　　　　编　号
报检单位登记号：　　　　　联系人：　　　　电话：：　　　　报检日期：　年　月　日

发货人	（中文）
	（外文）
收货人	（中文）
	（外文）

货物名称（中/外文）	H.S.编码	产地	数/重量	货物总值	包装种类及数量

运输工具名称号码		贸易方式		货物存放地点	
合同号		信用证号		用途	
发货日期		输往国家（地区）		许可证/审批号	
启运地		到达口岸		生产单位注册号	
集装箱规格、数量及号码					

合同、信用证订立的检验检疫条款或特殊要求	标记及号码	随附单据（划“√”或补填）	
		□合同	□包装性能结果单
		□信用证	□许可/审批文件
		□发票	□
		□换证凭单	□
		□装箱单	□
		厂检单	□

需要证单名称（画“√”或补填）				*检验检疫费	
□品质证书	_正_副	□植物检疫证书	_正_副	总金额（人民币元）	
□重量证书	_正_副	□熏蒸/消毒证书	_正_副		
□数量证书	_正_副	□出境货物换证凭单		计费人	
□兽医卫生证书	_正_副	□出境货物通关单			
□健康证书	_正_副	□			
□卫生证书	_正_副	□		收费人	
□动物卫生证书	_正_副	□			

报检人郑重声明：	领取证单	
1、本人被授权报检。	日期	
2、上列填写内容正确属实，货物无伪造或冒用他人的厂名、标志、认证标志，并承担货物质量责任。		
签名	签名	

注：有“*”号栏由出入境检验检疫机关填写。

图 8－2　出境货物报检单样本

2．检验

出境货物的检验检疫，一般由地方检验检疫机构进行检验，也可以由国家检验检疫机构指定的检验机构进行检验；检验检疫机构也可根据生产单位检验或外贸部门验收的结果换证；也可派出人员与生产单位共同进行检验。出境货物检验检疫流程如图 8－3 所示。

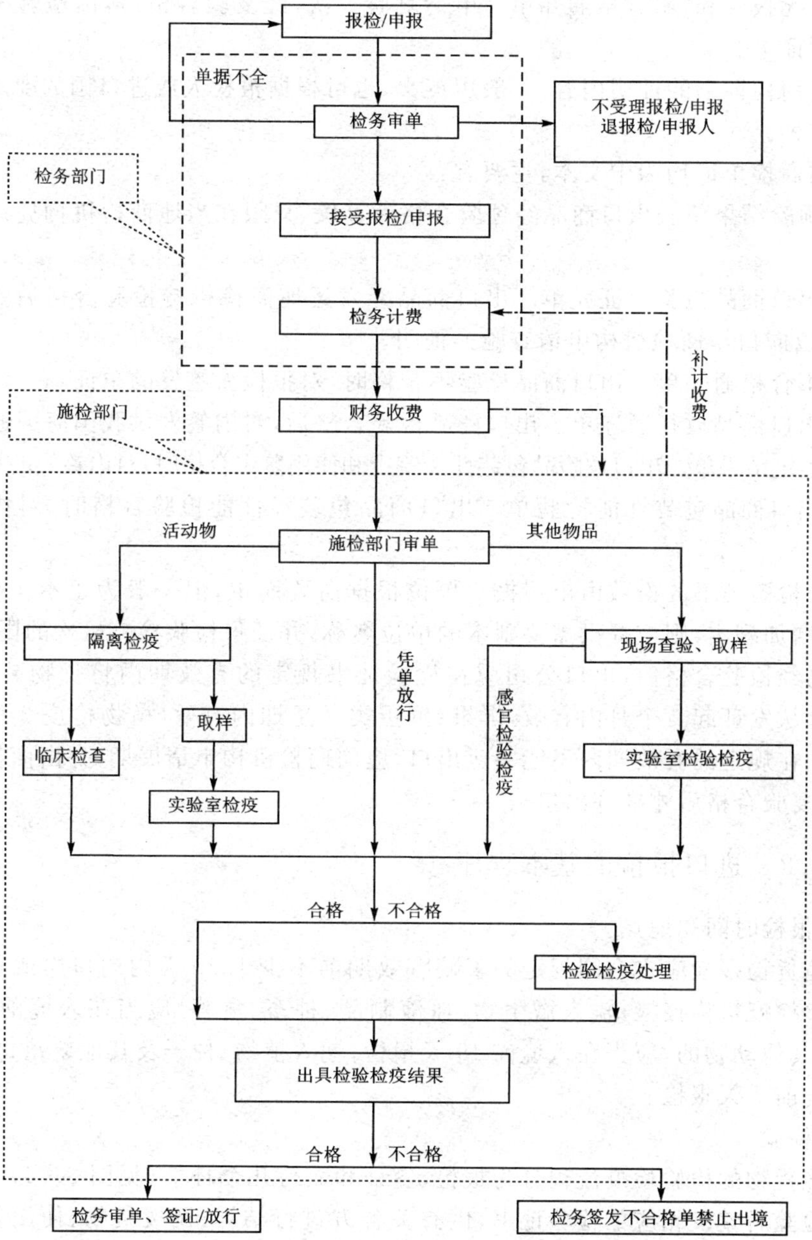

图 8－3　出境货物检验检疫流程

3. 出证

出境货物经检验合格的，由检验检疫机构签发检验证书。经检验不合格的，由检验检疫机构签发“不合格通知单”，出口单位应对货物进行重新加工或整理并随附加工整理情况报告和“不合格通知单”，申请复验一次，经复验合格后，由检验检疫机构签发检验证书。

出口商检证书的证明内容，一般用英文，也可根据报检人或进口国的要求用中文或其他文种。

国内商检单证均为中文本，主要有：

① 预验结果单。出口商品经预验合格后签发，只限在当地商检机构凭以出口时换证用。

② 出口商品检验换证凭单。出口商品经发运地商检机构检验合格后签发。出口时，凭以向口岸商检机构申请查验换证明。

③ 不合格通知单。出口商品检验不合格时，对报检人签发的单证。

④ 出口商品放行通知单。出口商品检验合格后，对内签发供我国海关通关用。

⑤ 鉴定结果单。出口危险品包装性能鉴定和使用鉴定合格时，对内签发的单证。

⑥ 出口商品包装性能检验单。出口商品包装经性能检验合格时，对内签发的单证。

对外检验证书的份数由申请报检单位根据需要而定，但一般为正本 1 份副本 4 份，如需增加副本，则应提供需要副本的单位名称，并征得检验检疫机构的同意。

货物经检验合格后，出口公司应在检验证书规定的有效期内将货物装运出口。一般货物从发证起 2 个月内有效，鲜果、鲜蛋类 2 星期内有效，植物检疫 3 个星期内有效。如在规定的有效期内不能装运出口，应向商检机构申请展期，并由商检机构进行复验，复验合格后才准许出口。

8.3.2 进口报检的基本程序

(1)报检时间和地点

入境货物报检应在合同规定的索赔有效期前不少于 20 天内向口岸或货物目的地的检验检疫机构报检；输入微生物、血液制品、种畜、禽等，应当在入境前 30 天报检；输入其他动物的，应当在入境前 15 天报检；输入植物、种子及其他繁殖材料的，应当在入境前 7 天报检。

(2)检验

入境货物的检验检疫流程分为报检、签证和放行几个环节（见图 8-4）。检验检疫机构检验后签发相应的检验证书，供有关各方进行结算、调拨货物、使用货物或对外索赔。

入境报检时一般应提供对外贸易合同、国外发票、提单或运单、装箱单、申请品质检验的还应提供品质证明书、使用说明书或其他有关标准资料；申请重量鉴定的，应

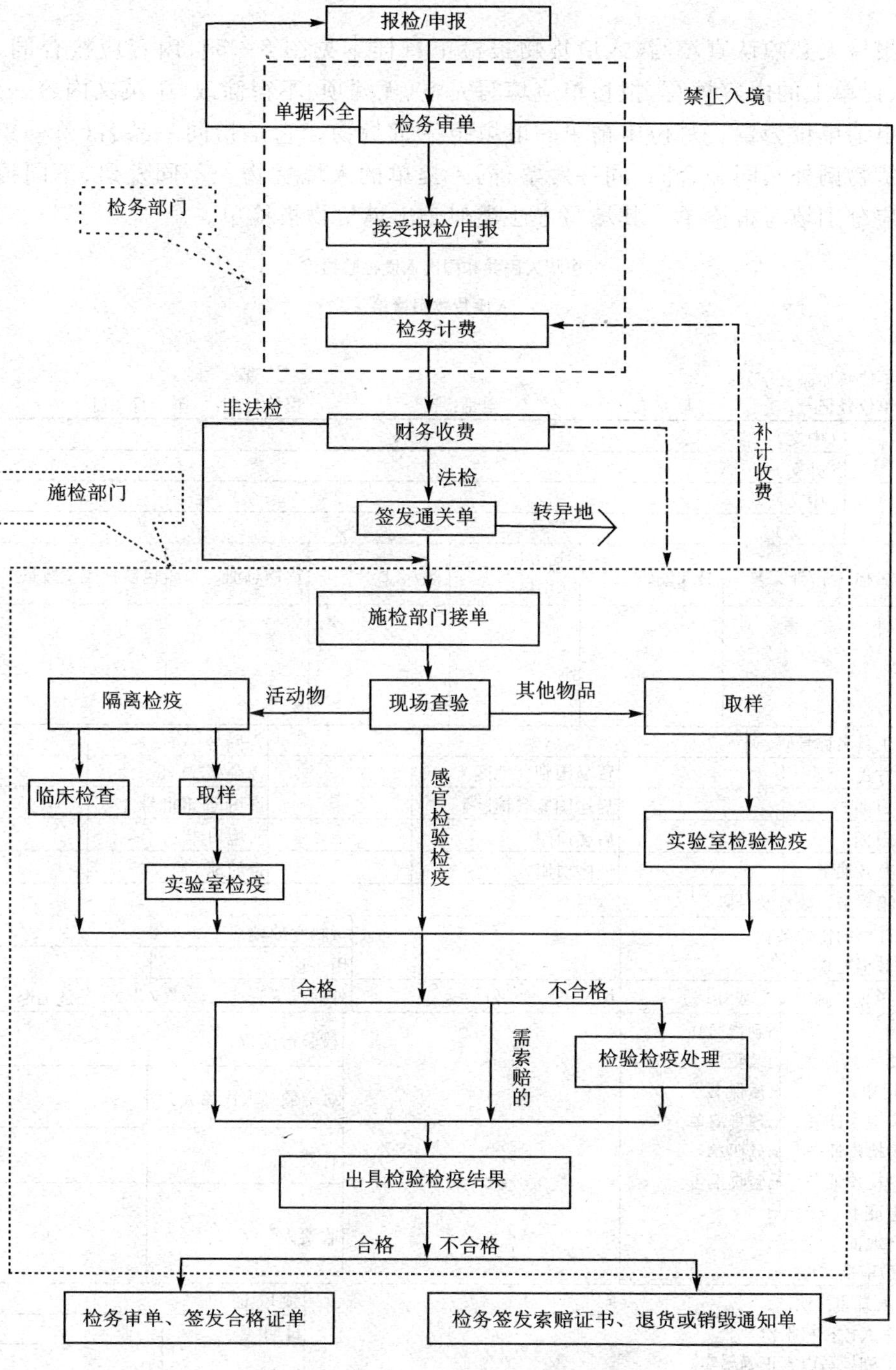

图 8－4　入境货物检验检疫流程

提供重量明细单或磅码单；需经主管机构审批入境的，应提供主管机关出具的审批单。

报检人必须认真填写《入境货物报检单》(样本见图 8－5)，内容应按合同、国外发票、提单上的内容填写，报检单应填写完整、无漏项、不得涂改、中英文内容一致，并加盖申请单位公章。每份申请单一般填报一批货物。它是指同一品名(单一集装箱拼装货物例外)、同一合同、同一发票、同一提单的入境货物。不同发票、不同提单的货物应分别填写报检单。其填写方法类似于出境货物报检单。

中华人民共和国出入境检验检疫

入境货物报检单

报检单位（加盖公章）：　　　　　　　　　　　　　　编　号：

报检单位登记号：　　　　联系人：　　　　电话：：　　　　报检日期：　年　月　日

收货人	（中文）
	（外文）
发货人	（中文）
	（外文）

货物名称（中/外文）	H.S.编码	原产国（地区）	数/重量	货物总值	包装种类及数量

运输工具名称号码				合同号	
贸易方式		贸易国别（地区）		提单/运单号	
到货日期		启运国家（地区）		许可证/审批号	
卸毕日期		启运口岸		入境口岸	
索赔有效期至		经停口岸		目的地	
集装箱规格、数量及号码					

合同订立的特殊条款以及其他要求			货物存放地点	
			用　途	
随附单据（画"√"或补填）		标 记 及 号 码	外商投资资产（画"√"）	□是 □否
□合同	□到货通知		检验检疫费	
□发票	□装箱单			
□提/运单	□质保书		总金额（人民币元）	
□兽医卫生证书	□理货清单			
□植物检疫证书	□磅码单		计费人	
□动物检疫证书	□验收报告			
□卫生证书	□		收费人	
□原产地证	□			
□许可/审批文件	□			

报检人郑重声明： 1. 本人被授权报检。 2. 上列填写内容正确属实。 签名	领 取 证 单	
	日期	
	签名	

注：有"*"号栏由出入境检验检疫机关填写

图 8－5　入境货物报检单样本

8.4　电子报检

8.4.1　电子报检

电子报检包括电子报检和原产地证电子签证。

(1)开通电子报检业务的条件

① 报检人在商检局登记备案或注册登记。

② 合格的报检员。

③ 软硬件条件。

④ 电子业务开户。

(2)申请电子报检应提供的文件

①《电子报检登记申请表》。

②《电子业务开户登记表》。

③ 登记备案或登记注册证明复印件。

(3)申请报检的方式

终端软件平台报检和浏览器报检。

(4)电子报检的工作流程

电子报检的工作流程:报检—施检—计收费—放行。

① 审单原则是先机审后人审。两审通过后,准备现场施检。

② 电子报检成功后,持打印纸质报检单现场报检、施检。

③ 计收费由电子审单系统自动完成。

(5)电子报检应注意的问题

① 如实报检,并与随附单证保持一致。

② 合同或信用证对商检有特殊条款和要求的,要在申请中提出。

8.4.2　电子放行

1. 电子通关(商检与海关之间)

(1)电子通关概念

采用网络信息技术,将检验检疫机构签发的出入境通关单的电子数据传输到海关计算机业务系统,海关将报检报关数据对比确认相符合,予以放行,这种通关形式叫电子通关。

(2)基本流程

出入境检验检疫机构根据相关法律法规的规定对法检商品签发通关单,实时将通关单电子数据传输至海关,海关凭以验放法检商品。

(3)基本要求

“通关单联网核查”的基本要求一是先报检后报关，二是通关单纸质单证信息与通关单电子数据必须一致，即对于按照法律法规规定需要落实检验检疫的进出口货物，必须在检验检疫机构签发通关单，并将通关单电子数据发送到海关，与海关报关单数据进行对碰，通过数据校验之后才能报关。

(4)电子通关系统

电子通关包括 3 种系统，分别是 海关 H883/EDI 通关系统、海关 H2000 通关系统和口岸电子执法系统。电子放行转单流程分为，出境转单、进境转单和其他情形，具体内容如下。

① 海关 H883/EDI 通关系统是海关早期开发的电子通关系统，采用远程申报(Electronic Date Interchange)电子商务的方式。

② 海关 H2000 通关系统是 H883 通关系统的升级替代项目。现在的通关系统所采用的基本上是 H2000。借助于这套系统，报关单位可以在其办公场所办理有关的海关申报、备案工作，为进出口货物通关提供了便利的条件。

③口岸电子执法系统即中国电子口岸系统，简称电子口岸。它由与进出口有关的 12 个国家部委(海关总署、商务部、国家税务总局、国家外汇管理局等)利用计算机和互联网技术，将各自管理的进出口业务信息、电子底账数据集中存放到公共数据中心，向政府管理机关提供跨部门、跨行业的联网数据核查，同时企业可以网上办理各种进出口业务。

2. 电子转单(产地和口岸商检之间)

(1)出境转单

①产地检验检疫机构检验检疫合格后，应及时通过网络将相关信息传输到电子转单中心。出境货物电子转单传输内容包括报检信息、签证信息及其他相关信息。

②由产地检验检疫机构向出境检验检疫关系人以书面等方式提供报检单号、转单号及密码等。

③出境检验检疫关系人凭报检单号、转单号及密码等到出境口岸检验检疫机构申请《出境货物通关单》。

④出境口岸检验检疫机构应根据出境检验检疫关系人的申请，提取电子转单信息，签发《出境货物通关单》，并将处理信息反馈给电子转单中心。

⑤按《口岸查验管理规定》需核查货证的，出境检验检疫关系人应配合出境口岸检验检疫机构完成检验检疫工作。

(2)入境转单

①对经入境口岸办理通关手续，需到目的地实施检验检疫的货物，口岸检验检疫机构通过网络，将相关信息传输到电子转单中心。入境货物电子转单传输内容包括报检信息、签证信息及其他相关信息。

②由入境口岸检验检疫机构以书面方式向入境检验检疫关系人提供报检单号、

转单号及密码等。

③目的地检验检疫机构应按时接收国家质检总局电子转单中心转发的相关电子信息，并反馈接收情况信息。

④入境检验检疫关系人应持有关报检单证和口岸检验检疫机构签发的《入境货物通关单》副本（入境货物调离通知单）或复印件，向目的地检验检疫机构申请实施检验检疫。

⑤目的地检验检疫机构根据电子转单信息，对入境检验检疫关系人未在规定期限内办理报检的，将有关信息通过国家质检总局电子转单中心反馈给入境口岸检验检疫机构。入境口岸检验检疫机构应按时接收电子转单中心转发的上述信息，并采取相关处理措施。

(3)不转单

下列情形不转单：

① 出境货物产地预检的。

② 出境口岸不明的。

③ 需到口岸并批的。

④ 需在口岸检疫并出证的。

(4)口岸查验和报检信息的更改

1)口岸查验

口岸查验包括证和核查货证。

2) 更改情况

① 运输造成的包装破损或短装，需要减少报检数量的。

② 需要在口岸更改运输工具、发货日期、集装箱规格及数量的。

③ 申报总值按有关比重换算或变更申报总值幅度不超过 10%的。

④ 其他经口岸局与产地局协商同意的。

3. 绿色通道制度

绿色通道制度：电子申报，口岸只验证，不验货快速通关。基本上都是工业品。

(1)绿色通道企业条件

① 年出口额 500 万美元以上。

② ISO9000 质量管理体系认证。

③ 质量稳定，2 年内未发生质量索赔和争议。

④ 1 年内无违规报检，2 年内无商检行政处罚。

⑤ 一、二类企业。

⑥ 必要的“原产地标记”注册。

(2)适用绿色通道制度的要求

外贸经营单位、生产单位、报检单位均必须是绿色通道企业。

本章小结

本章对国际贸易中的商品检验进行了介绍。货物检验检疫具有法定检验、公正鉴定和监督管理的作用。按照商品性质的不同，商品检验检疫的地点可以为港口和营业地(生产地)，商品检验检疫的时间和地点有出口国检验、进口国检验和出口国检验进口国复验。详细介绍了出入境货物检验检疫程序、合同中的检验检疫条款、检验机构和检验检疫证书的种类等。

复习与思考题

一、名词解释

商品检验检疫　商检证书　法定检验　公正鉴定

二、判断题

1. 如果买方没有利用合理的机会验货，则表明其放弃了检验权。（　）

2. CIF 合同下检验时间和地点在实际业务中普遍认为应在装运港装船时。（　）

3. 对于检验时间和地点与贸易术语的关系，各国的惯例不同。（　）

4. 散装货用传送带进行装船时实施的检验，也属于离岸品质和离岸重量。（　）

5. 只要卖方所交货物的品质、重量等与合同规定相符，无论如何买方也无权提出损赔。（　）

6. "出口地检验，进口地复验"的检验时间和地点的规定方法下，由于出口商已凭出口地检验证书得到货款，因此卖方将不再受理买方提出的任何索赔。（　）

7. 商检机构对进出口商品的监督管理与法定鉴定一样均按统一标准，一视同仁。（　）

8. 如合同中的检验标准与行政法规的规定不符时，则该标准无效。（　）

9. 按惯例进口商品的复验地点应为目的港或集中储存地点。（　）

10. 复验期限实际上就是索赔期限。（　）

三、简答题

1. 简述商品检验在对外贸易中的作用。

2. 简述商品检验的主要内容。

3. 法定检验与公证鉴定的主要区别是什么?

4. 简述商检证书的作用。

5. 简述检验证书的种类。

6. 简述进出口商品的检验依据。

7. 简述为什么“装运港检验，目的港复验”在进出口业务中应用较广。

8. 简述出口商检条款的主要内容。

9. 简述订立检验条款时应注意的问题。

10. 在国际货物买卖合同中，对货物检验的时间和地点有哪几种规定方法？哪一种方法容易被买卖双方所接受？为什么？

四、案例分析题

1. 某公司以 FOB 大连价外销美国一批货物，货物出口时已由商检机构检验并出具检验证书，在大连港装船时情况良好，但在纽约港卸货时却发现包装破裂，产品散失，同时部分货物由于包装破裂而风化。此时卖方应否负责赔偿？[①]

2. 某合同商品检验条款中规定以装船地商检报告为准。但在目的港交付货物时却发现品质与约定规格不符。买方经当地商检机构检验并凭其出具的检验证书向卖方索赔，卖方却以上述商检条款拒赔。卖方拒赔是否合理？[②]

3. 某公司从国外采购一批特殊器材，该器材指定由国外某检验机构负责检验合格后才能收货。后接到此检验机构的报告，称质量合格，但在其报告附注内说明，此项报告的部分检验记录由制造商提供，这种情况下，买方能否以为质量合格而接收货物？[③]

4. 今年 8 月国内某省外贸公司与荷兰厂商达成一笔出口交易，在信用证上规定出口商须提供检验证明，但卖方在货物出口后，才发现未做检验证明，买方因此拒付，此时如由出口地再出具检验证明已不可能。问：有什么解决办法？[④]

---

① 资料来源：豆丁网 http://www.docin.com/p-97636196.html.

② ③ 资料来源：百度文库 http://wenku.baidu.com/link? url=1vFj5ss_lMmLMcYwFMPhWG5gUW8n-AHe-JH5mQ_qQ0OB5apIGG12DbQgeomVOi3R52_x3sBqNeDcGShpOdLyFlQdJTTbNkj0gHIpMFNx0T5u.

④ 资料来源：百度文库 http://wenku.baidu.com/link? url=1vFj5ss_lMmLMcYwFMPhWG5gUW8n-AHe-JH5mQ_qQ0OB5apIGG12DbQgeomVOi3R52_x3sBqNeDcGShpOdLyFlQdJTTbNkj0gHIpMFNx0T5u.

第 9 章　合同中的异议与索赔条款

【教学目的和要求】

通过本章的学习，理解争议与纠纷、索赔和理赔的含义，熟悉索赔理赔的程序，了解向不同对象索赔的注意事项，掌握如何规定异议与索赔条款以及违约金条款。

【本章主要知识点】

- 争议与违约
- 索赔含义与类型
- 理赔含义与注意事项
- 贸易中发生索赔的原因
- 索赔程序

【章首案例】

案例 9-1　某贸易公司以 FOB 价向国内某厂订购一批货物，在买卖合同中订明如工厂未能于今年 7 月底以前交货，则工厂应赔付贷款 5%的违约金。后因工厂交货延迟 5 天，已知贸易商被其买方索赔为货款的 3%。问：贸易商是否可以约定向工厂索赔？索赔 5%，还是 3%？[①]

案例评析　此问题应从工厂延期交货的原因分析：如果工厂是由于自然灾害或社会条件的不可抗力而延迟交货的，由于事故不是双方能预见，也不是任何一方的疏忽或过失引起的，且事故的发生是人力所不能抗拒的，在这种情况下，贸易商不能向工厂索赔。但有一点除外：依据公约规定，当既有不可抗力因素也存在当事人过失时，当事人应承担相应的赔偿责任。也就是说，在这种情况下，贸易商可向工厂索赔，这个索赔额要小于买方向贸易商的索赔额。假如工厂是由于疏忽等过失而延迟交货的，则贸易商可依合同索赔。由于买方向贸易商的索赔额是贸易商方面的出手价的 3%，它一般大于厂家对贸易商的货价的 3%，并且很可能不等于这个出厂价的 5%，这样又可分两个方面来看。当贸易商付给买方的索赔金额大于工厂对贸易商的出厂价的 5%时，贸易商除了可得货款的 5%的违约金外，还可继续索赔，直到总额达到他向买方付出的索赔价款。若贸易商支出的索赔小于与工厂合同的违约金（货款的 5%），贸易商只须索取违约金即可。

案例 9-2　A 商场进口一批由集装箱装电视机，在结关后由承运人 B 公司另雇 C 运输公司运到北京，结果运送的汽车在中途翻车，电视机部分受损。问：

（1）A、B、C 三方面均已投保，则 A 商场应先向哪方索赔？

---

① 资料来源：豆丁网 http://www.docin.com/p-437716318.html.

(2)各保险公司相互之间如何分摊?①

案例评析　(1)在本案中,B公司是A商场所雇用的承运人,它们之间定有运输契约,按契约约定履行双方的权利、义务。虽然B公司又雇用C运输公司进行实际的货物运输,但C公司仅仅是B公司的委托人,与B公司定有合同,而与A商场没有直接的法律上的权利和义务关系。因此,当货物在运输途中发生意外事故后,A商场应首先向其委托的承运人B公司索赔,再由B公司向C公司索赔。或由A公司先向其所投保的保险公司索赔并把代位追偿权交给该保险公司,由该保险公司再向B公司索赔。

(2)本案中,A、B、C三家分别就同一批货物向不同的保险公司投保,这种情况在保险中称为"重复保险"。在出现这种情况时,这批货物不可能得到三次赔偿。按保险惯例,应由这三家保险公司协商各家所赔偿的金额,按不同方式分摊。但赔偿的总金额不得超过货物的实际价值。

9.1　争议与违约

国际间的商品买卖,业务环节多,涉及面广,履约时间长,在商品生产、采购、运输、资金移动等任何环节上出现差错,都可能给合同履行带来影响,加之国际市场变幻莫测,时常发生对当事人不利的变化,致使合同得不到履行或被撕毁,导致另一方当事人遭受损害,从而产生争议,引发索赔和理赔问题。

9.1.1　争议的含义

争议(disputes)是指交易的一方认为对方未能部分或全部履行合同规定的责任与义务而引起的纠纷。从违约性质看,争议产生的原因,一是当事人一方的故意行为导致违约而引起争议;二是由于当事人一方的疏忽、过失或业务生疏导致违约而引起争议。此外,对合同义务的重视不足,往往也是导致违约、争议发生的原因之一。交易中双方引起争议的原因很多,大致可归纳为以下几种情况。

(1)卖方违约

不按合同规定的交货期交货,或不交货,或所交货物的品质、规格、数量、包装等与合同(或信用证)规定不符,或所提供的货运单据种类不齐,份数不足等。

(2)买方违约

在按信用证支付方式成交的条件下,不按期开证或不开证;不按合同规定付款赎单,无理拒收货物;在FOB条件下,不按合同规定如期派船接货等。

(3)买卖双方均负有违约责任

如合同条款规定不明确,致使双方理解或解释不统一,造成一方违约,引起纠纷。

---

①　资料来源:豆丁网 http://www.docin.com/p-437716318.html.

由上述原因引起的争议,其根源:双方对构成违约的事实认定有分歧,对是否构成违约的、违约的责任及其后果的认识相悖。

9.1.2 违约及其法律后果

买卖合同是对缔约双方具有约束力的法律文件。任何一方违反了合同义务,就应承担违约的法律后果,受损方有权提出损害补偿要求。但是,各国的法律或国际组织的文件对于违约方的违约行为及由此产生的法律后果、对该后果的处理有不同的规定和解释。对此,应该了解和熟悉。

(1)英国的货物买卖法

英国的《货物买卖法》将违约分为违反要件和违反担保两种。

1)违反要件

违反要件(breach of condition)是指违反合同的主要条款,即违反与商品有关的品质、数量、交货期等要件;在合同的一方当事人违反要件的情况下,另一方当事人即受损方有权解除合同,并有权提出损害赔偿。

2)违反担保

违反担保(breach of warranty)是指违反合同的次要条款,在违反担保的情况下,受损方只能提出损害赔偿,而不能解除合同。至于在每份具体合同中,哪个属于要件,哪个属于担保,该法并无明确具体的解释,只是根据“合同所作的解释进行判断”。这样,在解释和处理违约案件时,难免带有不确定性和随意性。

(2)联合国国际货物销售合同公约

与英国《货物买卖法》不同,《联合国国际货物销售合同公约》依据违约的后果及其严重性进行判断,将违约分为根本性违约和非根本性违约。

1)根本性违约

根本性违约(fundamental breach)是指违约方的故意行为造成的违约,如卖方完全不交货,买方无理拒收货物、拒付货款,其结果给受损方造成实质损害(substantial detriment)。如果一方当事人根本违约,另一方当事人可以宣告合同无效,并可要求损害赔偿。

2)非根本性违约

非根本性违约(non-fundamental breach)是指违约的状况尚未达到根本违反合同的程度,受损方只能要求损害赔偿,而不能宣告合同无效。

9.2 索赔

9.2.1 索赔的含义

索赔(claim)是指遭受损害的一方在争议发生后,向违约方提出赔偿的要求,在法律上是指主张权利，在实际业务中，通常是指受害方因对违约而根据合同或法律提出予以补救的主张。

保险索赔以保险合同为基础。当发生保险合同承保范围内的风险并由此造成损失，被保险人可向保险公司索赔。例如，按 CIP 条件成交的货物，在运输途中遭遇暴雨而水浸损坏。由于投保了水渍险，买方可凭保险合同向保险公司索赔。

9.2.2　国际贸易中发生索赔的原因

国际贸易情况复杂，产生争议和索赔的原因是多种多样的。争议和索赔并不局限于买卖双方，有的还涉及运输、保险等方面，而且各方往往有着密切的关系。因此必须根据实际情况，分清原因和责任方。从索赔对象来分，大致有以下几种原因：

(1)买卖双方之间的贸易索赔

贸易索内赔以买卖合同为基础。当一方当事人违反买卖合同规定时，受损方可依据买卖合同规定和违约事实提出索赔。属于卖方违约的，主要是交货的时间、品质、数量、包装等不符合合同的规定；属于买方违约的，主要是不按时接货、付款、办理租船订舱等。买卖双方之间的贸易索赔包括：

① 买方违约。例如，不按时开立信用证，以及故意开立不完全的信用证或过高要求的信用证，致使卖方无法履行合同；不按时付款赎单；无理拒收货物；或在买方负责运输的情况下，不按时派船接货，或不按时签订运输契约、指定交货地点等。

②卖方违约。例如，不按时交货；不按合同规定的品质、规格、包装、数量、重量交货；不提供合同、信用证规定的合适单证等。

③ 合同条款不够明确，以致买卖双方对合同条款的理解或解释不一致引起争议索赔。

(2)向承运人的运输索赔

运输索赔以运输合同(或契约)为基础。当一方当事人违反运输合同(或契约)规定时，受损人可以依据运输合同(或契约)规定和违约事实提出索赔。如收货人持有清洁提单而收到的货物发生残损短缺，这与发货人(卖方)无关，收货人只能凭运输合同(或契约)向承运人索赔。向承运人的运输索赔(装运索赔)包括：

① 货物短卸。即货物未卸净，或货物误卸在其他港口造成短卸。

② 货物在运输过程中被盗窃，或因破损撒漏而货物短少。

③ 属于承运人责任的货物损毁，包括破损、毁坏、水渍、污染等。

(3)保险人的保险索赔

保险人的保险索赔属于保险单内规定范围的有关损失，应向保险公司索赔。

9.2.3　索赔程序

① 索赔声明。发现问题后应在合同索赔期内通知对方，并声明保留索赔权利。

② 准备证明文件。索赔时务必提出证据，作为证明的文件。

③ 正式索赔。备齐证明文件，发出索赔函电。

1. 向卖方索赔

根据《联合国国际货物销售合同公约》(以下简称《公约》)第30条的规定，卖方的基本义务是按合同规定的时间交付符合合同规定的货物，交付符合合同规定的各种单据和转移货物的所有权。如果发生卖方不交货、延迟交货以及交货与合同规定不相符合等，即构成卖方违约。

1) 卖方不交货

卖方不交货是指卖方不交运货物或不提交单据。根据《公约》第三部分第二章第三节的有关规定，买方可以采取以下几种救济方法：

① 要求实际履行。根据《公约》第46条的规定，只要买方未采取其他与此相抵触的补救措施，买方完全可以要求卖方履行合同规定的义务。

② 解除合同。按《公约》规定，卖方不交货等于根本性违反合同买方可以解除合同；或者卖方不交货，买方可以规定一段合理时间，让卖方履行其义务，如果卖方仍未按时交货，买方可以解除合同，宣告合同无效。

③ 请求损害赔偿。依照《公约》第45条的规定，如果卖方不交货，买方可享有要求损害赔偿的任何权利。

2) 延迟交货

在国际货物买卖合同中，卖方不按时交货时常发生，特别是延迟交货，是一种较常见的违约形式。在国际市场价格波动幅度较大时，会给买方带来比较严重的损失。根据《公约》的有关规定，买方可以行使《公约》允许的各种救济方法，包括解除合同和请求损害赔偿。

3) 卖方所交货物与合同不符

卖方所交货物与合同不符的情况在实际业务中比较常见。按《公约》的规定，买方可以行使多种救济手段。但是，《公约》要求买方在行使各种救济方法之前，有义务通知对方，否则其将无权行使《公约》所规定的各种救济方法。对卖方所交货物与合同不符，买方可以采取的救济方法有：

① 要求卖方交付替代货物。但是，根据《公约》的规定，此权利只有在卖方交货不符合同构成根本性违约时，才可行使。同时，买方要求卖方交付替代货物，必须事先通知卖方。

② 要求卖方对不符合合同的货物进行修补。根据《公约》的规定，买方要求修补的通知必须在声称货物不符时或在发出不符通知后一段合理时间内做出。

③ 要求减低货价。根据《公约》的规定，减价的幅度应按实际交付的货物在交货时的价值与符合合同的货物在当时的价值两者之间的比例计算。但如卖方已对货物进行了修补，买方就不能再要求减低货价，只能请求损害赔偿。

④ 解除合同。根据《公约》的规定，在下列两种情况下，买方可以主张解除合同：

一是卖方所交货物不符合合同构成了根本性违约；二是如卖方违约未构成根本性违约，但卖方未能在合理的时间内对货物进行修补或采取相应的补救措施或卖方声明不采取补救措施。

⑤ 请求损害赔偿。按《公约》的规定，买方在卖方交货与合同不符时，可以要求损害赔偿，而且不因行使了其他的救济方法而丧失请求损害赔偿的权利。

2. 向买方索赔

根据《公约》的规定，收受货物和支付货款是买方的两项基本义务。如果发生买方拒绝或者未按合同规定履行上述两项义务，即构成违约。

(1)买方义务

收取货物包括两个方面的内容：买方应按合同采取必要的行动，以便卖方交付货物；在实际上接受卖方所交的货物。采取一切必要的行动，以便卖方交付货物，是指买方必须积极合作，采取必要的行动，如及时指定交货地点或按合同规定安排有关运输事宜，以便卖方能履行其交货义务。

收取货物是买方的一种权利，也是买方的一种义务，它包括以下几个方面：

① 买方有义务在卖方交货时接受货物，如买方不及时接受货物，导致卖方对承运人承担的滞期费及其他费用由买方承担。

② 在凭合同规定交付货物时，买方无权拒收货物。除非存在货物与合同严重不符时，如品质严重缺陷、数量严重不足等，买方才有权拒绝收货。

③ 买方在收取货物以后，不得反悔。一般而言，在合理检验以前，买方有拒收货物的权利。但一旦货物经过买方检验合格，或买方在合理的检验时间内未实施检验，则买方即丧失了拒收货物的权利。

买方支付货款的义务并非仅限于款项的实际支付这一行为，而是涉及履行必要的付款手续、合理确定价格、确定付款的时间和地点等，具体包括以下几个方面：

① 履行必要的付款手续。按照《公约》第 54 条规定，买方支付货款的义务包括采取合同或任何法律、规章所要求的步骤和手续，以便货款得以支付。对于信用证支付方式下的合同，在签订买卖合同之后，具体包括：

- 买方应当按照合同的规定，申请银行开出信用证或银行保函。
- 在实行外汇管制的国家，买方必须按国家的有关法律或规章，向政府申请取得为支付货款所必需的外汇。因为，如果买方没有取得所需外汇，它必然无法在日后履行汇出货款的义务，而构成违约。

② 确定货物的价格。合同一般规定货物的价格或确定价格的方法，买方显然必须依合同规定的价格支付价款。但是，买卖双方因特殊情况既未具体规定价格，也未规定确定价格的方法，这时依据《公约》的规定，买方应以订立合同时的通常价格来确定货物的价金。

③ 支付货款的地点。如果双方在买卖合同中已明确规定付款的地点，买方自应在合同规定的地点付款。但往往买卖合同并未具体规定支付货款的地点，则依《公

约》的规定,买方须在下列地点向卖方支付货款:

- 卖方的营业地。如果卖方的营业地有一个以上,则买方应在与该合同及合同履行关系最为密切的营业地向卖方支付货款。
- 如果系凭移交货物或单据支付货款,则买方应在移交货物或单据的地点支付货款,这发生在以 CIF、CFR、FOB、FCA、CPT、CIP 等贸易条件成交的交易中。依据国际贸易惯例,所谓的交单地点因不同的支付方式而不同。如果采用跟单托收的支付方式,卖方应通过托收银行在买方营业地点向买方提交有关的装运单据,并凭单据付款;如果采用信用证方式,卖方通常是向设在出口地(卖方营业地)的议付银行提交有关装运单据,由议付银行凭单付款。

④ 支付时间。《公约》对支付货款的时间作了详细规定。如果合同涉及货物运输,卖方可以在发货时订明付款的时间。如果买卖合同没有规定买方应当在什么时候付款,则买方应当在卖方按合同或"公约"要求将货物或把代表货物所有权的装运单据(如提单)移交给买方处置时支付货款。卖方可以把支付货款作为移交单据的条件,如果买方不付款,卖方可以不移交单据。

(2)对买方违约的救济方法

买方对上述某一义务的违反,卖方均有权依照合同或有关法律规定,要求赔偿。根据《公约》及有关国际法律的规定,卖方可以采取以下几种救济方法。

1)请求买方履行合同义务或规定一段额外的合理时间让买方履行其义务

根据《公约》第 62 条的规定,如果买方违约,比如买方不按合同规定的时限开立信用证,拒绝承兑汇票,在 FOB 合同中未按时派船接货时,卖方可以要求买方履行合同义务,包括支付价款,收取货物或履行其他义务;或者规定一段合理的额外时间,让买方履行其义务。这项救济方法要受两个条件的约束:

① 卖方尚未采取与实际履行相抵触的补救方法(如转售货物或解除合同等);否则,卖方就不能再要求买方实际履行或规定一段合理时间让买方履行其义务。

② 上述要求仅限于当事人之间,法院无义务按《公约》的规定判令买方实际履行或规定一段合理时间让买方履行其义务。

卖方在主张上述权利时,应注意:一是在要求买方履行上述义务时,如货物在卖方手中,则卖方有保全货物的义务。例如,堆在码头的货物,应及时放进仓库,以免日晒雨淋造成对货物的损害。二是在要求买方履行上述义务时,并不影响卖方对于由于买方延期付款或延迟接货蒙受的损失,提出损害赔偿的权利。为此,卖方在同意买方延期履行义务时,应当保留对买方因延迟履行合同可能造成的损失的索赔权;否则,有可能被理解为已放弃在合同履行完毕再要求买方赔偿损失的权利。

2)撤销合同

按照《公约》第 64 条的规定,在下列情况发生时,卖方有权撤销合同,从而解除双方当事人的合同义务。

① 买方不履行合同或已经构成根本违反合同,即买方的违约行为使卖方遭到重

大损失，以致实质上剥夺了卖方根据合同有权得到的实际利益。但是，根据实践，买方不按合同规定的时间履行支付货款或收取货物的义务，并不一定达到根本违反合同的程度。因此，买卖双方可在合同中规定解除合同的条件，如"买方所租载船舶须于 5 月 11 日前抵达指定装运港，由于载货船舶延迟到达，卖方有权撤销合同，因此而使卖方遭受的任何损失和额外费用均需由买方负担。"这时，只要载货船舶延迟到达，卖方则可通知撤销合同。

② 买方不履行合同虽不属根本违反合同，但如果卖方已经给买方规定了一段合理的额外时间，让买方履行义务，而买方在这段额外时间仍未履行义务，或声明其将不在所规定的时间内履行义务。在上述情况出现时，卖方亦有权撤销合同。如买卖合同规定："买方应于 3 月 31 日前将信用证开立并送达卖方。"实际履行时，买方并未如期开证，卖方于 4 月 1 日通知买方开证，并规定须于 5 月 1 日前将信用证开到。事后，直到 5 月 1 日买方仍未将信用证开到卖方，或者买方在接到卖方的开证要求后即通知卖方不能开证，则卖方有权撤销合同。

③ 请求损害赔偿。损害赔偿是一种最为常见的救济方法，而且往往和其他救济方法合并在一起使用。如在买方拒收货物时，卖方往往不愿冒风险将货物长期留在自己手中，特别是易于腐烂的货物，或保存货物要支出较高的仓储费，或货物在市场上走俏时，卖方宁愿选择较为快捷的方法处理，即宣告撤销合同，转售货物，同时向买方提出损害赔偿。

按照《公约》的规定，损害赔偿的金额，应相当于由于买方违约给其造成的包括利润在内的损失。这种损害赔偿，不得超过违反合同一方在订立合同时，依照其当时已经知道或理应知道的事实和情况，对违反合同预料到的可能损失，具体有下列几种情况：

- 如果卖方已经以合理方式将货物转售，则请求损害赔偿金额为合同价格和转售价格之间的差额，再加上因买方违约而造成的其他损失。当然，卖方为保全货物提供的仓储费、运费以及其他合理费用均可以从转售价格中予以扣除。
- 如果卖方没有转售货物，则损害赔偿金额为合同价格与解除合同时交货地的时价之间的差额，再加上因买方违约而造成的其他损失额。
- 如果买方延迟支付货款，则损害赔偿金额应为：自拖欠之日起至支付之日止，按支付地通行的商业银行贷款利率计算的利息，加上其他由此造成的损失。

3）其他补救措施

各国的法律对买方违约的救济方法各有不同。除上述《公约》的规定之外，尚有留置权和停运权等方法。

① 留置权。当货物仍在卖方占有之下时，不论货物所有权是否已经转移于买方，未收取货款的卖方在一定条件下可以对货物行使留置权，即把货物留下来作为支付价金的担保，直至买方支付全部价金为止。卖方行使留置权时，应满足下列条件：

一是货物并不是以赊销条件出售，或者虽为赊销，但付款期限已到。二是买方失去偿付能力。

② 停止交运权。按照英、美法律的规定，在卖方已经交货，但货物尚在运输途中，即该货在承运人控制之下，尚未交付给买方，卖方有权通知承运人停止该批货物交付给买方，即为停运权。买方行使停运权，一般需要满足下列条件：一是卖方虽然已失去了对货物的占有，但货物仍在运输途中，即买方或其代理人尚未从承运人或货物保管人处提取货物；二是买方无清偿能力。卖方不能仅因为买方尚未支付货款而行使停运权，只有在买方无清偿能力之时。而所谓无清偿能力是指在正常业务活动中停止支付债款，或不能支付已到期的债务，但不问其是否已达到破产的程度。

3. 向承运人索赔

(1)到货合同

在“到货合同”中，如 DAF、DES、DEQ、DDU 和 DDP 等贸易术语下，由卖方通过运输公司将货物运抵买方。这时如果运输公司未能履行其职责而造成对卖方的损害，卖方作为托运人有权提出索赔。运输公司应当负责的事项主要包括：

① 货物未送达或货物短少，如货物在运输途中遭受盗窃。

② 堆栈不当而发生损害，如不能倒置的货物倒置太久产生损害。

③ 野蛮装卸发生破损，如落地、落海、相撞等导致的破损。

④ 雨中强行装卸所致的损害。

⑤ 未经托运人同意，将货物装载于甲板之上所受的损害。

⑥ 无正当理由而变更航线、航期、取消入港等所受的损害。

在上述情况下，如造成的损失明显，则卖方应于提货时(或提货前)向船公司取得破损证明单，并申请公证，再以书面通知要求赔偿；如破损不明显，提货时无法发现者，应于提货后 3 日内，以书面通知运输公司，并申请公证。

(2)装运合同

在凭单交货的装运合同中，如 F 组和 C 组术语下，承运人在未见提单的情况下让收货人提走货物。在海洋运输中，凭提单提货是承运人应遵循的一项义务。如果承运人在未见提单，而仅凭收货人的担保让收货人提走货物，则须承担收货人不付款的责任，卖方有权就此种损害直接向承运人提起索赔，而这往往也是卖方保护自身权益的一个有效途径。在海运条件下，按《海牙规则》的有关规定，托运人或收货人在收取货物时，如果发现货物灭失或损坏，应在提货日起 3 天之内，向运输公司提出索赔的书面通知，如果在提货时，双方已对货物进行了联合检验，托运人或收货人就无须再发上述索赔通知，有关索赔依据可事后补送。如果货主的索赔未被受理，则诉讼的时效为自货物交付之日起 1 年之内。如逾期不提起诉讼，运输公司可以免除对货物灭失或损害所负的一切责任；按《汉堡规则》的规定，托运人或收货人应提取货物后 15 天内发出索赔通知。其诉讼时效规定为 2 年。

卖方在向承运人提出索赔时，一般应随附下列文件：

① 索赔信。

② 提单正本或副本或运输合同。

③ 破损证明或由承运人、商检机构、保险公司及港务机构等会签的证明。

④ 公证报告。

⑤ 商业发票。

⑥ 装箱单。

⑦ 承运人要求的其他证明文件等。

(3)索赔原因

① 遗失(missing)。

② 搬运不当(improper handling)。

③ 堆积不当(improper storage)。

④ 偷窃(theft pilferage)。

⑤ 海水侵害。(sea water damage)

⑥ 船无适航能力(unseaworthiness)。

⑦ 雨中强行装卸。

⑧ 到货迟延。

(4)索赔时限

① 提货前发现货物损坏,立即发出索赔通知。

② 提货后发现货物损坏,于提货日起 3 日内发出通知。

③ 货主的损害赔偿请求权为 1 年。

④ 航空货运索赔时限为:货物有损坏或短少时,收货后 7 天内;货物迟延时,收货后 14 天内;货物遗失或灭失时,运单发单日起 120 天内。

(5)索赔依据

索赔人于提出索赔时应提出证据,随时邀请有关单位派人会同查看证件。

4. 向保险公司索赔

保险索赔是指被保险人在保险标的遭受损失后,凭保单有关条款的规定,向保险公司要求赔偿损失的行为。

(1)保险索赔的时效

中国人民保险公司的保险单规定,被保险人发现保险货物受损后,应立即通知当地的理赔、检验代理人进行检验。中国人民保险公司规定的索赔时效为 2 年,即从被保险货物在最后卸载港全部卸离海轮后起算,最多不超过 2 年。但提出索赔时不一定提交全部赔偿单据,被保险人一经提出赔偿要求后,即不受时效限制。

(2)保险索赔条件

保险公司受理被保险人的索赔,所需具备的条件:

① 必须有保险契约。

② 必须有损害发生。

③ 必须发生保险公司所担保的事故。

(3)保险索赔的处理

被保险人发现保险标的物受损时,及时与保险公司联系,并具备必要的单证,以书面正式向保险公司提出索赔。

(4)索赔文件

1)部分损失时的索赔文件

① 索赔函。

② 索赔清单(Statement of Claim)。

③ 索赔账单(Debit Note)。

④ 保险单或保险证书正本(Signed Policy or Certificate of Insurance)。

⑤ 提单正本或副本(Signed B/L or Copy)。

⑥ 装运人开具的发票(Shipper's Invoice)。

⑦ 包装清单(Packing List)。

⑧ 重量证明书(Weight Certificate)。

⑨ 公证报告(Survery Report)。

⑩ 船公司签认的事故证明书或破损证明书(Damage Report)。

⑪ 磅码单(Weight Note)或理货单(Tally)。

⑫ 其他证明文件。

⑬ 船公司所发的短卸证明书(Shortage Report,Landing Certificate)。

⑭ 公证费(Survey Fee)收据。

⑮ 修理费用及其估价。

⑯ 破损货物剩余价值估价单。

⑰ 海难报告(Marine Protest)。

2)全损情况下的索赔文件

① 索赔函。

② 保险单。

③ 提单。

④ 发票。

⑤ 证明全损的文件。

(5)保险索赔的内容

1) 全损索赔

如果装运货物全部遭到灭失,或者推定全损,则货主可以把一切货物权利转让给保险公司,请求赔偿全部损失。

2) 单独海损索赔

单独海损的保险索赔金额,是以损害率乘以投保金额。其中损害率是指货物未受损伤的正常状态下运抵目的地时的完好货市价,与鉴定人所查定的受损后市价之差额对完好市价的比率，即：

$$损害率=\frac{完好货市价-受损货市价}{完好货市价}$$

$$保险赔偿额=投保金额\times损害率$$

3）共同海损索赔

共同海损的分摊金额与损害额的计算基础：船舶以到达目的地时的价格为准；货物则以卸载地卸载时的价格为准。

$$分担率=\frac{共同海损的损害额}{所留存船舶的价值+所留存货物的价值+应收运费的半数+共同海损的损害额}$$

$$分担金=分担率\times各方所留存的价值$$

5. 向银行索赔

出口贸易中，卖方向银行提出索赔的现象并不多见，而且在不同的支付方式中，情形各不相同。

(1)信用证支付方式下的银行索赔

在信用证支付方式下，开证行处于第一债务人的地位，银行在单据表面与信用证有任何不符的情况下，均有权拒付货款。但与此同时，开证行也承担了一项对应的义务，即只要卖方所提供的单据在表面上与信用证严格相符，银行就有义务支付信用证项下的货款。因此，如果开证行在没有提出有效异议的情况下拒绝赎单付款或迟延赎单付款，则受益人有权就此向银行提出损害赔偿的索赔。

(2)托收方式下的银行索赔

托收方式下的托收行对卖方的货款收取不提供任何的银行信用。因此，卖方对托收银行的索赔只能基于银行未能尽到代理人职责的基础之上。在托收方式下，卖方对银行的索赔，主要存在于以下两种情形之中：

① 在未征得卖方同意的情况下，将单据凭信托收据借予买方，致使不能收回货款。所谓信托收据是指由买方向代收行借单时，表示愿意以代收行受托人的身份代为提货、报关、存仓、保险、出售；承认货物的所有权属代收行；货物售出后所得款项应归银行，并保证于汇票到期日向代收行付清货款的一种书面担保文件。凭信托收据借单发生于远期付款交单条件下，货物和单据均已送达买方所在地，但由于买方付款在远期，如不提前支付货款，就无法即时取得货物单据，提取货物。为了抓住有利时机，早日提取货物进行转售或使用，买方往往凭信托收据向代收行借取单据，先行提货，等汇票到期日再付清货款。代收行凭信托收据借单系代收行自行决定给予买方的资金融通，并非委托人授权。因此，不论买方是否在到期日付款，代收行必须对卖方承担到期付款的责任。

② 托收行的退单延误。在托收方式下，托收行对买方拒绝赎单不承担任何责任。但是，在买方拒绝赎单的情况下，银行应及时将单据退还给卖方，否则托收行须承担由此造成的损失。

9.3 理赔

9.3.1 理赔的含义

在履行出口合同过程中，如果卖方未按合同规定履行自己的义务，致使对方受到损害，买方有权按照国际惯例或其他法律采取一定的措施，使自己的损失得到补偿；在履行进口合同中，如果买方未按合同规定履行自己的义务，而给对方带来了损失，卖方同样可以采取相应的措施来补偿自己的损失。因此，在买方（卖方）向卖方（买方）提出索赔时，卖方（或买方）应根据不同情况及损失的大小，实事求是地加以处理，即为理赔。所谓理赔，是指违约方对受害方所提赔偿要求的受理与处理。索赔与理赔是一个问题的两个方面，在受害方是索赔，在违约方是理赔。

9.3.2 卖方理赔中的注意事项

一般来说，在出口贸易中，因卖方交货与合同规定不符而引起买方索赔的情况较多。如果卖方交货的品质、数量、包装不符合合同的规定，在买方享有复验权的情况下，买方即使已经支付货款，仍可向卖方提出索赔。卖方在处理索赔时，应注意以下几个方面：

（1）认真细致地审核国外买方提出的单证和出证机构的合法性

对国外买方提出的单证要注意其真实性和有效性；对出证的检验机构要注意其合法性和权威性；对其检验的标准和方法也要一一核对，以防止买方串通检验机构弄虚作假或国外的检验机构有误。

（2）认真做好调查研究，弄清事实，分清责任

为此，必须会同生产部门和运输部门对商品的品质、包装、储存、备货、运输等方面进行周密调查，然后把单证材料和实际情况结合起来，进行分析研究，查清货物发生损失的环节、原因，并确定责任属于何方。如果属于船公司或保险公司的责任范围，应交船公司或保险公司处理；如确实属于卖方责任，应实事求是地予以赔偿。对国外提出不合理要求，必须根据可靠的资料，以理拒绝。

（3）合理确定损失程度、金额和赔付办法

在理赔工作中，要合理确定损失程度，如合同对赔偿金额未作具体规定，根据有关的法律和国际贸易实践，确定损害赔偿金额的原则为：

① 赔偿金额应与违约而遭受的包括利润在内的损失额相等。

② 赔偿金额应以违约方在订立合同时可预料到的合理损失为限。

③ 由于买方未采取合理措施使有可能减轻而未减轻的损失，应在赔偿金额中扣除。

总之，在实际业务中，正确处理索赔和理赔是一项维护国家和企业权益和信誉的

重要工作。在对外索赔和理赔时都应认真做好调查研究，在查清事实、分清责任的基础上，既坚持原则，正确运用和合同所适用的法律和国际惯例，又要力求在友好气氛下进行协商，争取公平合理的解决。

9.4　合同中的异议与索赔条款

国际货物买卖合同中的索赔条款，通常有两种规定办法：一种是异议与索赔条款，多数合同采用这种办法，有的还同检验条款合订在一起；另一种是罚金条款，多用于大宗商品和机器设备的买卖场合。

9.4.1　异议与索赔条款

异议与索赔条款（discrepancy and claim clause）的内容，除规定一方如违反合同，另一方有权索赔外，还包括索赔的依据、索赔期限、赔偿损失的办法和赔付金额等项。

(1)索赔依据

主要规定索赔必须具备的证据和出证机构。若证据不全、不清，出证机构不符合要求，都可能遭到对方拒赔。索赔依据包括法律依据和事实依据两个方面。前者是指贸易合同和有关国家的法律规定；后者则指违约的事实真相及其书面证明，以证实违约的真实性。索赔的依据就索赔情形、对象而定。向贸易对方索赔，销售合同为主要依据；向承运人索赔须提供运输合同；向保险公司索赔，保险单据为主要凭证，而检验证书则是任何索赔均须出具的。关于检验证书的出具机构，买卖双方也须事先在合同中约定。对于规定买方有复验权的出口合同，则应在合同中规定，要以卖方同意的检验机构出具的检验报告作为索赔的依据。

(2)索赔期限

索赔期限是指索赔方向违约方提赔的有效期限。买方在该期限内，在交货的品质、数量等如不符合合同规定时，可以行使索赔权；卖方根据买方提出的索赔要求是否合理、证据是否充足，决定是否赔付。超过索赔期限，买方即失去要求损害赔偿或其他补救措施或宣告合同无效的权利。索赔期限的规定方法一般有约定索赔期限和法定索赔期限两种方法。约定索赔期限是指当事人双方根据合同货物的种类、性质、检验及港口条件和检验所需时间等因素，就索赔期限的长短达成一致意见，并规定在合同中。法定索赔期限即指有关法律规定的索赔通知期限。例如，《公约》用规定检验期限的办法明示索赔期限，指出："买方认为货物不符合同，必须在发现或理应发现不符情形后一段合理时间内通知卖方，说明不符合同情形的性质，否则就丧失声称货物不符合同的权利。"还指出："无论如何，如果买方不在实际收到货物之日起2年内将货物不符合同情形通知卖方，其就丧失声称货物不符合同的权利，除非这一时限与合同规定的保证期限不符。"

索赔期限的长短应结合不同商品的特性而定。对于有质量保证期限的商品，合同中加订保证期。保证期可规定为1年或1年以上。总之，索赔期限的规定，除一些性能特殊的产品（如机器设备等）外，一般不宜过长，以免使卖方承担过重的责任；也不宜规定得太短，以免使买方无法行使索赔权，要根据商品性质及检验所需时间多少等因素而定。对于易变质的商品，索赔的期限应规定得短一些；一般商品的索赔期限可定得长一些，为30～45天；成套设备的索赔期则可更长一些，按照全套设备安装、调试所需时间而定。索赔期限一经约定，索赔就须在期限内提出，逾期则索赔无效。

规定索赔期限时，尚须对索赔期限的起算时间做出具体规定，通常有以下几种起算方法：

① 货物到达目的港后××天起算。

② 货物到达目的港卸离海轮后××天起算。

③ 货物到达买方营业处后或用户所在地后××天起算。

④ 货物经检验后××天起算。

(3)索赔处理办法和索赔金额

关于索赔的处理办法，因为事先无法预测违约的后果，因此合同中不做具体规定，一般只做笼统规定，如整修、换货、退货、还款等。有时与商品检验条款合订在一起，称为“检验与索赔条款”。在实践中，索赔条款可根据不同的需要作不同的规定，通常采用的主要有“异议与索赔条款”和“罚金条款”。

9.4.2 罚金条款

罚金条款（penalty clause）又称违约金条款，多见于卖方延期交货或者买方延迟开立信用证和延期接运货物等情况。它的特点是预先在合同中规定罚金的数额或罚金的百分率。

(1)违约金的概念

违约金又称罚金或罚则，是指合同当事人一方未履行合同义务而向对方支付约定金的金额。

(2)罚金条款的内容

罚金条款一般应包括罚金的数额和罚金的起算日的计算方法两项内容。罚金的数额大小，根据违约时间的长短，由买卖双方商定，并规定出最高限额。

(3)关于违约金起算日期的计算方法

计算违约金日期的方法有两种：一种是以约定的交货期或开证期终止后立即起算；另一种是规定优惠期，即在约定的有关期限终止后再宽限一段时期，在此优惠期内仍可免于罚款，待优惠期届满后再起算罚金。

(4)确定违约金数额时应考虑的问题

① 在一方违约没有给对方造成损失的情况下，按照约定的违约金支付。

② 在当事人约定了违约金的情况下，一方违约同时给对方造成了损失时，确定

违约金数额的参考标准就是损失的数额。

③ 违反合同的一方当事人支付违约金后，还应当履行合同义务。

(5)罚金条款举例

某贸易合同中关于罚金的条款：除本合同第×条所列举的不可抗力原因外，卖方不能按时交货，在卖方同意由付款银行在议付货款中扣除罚金或由买方于支付货款时直接扣除罚金的条件下，买方应同意延期交货。罚金率按每 7 天收取延期交货部分总值的 0.5%，不足 7 天者以 7 天计算。但罚金不得超过延期交货部分总金额的 5%。如卖方延期交货超过合同规定期限 10 周时，买方有权撤销合同，但卖方仍应不延迟地按上述规定向买方支付罚金。

本章小结

合同中的索赔条款可以包括异议与索赔条款和罚金条款。异议与索赔条款主要适用于品质、数量、包装方面的索赔，其内容涉及索赔期限、索赔依据和索赔办法及索赔金额等。罚金条款主要用于延期交货或延期接货及拒付货款等违约行为，其内容主要包括违约金额、违约金的计算方法及违约金的起算日等。

复习与思考题

一、名词解释

争议　索赔　理赔　索赔期限　违约金

二、判断题

1. 争议是产生索赔的唯一原因。（　）

2. 索赔和理赔处理的是同一事件。（　）

3. 向对方提出索赔时，必须同时提供法律依据和事实依据。（　）

4. 合同中规定索赔期限是对卖方较有利的。（　）

5. 买方必须在索赔期限内向卖方提出索赔，否则逾期提赔是无效的。（　）

6.《公约》对索赔期限的规定方法为规定检验期限。（　）

7. 异议与索赔条款不仅约束卖方的履约行为，而且也约束买方的履约行为。（　）

8. 买方在货损发生后，有效的索赔顺序为：卖方、保险公司、船公司。（　）

9. 罚金和预约赔偿金一样都是为惩戒违约行为，从而保证合同的顺利履行。（　）

10. 由于卖方已就违约行为向买方交付了违约金，因而对本合同的义务解除。（　）

三、简答题

1. 索赔的依据有哪些？索赔的期限通常如何规定？

2. 索赔的基本原则是什么？

3. 实际业务中导致争议的原因有哪些？

4. 简述异议与索赔条款的主要内容。

5. 简述订立违约金条款的主要内容及订立时应注意的问题。

6. 简述买方提出索赔，如卖方置之不理可能给卖方造成的不良后果。

7. 简述货物在运输过程中丢失后的索赔方法。

8. 分别说明买方向卖方、承运人、保险公司的索赔时效的规定。

9. 简述异议索赔条款和罚金条款的用途及主要区别。

10. 买方违约时，卖方可以主张哪些权利？

11. 卖方违约时，买方可以主张哪些权利？

四、案例分析题

1. 我向某国出口一批冷冻食品，到货后买方在合同规定的索赔有效期内向我提出品质索赔，索赔额达数 10 万元人民币。买方附来的证件有：

(1)法定商品检验证，注明该商品有变质现象，但未注明货物的详细批号，也未注明变质货物的数量或比例。

(2)官方化验机构根据当地某食品零售商店送验食品而作出的变质证明书。我方未经详细研究就函复对方，即未否认品质变质问题，只是含糊其词地要求对方减少索赔金额，对方不应允，双方函件往来 1 年没有结果，对方遂派代表来京当面交涉，并称如得不到解决，将提交仲裁。

对此索赔案我应不应受理？试问双方各有什么漏洞？我方应如何本着实事求是的精神和公平合理原则来处理此案。[①]

2. 某国公司以 CIF 鹿特丹出口食品 1000 箱，即期信用证付款，货物装运后，凭已装船清洁提单和已投保一切险及战争险的保险单，向银行收托货款，货到目的港后经进口人复验发现下列情况：

(1)该批货物共有 10 个批号，抽查 20 箱，发现其中 2 个批号涉及 200 箱内含沙门氏细菌超过进口国的标准；

(2)收货人是实收 998 箱，短少 2 箱。

(3)有 15 箱货物外表情况良好，但箱内货物共短少 60kg。

试分析以上情况，进口人应分别向谁索赔，并说明理由。[②]

---

① 资料来源：豆丁网 http://www.docin.com/p-444949784.html.

② 资料来源：豆丁网 http://www.docin.com/p-444949784.html.

第 10 章　合同中的不可抗力与仲裁条款

【教学目的和要求】

通过本章的学习，理解不可抗力的含义及不可抗力条款的规定，正确判断和处理不可抗力事故；认识仲裁的意义和仲裁协议的作用，理解仲裁条款的主要内容，掌握仲裁的含义及特点。

【本章主要知识点】

- 不可抗力的含义及构成条件
- 合同中的不可抗力条款
- 解决纠纷的方式与仲裁含义
- 合同中的仲裁条款

【章首案例】

案例 10－1　某贸易商从广州某厂取得报价单后，转向意大利某客户报价。成交后国外开来信用证并规定 7 月底以前交货。哪知在 7 月初该厂仓库失火，成品、半成品及原料均烧毁，以致无法交货。请问：该贸易商可否以不可抗力为由要求免交货品？①

案例评析　不可抗力是指签约后，不是由于当事人的过失，而是由于发生的当事人不能遇见和人力不能控制的事故，以致不能履行或不能如期履约，有关当事人即可根据合同和法律的规定免除不履约和延期履约的责任。本案例中的火灾事故只是在一定期限内阻碍合同的履行，而离合同到期还有一段时期。该项交易的产品是普通货物，而不是特定物。因此，不能免除贸易商的交货义务，而只能暂时终止合同，一旦事故消除后仍必须履约，不过可以延迟交货。

案例 10－2　出口商甲与进口商乙订立买卖合同并提供样品，由乙开出以甲为抬头的信用证，又由甲与制造商丙订立与买卖契约完全相同内容的合同，厂商丙于订货后自行包装交货，而甲因与乙、丙的合同内注明："以制造厂检验为最后标准"，同时甲与丙的合同内也订明如规格品质不符时，由丙负责调换或赔偿，因此没有另外送样检验及验货。现货物到达国外，进口商发现品质规格皆不符合要求而提出索赔要求。在此情况下：

(1)甲是否应负完全赔偿责任？或可将责任推给厂商丙？

(2)甲与乙曾多次与丙交涉均未获同意赔款，丙声称信用证并非直接开给丙，在此情况下，乙能否直接控告丙？或必须先告甲再由甲告丙？

---

① 资料来源：豆丁网 http://www.docin.com/p-442088571.html.

(3)如由国际仲裁协会仲裁,则赔款项应由何方负担?[1]

案例评析 本案虽然规定以制造厂检验为最后标准,但如买方能证明厂方提交的货物与合同规定不符,则制造商仍应负责。本案中出口商甲与进口商乙订有买卖合同,同时出口商甲与制造商丙又订有买卖合同,这两个买卖合同是独立存在的。出口商既然与国外进口商订有合同,就应按合同规定履约。至于厂商丙未按出口商与厂商所签订的合同履约是出口商与厂商之间的事,与国外进口商无关。因此本案中:

(1)出口商甲应向国外进口商乙负完全责任,不可将责任推卸给厂商。

(2)国外进口商乙不能直接控告厂商丙,而必须先控告出口商甲,再由出口商甲控告厂商丙。

(3)如果由国际仲裁协会仲裁,将裁决由出口商负责赔偿,同时,如果厂商提交货物与其和出口商所签订合同内容不符,也会仲裁由厂商向出口商支付相应赔偿。

10.1 不可抗力

10.1.1 不可抗力的含义

国际贸易公约及各国的法律、法规,对不可抗力有不同的叫法和解释。

(1)英、美法称“合同落空”(frustration of contract)

其意思是说,合同签订以后,不是由于双方当事人自身的过失,而是由于事后发生了双方当事人意想不到的根本性的不同情况,致使订约的目的受到挫折,因而未能履行合同义务,当事人可以据此免除责任。

(2)大陆法称“情势变迁”或“契约失效”

其意思是说,不属于当事人的原因,而发生了当事人预想不到的变化,致使合同不可能履行,或对原来的法律效力需做相应的变更。

(3)不可抗力的含义

不可抗力(force majeure)是指买卖合同签订后,不是由于合同当事人的过失或疏忽,而是由于发生了合同当事人无法预见、无法预防、无法避免和无法控制的事件,以致不能履行或不能如期履行合同,发生意外事故的一方可以免除履行合同的责任或推迟履行合同。因此,不可抗力是一项免责条款。

综上所述,虽然国际贸易公约和各国的法律、法规,对不可抗力的叫法不统一,解释也不一致,但其基本精神则大体相同,主要包括以下几点:

① 意外事故必须是发生在合同签订以后。

② 不是由于合同当事人双方自身的过失或疏忽而导致的。

③ 意外事故是当事人双方所不能控制的、无能为力的。

---

① 资料来源:豆丁网 http://www.docin.com/p-413328690.html.

10.1.2　不可抗力意外事故处理

不可抗力意外事故发生后，应当将事故如实告知对方并在 15 日内以航空挂号信件向对方提供事故详细情况和影响履行合同义务能力程度的证明文件。

不可抗力在不同的法律、法规等各有自己的规定。英美法中有“合同落空”原则的规定，即合同签订后不是由于当事人双方自身过失，而是由于事后发生了双方意想不到的根本性的不同情况，致使订约目的受挫，据此而未履行合同义务，当事人得以免除责任。在大陆法系国家则遵循“情势变迁”“契约失效”原则。

不可抗力是合同中的一项条款，也是一项法律原则。对此，在国际贸易中不同的法律、法规等各有自己的规定。1980 年《联合国国际货物销售合同公约》在其免责一节中作了如下规定：

“如果他能证明此种不履行义务，是由于某种非他所能控制的障碍，而且对于这种障碍没有理由预期他在订立合同时能考虑到或能避免或克服它或它的后果。”该公约指明了一方当事人不能履行义务，是由于发生了他不能控制的障碍，而且这种障碍在订约时是无法预见、避免或克服的可予免责。

10.1.3　不可抗力的范围

不可抗力的事故范围较广，通常可分为两种情况：一种是由于“自然力量”引起的，如水灾、火灾、冰灾、暴风雨、大雪、地震等；另一种是由于“社会力量”引起的，如战争、罢工、政府禁令等。但是，由于不可抗力是一项免责条款，买卖双方通常主要是卖方都可以援引它来解释自身所承担的合同义务，这种援引在多数情况下是扩大不可抗力的范围，以减少自己的合同责任。有的卖方除把各种自然灾害列入外，还把生产制作过程中的意外事故、战争预兆、罢工、怠工、货物集运中的事故、原材料匮乏、能源危机、原配件供应不及时等生产过程中的事故，以及航、陆运机构的怠慢、未按预定日期出航等，统统归入不可抗力的范围。因此，在交易中应认真分析，区别不同情况，做出不同处理，防止盲目接受。

10.1.4　不可抗力条款

1. 不可抗力条款的形式

合同中的不可抗力条款，在国际上并没有固定的模式，但一般应包括规定不可抗力事件的范围、对不可抗力事件的处理原则和方法、不可抗力事件发生后通知对方的期限和方法，以及出具证明文件的机构等。我国进出口合同中的不可抗力条款，按对不可抗力事件范围规定的不同，主要有以下三种方式。

(1)概括式

概括式即对不可抗力事件作笼统的提示。例如，“由于不可抗力的原因，而不能履行合同或延迟履行合同的一方可不负有违约责任。但应立即以电传或传真通知对方,并在××天内以航空挂号信向对方提供中国国际贸易促进委员会出具的证明书”。又如,“由于不可抗力的原因,致使卖方不能全部或部分装运,或延迟装运合同货物,卖方对于这种不能装运,或延迟装运本合同货物不负责任。但卖方须用电报或电传通知买方,并须在×天内,以航空挂号信件向买方提交由中国国际贸易促进委员会(中国国际商会)出具的证明此类事件的证明书。”这种方法含义模糊,解释伸缩性大,难以作为解释问题的依据,不宜采用。

(2)列举式

列举式即逐一订明不可抗力事件的种类。例如,“由于战争、地震、水灾、火灾、暴风雪的原因而不能履行合同或延迟履行合同的一方不负有违约责任……”又如,“由于战争、地震、水灾、火灾、暴风雨、雪灾的原因,致使卖方不能全部或部分装运或延迟装运合同货物,卖方对于这种不能装运或延迟装运本合同货物不负有责任。但卖方须用电报或电传通知买方,并须在×天以内,以航空挂号信件向买方提交由中国国际贸易促进委员会(中国国际商会)出具的证明此类事件的证明书。”在合同中详细列明不可抗力的范围,虽然具体明确,但难以一揽无余,且可能出现遗漏情况,这样仍可能发生争执,因此也不是最好的方法。

(3)综合式

综合式即将概括式和列举式合并在一起。例如,“由于战争、地震、水灾、火灾、暴风雪或其他不可抗力原因而不能履行合同的一方不负有违约责任……”又如,“由于战争、地震、水灾、火灾、暴风雨、雪灾或其他不可抗力的原因,致使卖方不能全部或部分装运或延迟装运合同货物,卖方对于这种不能装运或延迟装运本合同货物不负责任。但卖方须用电报或电传通知买方,并须在×天以内以航空挂号信件向买方提交由中国国际贸易促进委员会(中国国际商会)出具的证明此类事件的证明书。”这种规定方法既具体明确,又有一定的灵活性,比较科学实用,在我国进出口合同中多采用这一种。

2. 不可抗力的后果

不可抗力事故所引起的后果有两种:一种是解除合同;另一种是延期履行合同。什么情况下解除合同,什么情况下延期履行合同,要看所发生的事故的原因、性质、规模及对履行合同所产生的影响程度而定,并明确地规定在合同中。

《公约》规定,一方当事人享受的免责权利只对履约障碍存在期间有效,如果合同未经双方同意宣告无效,则合同关系继续存在,一国履行障碍消除,双方当事人仍须继续履行合同义务。《公约》还规定在不可抗力事件发生后,违约方必须及时通知另一方,并提供必要的证明文件,而且在通知中应提出处理意见。如果因未及时通知而使另一方受到损害,则应负赔偿责任。我国涉外经济合同法也规定:“……应及时通知另一方,以减轻可能给另一方造成的损失”。

不可抗力事件的处理,关键是对不可抗力事件的认定,尽管在合同的不可抗力条款中作了一定的说明,但在具体问题上,双方会对不可抗力事件是否成立出现分歧。

通常应注意下列事项。

(1)区分商业风险和不可抗力事件

商业风险往往也是无法预见和不可避免的,但是它和不可抗力事件的根本区别在于一方当事人承担了风险损失后,有能力履行合同义务,典型情况是对"种类货"的处理,此类货物可以从市场中购得,因而卖方通常不能免除其交货责任。

(2)重视"特定标的物"的作用

对于包装后刷上唛头或通过运输单据等已将货物确定为某项合同的标的物,称为"特定标的物"。此类货物由于意外事件而灭失,卖方可以确认为不可抗力事件。如果货物并未特定化,则会造成免责的依据不足。比如,3 万米棉布在储存中由于不可抗力损失了 1 万米,若棉布分别售于两个货主,而未对棉布作特定化处理,则卖方对两个买主都无法引用不可抗力条款免责。

3. 不可抗力发生后通知对方的方式和证明

按照国际惯例,当发生不可抗力事件影响合同履行时,当事人必须及时通知对方,对方亦应于接到通知后及时答复,如有异议也应及时提出。尽管如此,买卖双方为明确责任起见,一般在不可抗力条款中还规定一方发生事故后通知对方的期限和方式。此外,当一方援引不可抗力条款要求免责时,都必须向对方提交一定机构出具的证明文件,作为发生不可抗力的证据。在国外,一般由当地的商会或合法的公证机构出具。在我国,是由中国国际贸易促进委员会或其设在口岸的贸促分会出具。

4. 援引不可抗力条款和处理不可抗力事件应注意的事项

当不可抗力事件发生后,合同当事人在援引不可抗力条款和处理不可抗力事件时,应注意如下事项:

① 发生事件的一方当事人应按约定期限和方式将事件情况通知对方,对方也应及时答复。

② 双方当事人都要认真分析事件的性质,看其是否属于不可抗力事件的范围。

③ 发生事件的一方当事人应出具有效的证明文件,以作为发生事件的证据。

④ 双方当事人应就不可抗力的后果,按约定的处理原则和办法进行协商处理。处理时,应弄清情况,体现实事求是的精神。

10.2　仲裁

10.2.1　仲裁概述

1. 解决争议方式

国际商事交往中,主观争议或纠纷是难免的,国际商法的一项重要内容和任务是如何采取适当方式,公平合理地解决国际商事争议,确保国际商事交易的顺利进行。解决国际商事关系中的各种争议,一般有三种方式:和解或调解、仲裁与司法诉讼。

(1)调解(conciliation)

调解是指由双方当事人自愿将争议提交选定的调解机构(法院、仲裁机构或专门的调解机构),由该机构按调解程序进行调解。若调解成功,双方应签订和解协议,作为一种新的契约予以执行,若调解意见不为双方或其中一方接受,则该意见对当事人无约束力,调解即告失败。

我国在诉讼和仲裁中,均采用了先行调解的程序。调解的优势在于其和解性、更大的经济性和灵活性。调解的缺憾为稳定性较差,和解协议效力较低,其性质仅同其他合同。责任方如果不执行和解协议,受损方只能据以提起诉讼,不如仲裁裁决可申请法院强制执行。

调解为当事人提供了更多自由选择的空间。调解的非对抗性,使当事人不伤和气,更易于解决纠纷,也有利于今后的合作。诉讼及仲裁过于刚化,可能反而会激化矛盾,不利于各方利益,更有可能扼杀双方将来可能的合作。更重要的是,调解所需时间较短,费用也大幅度降低。调解中间人通常私下和各方交流想法,最后共同达成协议,协议不对任何媒体、政府部门和组织公开。调解的成本较低,更为方便、快捷、高效。诉讼及仲裁程序要求严谨,从立案起便对证据的完整度有很高的要求。费用包括调查取证费、律师费、法院诉讼费、诉讼保全费及强制执行费,在资金上对企业形成较大压力。正因如此,实践中越来越多的当事人以调解作为未来及现时争议的方式。跨国企业之间,通过国际商事调解机构解决争端,已经成为解决国际贸易摩擦的一种新方式。

(2)仲裁(arbitration)

双方当事人达成书面协议,自愿把争议提交给双方同意的仲裁机构。该仲裁机构作出的裁决是终局的,对双方都有约束力。仲裁方式具有解决争议时间短、费用低、保密性高、裁决权威性及异国执行方便等优点。

国际商事仲裁具有自治性,当事人意思自治原则得以更充分体现,当事人享有更多的法律选择自由和高度的自治权。但是这种自由不是绝对的,法律在承认仲裁作为解决争议方式的合理性的同时,也会对其进行必要的限制,以防止因自由权的滥用而损害社会公共利益和他人的利益。因而许多国家在制定仲裁法,减少司法干预的同时,还赋予法院一定程度的支持和监督仲裁的权力,以增强仲裁的法律效力和社会公信力。

到目前为止,国际上已有许多关于国际仲裁制度的协定、条约和公约。20世纪的后几十年中,协调和统一国际仲裁法已渐成潮流。许多国家原有的仲裁法上的一些差异已经消失,在商事仲裁的一些领域已成统一之势,如对外国仲裁裁决的承认和执行、及对仲裁裁决的司法追诉等方面。得益于国际社会的不懈努力,国际商事仲裁制度日益完善和成熟,并出现了一些新发展。仲裁是解决国际商事争议使用较普遍的方式,与和解调解、司法诉讼相比,它具有如下特点:

①当事人自主性较大,对仲裁方式的选择、仲裁地点、仲裁机构、仲裁员、仲裁程

序、仲裁所适用的法律等，当事人都可以自由作出决定。

②程序灵活、迅速及时，收费较低。

③具有必要的强制性，这体现在仲裁协议的强制性、仲裁裁决的强制性。

④有利于保持当事人间的关系，并可协调不同法律之间的冲突。

(3)诉讼(litigation)

一方当事人向法院起诉，控告合同的另一方，一般要求法院判令另一方当事人以赔偿经济损失或支付违约金的方式承担违约责任，也有要求对方实际履行合同义务的。

诉讼方式的缺点在于立案时间长，诉讼费用高，异国法院的判决未必是公正的，各国司法程序不同，当事人在异国诉讼比较复杂，而且一般法庭被各种案件所淹没，以致执行程序有时候要花几年的时间。

诉讼是当事人单方面的行为，只要法院受理，另一方就必须应诉。法庭的裁定对产生纠纷的各方面具有约束力并可用贸易对象的全部财产执行判决。在执行诉讼程序期间可以冻结对方的财产，以保证案子结束后，有财产可供偿债。你可以向法庭要求对方履行合同，或是偿还款项，或对所产生的损失进行赔偿。你可以请证人提供证词，请专家提供证据，甚至要求被起诉方提供证词。然而，诉讼原则上一律公开开庭，判决也全部公开，介入人员包括法官、书记员及律师等，不利于企业商业秘密的保护，而且诉讼的开庭时间等相关信息将会公告，过多的诉讼会影响企业的名誉，对企业的形象有所损害。

综观上述三种解决争议的方式，在国际贸易实践中，仲裁是最被广泛采用的一种方式。

2. 仲裁的特点

① 仲裁机构是属于社会性民间团体所设立的组织，不是国家政权机关，不具有强制管辖权，对争议案件的受理，以当事人自愿为基础。

② 当事人双方通过仲裁解决争议时，必先签订仲裁协议；双方均有在仲裁机构中推选仲裁员以裁定争议的自由。

③ 仲裁比诉讼的程序简单，处理问题比较迅速及时，而且费用也较为低廉，同时仲裁比诉讼的专业权威性更强。

④ 仲裁机构之间互不隶属，各自独立，实行一裁终局，所以仲裁机构的裁决一般是终局性的，已生效的仲裁裁决对双方当事人均有约束力。

3. 仲裁机构

(1)国内仲裁机构

1)中国国际经济贸易仲裁委员会

中国国际经济贸易仲裁委员会成立于 1956 年 4 月，前身为“对外贸易仲裁会”及“对外经济贸易仲裁委员会”。其总部设在北京，上海及深圳设有分会。2000 年，该委员会启用了一个新名称：中国国际商会仲裁院(CIETAC)。CIETAC 于 2000 年 9

月 5 日通过了新仲裁规则,并于同年 10 月 1 日正式实施。受案范围为一切国内、国际仲裁。目前,该仲裁委员会受案数量居世界第一位。在国际上享有较高声誉。

2)地方仲裁委员会

《仲裁法》第十条规定,仲裁委员会可以在直辖市和省、自治区人民政府所在地的市设立,也可以根据需要在其他设区的市设立,不按行政区划层层设立。仲裁委员会由前款规定的市的人民政府组织有关部门和商会统一组建。

(2)国际仲裁机构

1)国际商会仲裁院

国际商会仲裁院设立于 1928 年,总部在巴黎,为国际商会常设仲裁机构。该仲裁院为目前世界上提供国际经贸仲裁服务较多,是具有重大影响的国际经济仲裁机构。

2)解决投资争议的国际中心(ICSID)

该机构专门为解决国家契约——国家与外国私人投资者签订的“特许协议”或“经济开发协议”所产生的争议问题而设。该中心为专门性国际组织,具有国际法人地位。在该体制中,缔约国对本国国民和另一缔约国根据公约已同意交付仲裁的协议不得给予外交保护或提出国际要求。

3)瑞典斯德哥尔摩仲裁院

瑞典斯德哥尔摩仲裁院成立于 1917 年,为斯德哥尔摩商会内部机构,但在职能上独立。瑞典中立国的地位,为其公平性提供了很好的保障,瑞典斯德哥尔摩仲裁院享有很好的国际声誉。该院与中国国际经济贸易仲裁委员会有业务联系。中国对外经济贸易促进委员会建议,我国当事人在选择第三国仲裁机构时,可优先考虑该仲裁院。

4)美国仲裁协会

美国仲裁协会为美国主要的国际商事仲裁机构,于 1926 年设立,总部在纽约,在全国主要城市设有 24 家分会。为独立的非营利性民间组织。该协会受理的案件多数为美国当事人与外国当事人之间的争议。

5)中国香港国际仲裁中心

香港国际仲裁中心于 1985 年设立,该中心为受限制担保并按香港公司法的规定设立的民间非营利性公司。受理香港区内仲裁案件和国际商事仲裁案件。该中心无自己的国际商事仲裁规则,实践中依《联合国国际贸易法委员会仲裁规则》进行操作。

6)英国伦敦国际仲裁院

英国伦敦国际仲裁院成立于 1892 年,为英国最有国际影响的国际商事仲裁机构。其由伦敦市政府、伦敦商会和女王特许仲裁协会共同组成的联合委员会管理。

10.2.2　仲裁协议的形式和作用

仲裁协议是双方当事人表示愿意把他们之间的争议交付仲裁解决的一种书面协议，它是仲裁机构或仲裁员受理争议案件的依据。

1. 仲裁协议的形式

仲裁协议有两种形式：一种是仲裁条款，指双方当事人在签订有关条约或合同时，在该条约或合同中订立的约定将其可能发出的争议提交仲裁解决的条款（仲裁条款订立于争议发生之前，是一种最常见和最重要的仲裁协议）；另一种是仲裁协议书，指由双方当事人在发生争议之后订立的，表示同意把已经发生的争议提交仲裁解决的协议，这是独立于主合同之外的一个单独的协议。仲裁协议最重要的作用就是排除法院对争议案件的管辖权，使得当事人只能将争议提交仲裁解决，从而仲裁庭或仲裁员取得管辖权。

仲裁协议应尽可能明确、具体、完整。一般来讲，仲裁协议应包括如下内容：

①仲裁地点，这是一个关键内容，关系到仲裁程序与准据法的选择。

②仲裁机构。

③仲裁程序规则，一般来讲，在哪个仲裁机构仲裁，就适用该机构的仲裁规则，但也有的国家允许当事人的任意选择。

④仲裁裁决的效力，指裁决是否具有终局性，对当事人有无约束力，能否向法院上诉等，这些都须在仲裁协议中明确。

2. 仲裁协议的作用

① 约束双方当事人只能以仲裁方式解决其争议，且不得向法院起诉。

② 排除法院对有关案件的管辖权。如果一方违背仲裁协议，自行向法院起诉，另一方可根据仲裁协议要求法院不予受理，并将争议案件退交仲裁庭裁断。

③ 使仲裁机构取得对争议案件的管辖权。

10.2.3　仲裁程序

仲裁程序（arbitration procedure）是指双方当事人将所发生的争议根据仲裁协议的规定提交仲裁时应办理的各项手续。

仲裁程序的主要内容大致如下。

（1）提出仲裁申请（arbitration application）

这是仲裁程序开始的首要手续。各国法律对申请书的规定不一致。在我国，《中国国际经济贸易仲裁委员会仲裁规定》规定，当事人一方申请仲裁时，应向该委员会提交包括下列内容的签名申请书：

① 申诉人和被诉人的名称、地址。

② 申诉人所依据的仲裁协议。

③ 申诉人的要求及所据的事实和证据。

申诉人向仲裁委员提交仲裁申请书时，应附具本人要求所依据的事实的证明文件，指定一名仲裁员，预缴一定数额的仲裁费。如果委托代理人办理仲裁事项或参与仲裁的，应提交书面委托书。

(2)组织仲裁庭

根据我国仲裁规则，申诉人和被申诉人各自在仲裁委员会仲裁员名册中指定一名仲裁员，并由仲裁委员会主席指定一名仲裁员为首仲裁员，共同组成仲裁庭审理案件；双方当事人亦可在仲裁委员名册共同指定或委托仲裁委员会主席指定一名仲裁员为独任仲裁员，成立仲裁庭，单独审理案件。

(3)审理案件

仲裁庭审理案件的形式有两种：一种是不开庭审理，这种审理一般是经当事人申请，或由仲裁庭征得双方当事人同意，只依据书面文件进行审理并做出裁决；另一种是开庭审理，这种审理按照仲裁规则的规定，采取不公开审理，如果双方当事人要求公开进行审理时，由仲裁庭做出决定。

(4)作出裁决

裁决是仲裁程序的最后一个环节。裁决作出后，审理案件的程序即告终结，因而这种裁决被称为最终裁决。根据我国仲裁规则，最终裁决外，仲裁庭认为有必要或接受当事人之提议，在仲裁过程中，可就案件的任何问题作出中间裁决或者部分裁决。中间裁决是指对审理清楚的争议所做的暂时性裁决，以利对案件的进一步审理；部分裁决是指仲裁庭对整个争议中的一些问题已经审理清楚，而先行作出的部分终局性裁决。这种裁决是构成最终裁决的组成部分。仲裁裁决必须于案件审理终结之日起45天内以书面形式做出，仲裁裁决除由于调解达成和解而作出的裁决书外，应说明裁决所依据的理由，并写明裁决是终局的和作出裁决书的日期地点，以及仲裁员的署名等。

当事人对于仲裁裁决书，应依照其中所规定的时间自动履行，裁决书未规定期限的，应立即履行。一方当事人不履行的，另一方当事人可以根据中国法律的规定，向中国法院申请执行，或根据有关国际公约、或中国缔结或参加的其他国际条约的规定办理。

按照各国际仲裁规则的一般规定，仲裁裁决如系：在无仲裁协议的情况下作出的、或以无效（呈过期）的仲裁协议为依据作出的裁决；仲裁员的行为不当或越权所作出的裁决；以伪造证据为依据所作出的裁决；或裁决的事项是属于仲裁地法律规定不得提交仲裁处理的裁决等，当事人可在法定期限内，请求仲裁地的管辖法院撤销仲裁裁决，并宣布其为无效。

10.2.4 合同中的仲裁条款

国际货物买卖合同中的仲裁条款，一般应包括：提交仲裁事项（即提请仲裁的争议范围）、仲裁地点、仲裁机构、仲裁程序规则的适用、仲裁裁决的效力以及仲裁费用的承担等内容。

(1)仲裁事项

这是指当事人提交仲裁解决的争议范围,也是仲裁庭依法管辖的范围。凡日后所发生的争议超出所规定的范围时,仲裁庭无权受理,有时即使对超出范围的那部分争议予以受理和审理,但所作的裁决不具有法律效力,因而得不到强制执行。因此,一般可在合同中规定:"凡因与执行本合同有关的一切争议均提交仲裁解决。"

(2)仲裁地点

仲裁地点与仲裁时所适用的仲裁规则和法律有密切关系,因为仲裁地点直接关系到当事人各方的切身利益。按照西方有些国家法律的解释,凡属程序方面的问题,除非仲裁协议另有规定,基本上都适用审判地的法律,即在哪个国家仲裁就适用哪个国家的仲裁法则。至于确定双方当事人的权利、义务关系的实体法,若在仲裁协议中未作规定,则仲裁庭将根据仲裁所在地国家的法律冲突规则确定应适用的实体法。由此可见,仲裁地点不同适用的法律可能有所不同,对买卖双方权利、义务的解释就会有差别,从而导致不同的结果。因此,交易双方对仲裁地点的确定都很关注。

在外贸实践中,关于仲裁地点的规定,视交易情况的不同,一般采用下述三种方法之一:一是力争在我国仲裁;二是可以规定在被告国仲裁;三是规定在双方同意的第三国仲裁。采用第三种方法时,应选择仲裁法律允许受理双方当事人都不是本国公民的争议案,其仲裁机构又具备一定的业务能力,且态度公正的第三国作为仲裁地点。

(3)仲裁机构

这是指受理案件并作出裁决的机构。这种机构可以是临时仲裁机构,也可以是常设仲裁机构。

1)临时仲裁机构

临时仲裁机构是指由争议双方共同指定的仲裁员自行组织起来的,案件审理完毕,仲裁庭即自动解散。采用临时仲裁,仲裁协议需就指定仲裁员的办法、人数、是否需要首席仲裁员以及采用的仲裁规则等问题作出明确规定。

2)常设仲裁机构

常设仲裁机构是指根据一国的法律或者有关规定设立的,有固定名称、地址、仲裁员设置和具备仲裁规则的仲裁机构。由于常设仲裁机构的组织稳定、制度健全、人员配备齐全、选用方便,因而,当前世界各国的争议案件,绝大多数是在常设仲裁机构进行的。选用常设仲裁机构时,应考虑其信誉、仲裁规则的内容、费用水平、所用语言等因素。

(4)仲裁规则的适用

这是指选用哪个国家的仲裁程序法,其中包括如何提出仲裁申请,如何指定仲裁员组成仲裁庭,如何进行答辩,如何审理案件和作出裁决,以及裁决效力如何确定等。选择并适用某一仲裁程序法的目的,主要是为当事人和仲裁员提供一套进行仲裁的行动准则，以便在仲裁时有所遵循。一般地说，买卖合同的仲裁条款中规定在哪一个仲裁机构进行仲裁，就应该按照该机构的仲裁程序规则进行仲裁。但是，也有一些国家的仲裁机构允许当事人在仲裁条款中规定在某个仲裁机构仲裁，而选用另一个国家或国际组织制定的仲裁规则，并且以不违反仲裁地国家仲裁法中的强制性规定为限。

买卖合同中的仲裁条款，应视为与合同其他条款分离地、独立地存在着的条款。合同的变更、解除、终止、失效或无效以及存在与否，均不影响仲裁条款的效力。仲裁条款举例如下：

1）规定在我国仲裁的条款

凡因本合同引起的或与本合同有关的任何争议，均应提交中国国际经济贸易仲裁委员会，按照申请仲裁时该会现行有效的仲裁规则，由申请一方选择由该会在北京或由该会深圳分会或由该会上海分会在上海进行仲裁。仲裁裁决是终局的，对双方均有约束力。

2）规定在被告所在国仲裁的条款

凡因执行本合同所发生的或与本合同有关的一切争议，双方应通过友好协商；如果协商不能解决，应提交仲裁。仲裁在被申请一方所在国进行。如在中国，则由北京中国国际经济贸易仲裁委员会根据该会仲裁规则进行仲裁。如在××（国家），由××（仲裁机构）根据该机构仲裁规则进行仲裁。仲裁裁决是终局的，对双方都有约束力。

3)规定在双方同意的第三国仲裁的条款

凡因执行本合同所发生的或与本合同有关的一切争议，双方应通过友好协商解决；如果协商不能解决，应提交××（国）××（地）××仲裁机构，根据该仲裁机构的仲裁规则进行仲裁。仲裁裁决是终局的，对双方都有约束力。

(5)仲裁费用的负担

通常在仲裁条款中明确规定出仲裁费用由谁负担。一般规定由诉方承担，也有的规定为由仲裁庭酌情决定的。

本章小结

不可抗力条款的内容一般包括：不可抗力事故的范围，不可抗力事故的处理原则，发生不可抗力事件后通知对方的期限和方式，以及不可抗力事件的证明与出具证明的机构等。

仲裁条款主要包括：提交仲裁事项仲裁地点、仲裁机构、仲裁程序、仲裁效力和仲裁费用等内容。仲裁的裁决是终局性的，对双方均具有约束力。

复习与思考题

一、名词解释

不可抗力　协商　调解　仲裁　诉讼　仲裁协议

二、判断题

1. 各国均认为自然灾害和社会异常事件可作为不可抗力。（　）

2. 如果合同中未明确规定不可抗力事件的后果，则应理解为只要不可抗力事件使合同的履行成为不可能时，可解除合同，否则，只能延期履行合同。（　）

3. 如果卖方援引不可抗力条款要求解除不能交货的合同，则买方必须同意。（　）

4. 合同中不可抗力事件范围的规定方法多采用综合法。（　）

5. 不可抗力事件发生后，通常受损害方以航空挂号信件或电报的方式通知对方。（　）

6. 各国有关仲裁的法律后果是统一一致的。（　）

7. 仲裁是解决国际经贸争议的唯一有效途径。（　）

8. 由于仲裁机构是民间性质的，因此仲裁裁决不具有法律强制性。（　）

9. 联合调解和诉讼均应由两个国家的仲裁机构共同调解。（　）

10. 由于仲裁和诉讼均是终局性的，因此，仲裁机构和法院对其裁决均有强制执行权。（　）

三、简答题

1. 简答不可抗力的含义。
2. 简述不可抗力事件产生的原因及后果。
3. 简述一项意外事件能构成免责事件的标准。
4. 简述规定不可抗力事件的方法。
5. 简述合同中不可抗力条款的主要内容及订立不可抗力条款时应注意的问题。
6. 简答仲裁的含义。
7. 简述仲裁与调解、诉讼的异同点。
8. 简述仲裁协议的作用与分类。
9. 简述仲裁机构的类型。
10. 简述仲裁协议的类型和作用。
11. 简述仲裁协议的基本内容。
12. 简述仲裁地点的规定方法。
13. 简述仲裁裁决的种类和内容。

四、案例分析题

1. 某公司与国外客户签订一份精密仪器进口合同，合同规定 9 月份交货。9 月 15 日，该国政府宣布该仪器为高科技产品，禁止出口，该禁令自公布之日起 15 日后生效。国外客户来电以不可抗力为由要求解除合同。试分析国外客户的要求是否合理，我方应如何妥善处理。①

2. 我某出口企业以 CIF 纽约条件与美国某公司订立了 200 套家具的出口合同。合同规定 1996 年 12 月交货。11 月底，我企业出口商品仓库发生雷击火灾，致使一半左右的出口家具烧毁。我企业以发生了不可抗力事件为由，要求免除交货责任，美方不同意，坚持要求我方按时交货。我方无奈经多次努力，于 1997 年 1 月初交货，美方要求索赔。试问：

(1)我方要求免除交货责任的要求是否合理？为什么？

(2)美方的索赔要求是否合理？为什么？②

3. 我国 A 外贸公司向国外 B 公司进口普通豆饼 2000 万 kg(2 万公吨)，8 月份交货。在 4 月份，B 商豆饼收购地发生洪灾，收购计划落空。B 致电我 A 公司要求按不可抗力时间处理，免除其交货责任。问：这一要求是否合理？为什么？③

---

① 资料来源：百度文库 http://wenku. baidu. com/link? url＝29VHdO_0V4PT8PHFa3Q_tg8b_6Lv8sdiCID68-jcSO-hOqwB_9UVYf0oFnwTQ-ac8MfFowVixlgGtQTIXdGNZvaNi62emKrwSSI26T8HyVnnG.

② 资料来源：1997 年外销员考试外贸综合业务试题.

③ 资料来源：MBA 智库文档 http://doc. mbalib. com/view/01ba19075ff2357ad5afb524263b4b36. html.

第 11 章　国际货物贸易合同的磋商

【教学目的和要求】

通过本章的学习，了解在进出口交易前应做好哪些准备工作，理解交易磋商中的询盘、发盘、还盘和接受四个环节的基本含义并重点掌握发盘和接受两个环节，明确合同成立的有效条件、合同的形式和内容，在学习中逐步提高书面和口头表达能力以及逻辑思维能力。

【本章主要知识点】

- 交易磋商的重要性
- 询盘相关内容
- 发盘相关内容
- 还盘相关内容
- 接受相关内容

【章首案例】

案例 11－1　我国某公司向美国某贸易商出口工艺品一批。我方于周一上午 10 时，以自动电传向美商发盘，公司原定价为每单位 500 美元 CIF 纽约，但我方工作人员由于疏忽而误报为每单位 500 元人民币 CIF 纽约。问在下述三种情况下应如何处理较为妥当：

(1)如果是在当天下午发现问题，应如何处理？

(2)如在第二天上午 9 时发现，客户尚未接受，应如何处理？

(3)如在第二天上午 9 时发现，客户已经接受，应如何处理？[①]

案例评析　此案例分析应注意：(1)如果是在当天下午发现，我方最好的选择办法是尽快撤回发盘，并使撤回通知早于或同时到达受盘人，使受盘人无法接受该项发盘。

(2)如果是第二天上午 9 时发现，客户尚未接受，则我方要想撤回发盘已不可能，只能撤销发盘，并将撤销通知于受盘人发出接受通知以前送达受盘人。因为按《公约》规定：在合同签订之前，发盘得于撤销，如果撤销通知于受盘人发出接受通知之前送达发盘人。

(3)如果第二天上午 9 时发现，但客户已接受发盘，则等于交易已经成立，双方都要承担法律责任。但双方在合同正式签署前，我方可与外商协商允许我方更正错误。具体措施有：提供最近与其他客户的成交证明，确系报错，请对方原谅自为对方提供

---

① 资料来源：豆丁网 http://www.docin.com/p-446441.html.

额外便利的条件或凭个人私交等，争取对方同意我方更正错误。如对方拒绝我方的请求，则我方只能引以为戒。

案例 11-2 甲贸易商欲进口货物一批，请国外乙公司发价。5 月 1 日乙公司发出“5 月 31 日以前报价为每箱 2 美元 CIF 天津，共计 200 箱罐装鲨鱼，7 月份纽约港装运”的电报，而甲贸易商则作出如下还价：“你 5 月 1 日的报价还盘为 5 月 20 日前每箱 1.8 美元 CIF 天津，共 200 箱罐装鲨鱼纽约装运。”到 5 月 20 日甲贸易商仍未收到回电。鉴于该货价有上涨趋势，甲贸易商于 5 月 22 日发电如下：“你 5 月 1 日电……我们接受。”问：本案中，乙公司的原报价是否继续约束乙公司至 5 月 31 日？乙公司能否因货价看涨而不理甲？

案例评析 本案例中，甲贸易商先发回电报，改变了乙公司报价中的价格条件及有效期，已构成对乙公司的还盘，故乙公司的发盘实际上已经失效。加上对于甲贸易商的重新发盘乙公司并未接受，因此，对甲贸易商在货物价格上涨后，提出接受原来的发盘条件，乙公司完全可以原发盘失效为由，不予理睬。至于乙公司的原报价是否继续约束乙公司至 5 月 31 日，因为乙公司的原报价实际上在甲贸易商还盘时已失效，即已失去了对乙公司的约束力，故即使甲贸易商在乙公司原报价的有效期间（5 月 31 日）以前（5 月 20 日以后）提出按原报价条件接受，乙公司也不再受约束。[①]

11.1 交易磋商的重要性及磋商前的准备工作

11.1.1 交易磋商的重要性

交易磋商是外贸业务活动中的重要环节。它是指进出口企业为出售或购买货物与国外客户就各项交易条件进行洽商，以期达成协议的过程。交易磋商是以成立合同为目的的，磋商的过程就是合同成立的过程。

交易磋商的重要性：

① 交易磋商的内容包括各项交易条件，它关系到买卖双方的经济利益。

② 交易磋商是一项政策性、策略性、技术性和专业性很强的工作。

③ 交易磋商是一项很复杂的工作。

④ 交易磋商是对外开展商务活动的一个重要阶段。

11.1.2 交易磋商的形式

交易磋商的形式可分为口头和书面两种。口头磋商包括邀请国外客户来访或组织业务人员出访、参加各种商品交易会等，也可以通过电话洽谈；书面磋商是通过来

---

① 资料来源：豆丁网 http://www.docin.com/p-446441.html.

往函电，包括交换信件、电报或传真、电子邮件等。

交易磋商的内容，以货物的品质、数量、包装、价格、交货期和支付条件等为主要内容，还包括检验、索赔、不可抗力和仲裁等其他内容。而后者，属于对每笔交易都适用的条件。因此，一些外贸企业往往将其印在本企业提供的销售合同或购货合同格式的背面或格式正面的下部，以简化手续。

在进出口贸易中，交易对象都是国外商人，而国际市场情况又是错综复杂和变化多端的。因此，在正式交易前，要做好对国际市场的调查研究等工作，才能做到知己知彼，掌握主动。

11.1.3　交易磋商的准备过程

交易磋商的准备过程即是谈判的准备过程，它是由多个工作环节构成的，前期工作包括谈判人员的知识与能力准备，谈判前的信息收集，谈判目标的设定，确定谈判的争议点，评估当事人之间的优劣势，分析市场，预测对方的谈判底线与初始报价，考虑双赢的结果。在此基础上考虑本企业的谈判底线与初始报价，明确谈判的战略与战术，最后决定谈判的议程和交流方式。谈判准备过程是赢得谈判成功的关键。

1. 谈判人员的知识与能力准备

首先，外贸销售谈判人员需要有商业知识，国际货物运输知识、国际商务业务知识、运输与财产保险知识、外汇与金融知识等；其次，谈判人员需要培养心理适应能力、控制能力、协商能力、制订计划的能力、分析能力、沟通能力、容忍激烈或模棱两可的措辞能力和创造性解决问题的能力。同时，谈判人员也应该准备从事商业活动必要的工具，如商品名录、价格表、公司介绍、名片、记事簿、笔、计算器、订货单和销售确定书等。

2. 谈判前的信息收集

谈判之前必须尽量收集与出口销售有关的信息。信息是影响谈判的决定性因素。谈判者可以从企业的出口营销方案及市场调查中获取信息，也可以在谈判中不断获得有关信息。为签订合同而需要重点准备的资料有：

① 企业的目标市场是什么，企业的利益点在什么地方。

② 与公司有关的资料，包括公司的发展历史、组织人事、主要业绩、企业的经营哲学、企业文化等反映企业情况的信息。

③ 明确什么是公司的唯一卖点，知道公司在市场中的竞争优势。

④ 企业提供的产品或服务是否有创新或和他人不同。

⑤ 回顾企业的销售记录与文献，了解企业出口商品在客户所在地市场上的历史销售量，客户历史上的采购量。

⑥ 企业的竞争对手是否也有出口。

⑦详细列出每个参加谈判的客户或合作伙伴的企业性质、经营范围、经营能力、技术支持能力，商业信用以及与众不同的特点等情况。

⑧ 本企业的国外竞争者是否将类似产品销售到客户所在的市场。

⑨ 国外竞争者的产品是否已经进入中国国内市场。

⑩ 本企业的国内客户是否向目标市场出口本企业的产品。

⑪ 是否需要到国外做实地调查,是否能收到国外市场调查信息。

3. 设定谈判目标

谈判目标可分为基本目标与期望目标两种。基本目标是指谈判必须达到的有形或无形的目标,是评价谈判是否成功的关键,没有达到基本目标的谈判,只能是一个失败的谈判;期望目标是在谈判中尽力追求的目标,它是企业通过谈判而获得的额外利益,是评估谈判满意感的指标,期望目标达到得越多,对谈判成功的满意感就越大。谈判人员在设计谈判目标时需要考虑的问题:

① 本次谈判是以竞争性为主,还是以合作性为主。

② 本次谈判是短期的合作,还是长期的合作。

③ 谈判有几个目标,目标之间是否存在相互冲突。

④ 谈判目标是否具体明确,是否可以量化表示。

⑤ 谈判目标是否有可行性、可操作性,能否表现在具体的合同条款之中。

4. 确定谈判的争议点

争议点是指当事人之间可能存在利益冲突的地方。谈判人员应该确定每项谈判的争议点在什么范围,对方会如何定义这些争议点。确定争议点的目的是为把握谈判的主动权确定可以讨价还价的空间,明确双方对争议点的界定,以便通过交换与让步解决实际问题。

5. 评估优劣势

评估优劣势的作用是了解对方参与此交易的目的,了解对方在谈判中的优势,减少或消除本方的劣势。确定企业是否具有优势时,可以先考虑如下问题:

① 本企业的主要利益在什么地方。

② 本企业的产品是否受市场欢迎。

③ 企业在处理有关产品、交易等方面的效率如何。

④ 企业处理与操作订单的程序与效率如何。

⑤ 企业是否有良好的技术支持、售后服务支持。

⑥ 企业的形象、产品促销宣传是否良好。

⑦ 对方的主要利益是什么。

⑧ 对方对此次谈判的诚意如何。

⑨ 对方的真正需要是什么。

如果回答了上述问题,企业就容易明确自己的位置。优劣势的分析可使出口企业在谈判中为自己创造更多的优势,消除或弥补自己的缺点或使对方处于劣势。

6. 分析市场

分析市场是在营销调查的基础上,对具体谈判对手的市场特征作进一步分析。

分析市场要考虑市场特点、商业惯例和谈判习惯，了解对方对有关产品或服务的市场价值的估计，同时评估这些因素对产品出口的潜在影响。分析市场中的主要问题是：

① 本企业出口的产品是否已经有现存的市场，现存的和潜在的顾客是谁。

② 这些产品的市场是如何发展的，其发展趋势如何。

③ 在这个市场中谁是我们的竞争者，竞争者有什么优势和劣势。

④ 本企业出口的产品在当地的市场价值是什么。

⑤ 谈判对手和当地市场如何评价本企业的产品和服务的价值。

⑥ 本企业进入这个市场有什么障碍和问题，如市场客户与消费者、技术及条件，各种政策与法律、地区消费习惯和文化、商业做法与惯例等在多大程度上会影响本次谈判。

⑦ 在这个市场中最佳的销售方式是什么。

⑧ 在这个市场中最佳的谈判方式是什么。

7. 预测对方谈判底线与初始报价

此步骤是综合判断对手的谈判策略与战术。它需要运用想象力，较准确地估计对方的底价及初步报价。谈判底线是指谈判的基本目的及最低的交易条件，初始报价是指谈判开始时提出的最初交易条件。对进口商而言，价格的谈判底线是购买某商品最高可接受的价格，其初始报价则是指向出口商第一次开出的价格，是可能成交的最低价格。多数企业在评估对方的成交条件时总是考虑底线在什么地方，忽略了对方的初始报价，这就不能从总体上评估对方的成交条件。谈判底线和初始报价构成了一个谈判的区间，判断与评估这个区间对取得谈判成功至关重要。

8. 考虑双赢结局

现代商务是强调竞争与合作的活动。出口企业在制订谈判计划时应该首先争取双赢的结果，即双方都能获利。传统的商务谈判使用的是竞争模式，一方获得利益，必须是另一方有所损失。但是这种谈判模式会影响企业形象，失去多数客户，最终损害企业获利，阻碍企业进一步发展。以双赢思维方式谈判可以促进企业与其商务伙伴的互相信任，相互获益，维持和开发市场，与商业伙伴共同发展。制定双赢模式时可以考虑：

① 什么可以导致本企业获利，而对方因此又不受损失。

② 什么可以导致双方都获益。

9. 确定本企业初始报价与谈判底线

完成上述步骤后，需要确定企业在进出口谈判中的初始报价和谈判底线。出口企业在设计初始报价与底线之间要有一定的差距，要设定在对方的谈判底线之上，但又不能太高。这样本企业有让步的余地，又可避免初始报价过高，而谈判不成。设定谈判底线是帮助谈判者判断是否完成的指标。任何低于谈判底线的报价或交易条件，本企业都应给予拒绝。如果谈判中涉及多项争议，如产品质量、交货日期、成交价格、售后服务等，则需要对每个争议点设定初始报价与谈判底线。

10. 明确谈判的战略与战术

谈判战略是指导谈判的综合方法，谈判战术是指实施谈判战略的具体手段。谈判战略包括不让步、让步和问题解决战略等。不让步战略是指将初始报价定为谈判底线，一旦报出价格后就不让步，这是最强硬的谈判战略；让步战略是指初始报价定的高于谈判底线，在谈判过程中给予对方让步，让步可以在对方要求时做出，也可以首先让步，选择让步战略时需要考虑让步与交换的条件；问题解决战略是将一项谈判作为解决问题的方式，通过对谈判问题的定义，分清双方的单独利益和共同利益，最终解决谈判中的实际问题。本企业事先预测对方的战略战术有助于采用相应的战略战术对策。

11. 决定谈判的议程和交流方式

这一步是确定进出口谈判的具体活动。一般涉及以下问题：

① 企业本次谈判的主要内容是什么。

② 企业谈判前首先需要提出什么先决条件。

③ 本次谈判在什么时间举行，谈判日程如何，谈判的最后期限是什么。

④ 企业派谁参与谈判，是一个人谈判，还是小组谈判。

⑤ 企业选择在什么地方谈判，是在本企业所在地，还是在对方企业所在地，或是在其他地方。

⑥ 企业用什么方式谈判，是书面谈判、电话谈判、网上谈判，还是面对面谈判。

11.1.4 谈判磋商

接下来的过程是谈判的实际磋商过程。这要求谈判者与对方建立良好的人际关系，在双方之间产生相互信任。谈判者在谈判中要认真倾听，检查对方报出的交易条件，认真做好记录，清晰地陈述本方的交易条件，随机应变地使用战略战术，将谈判过程不断推进，最终达到成功。

11.1.5 签约与落实谈判结果

在完成谈判后，企业及时与对方签订合同，并且具体落实谈判结果，履行与完成合同规定的义务。除此之外，企业谈判人员在完成签约后，还需要进一步完成如下工作：

① 回顾谈判过程，写出谈判总结报告。

② 对于没有签订合同的谈判，需要确定是否有必要进一步接触。

③ 确定企业在产品、服务、包装、售后服务、价格、技术规格或细节等方面是否正确，是否需要作必要的修正。

④ 说明在接触过程中学到了什么，了解到了什么新的情况。

11.2　交易磋商过程

在进出口业务中，交易磋商的一般程序可概括为“询盘”“发盘”“还盘”“接受”4个环节。

11.2.1　询盘

1. 询盘的概念与理解

询盘是准备购买或出售商品的人向潜在的供货人或买主探询该商品的成交条件或交易的可能性的业务行为，它不具有法律上的约束力。询盘的内容可以涉及某种商品的品质、规格、数量、包装、价格和装运等成交条件，也可以邮寄样品、报价单、价目表及商品目录等。

在国际贸易业务中，发出询盘的目的，除了探询价格或有关交易条件外，往往还表达与对方进行交易的愿望，希望对方接到询盘后及时作出发盘，以便考虑接受与否。询盘可分为买方询盘(又称递盘，bid)和卖方询盘两种。在实际业务中，由买方主动发询盘的较多。

询盘不是每笔交易必需的程序，如交易双方彼此都了解情况，不需要向对方探询，则可直接向对方作出发盘。

2. 询盘示例

发询盘的目的主要是表达与对方进行交易的愿望，虽然同时探询价格或其他交易条件，但最终希望对方接到询盘后及时作出发盘或在初步探明对方的交易条件后向对方发盘。因此，询盘的内容除表达某种愿望外，可以是部分主要交易条件与一般交易条件，也可以是全部交易条件，但附上限制性或保留性语句，如：“以我方确认为准”“以未售出为准”或“不受约束”等句子。另外，根据《公约》规定，一项订约建议，只要列明货物品名与质量、数量和价格三项条件，即可被认为其内容“十分确定”，而构成一项有效的发盘，如果为受盘人接受，即可成立合同。因此，切勿混淆询盘与发盘的界限，前者对双方均无法律约束力，而后者则对发盘人具有法律约束力。

发询盘时一般不直接用“询盘”的术语，其通常的用语是：

请告…(Please advise...)；请电传告…(Please advise by telex...)；对××有兴趣，请…(Interested in... please...)；可供(Can supply...)；请报价…(Please quote...)；请发盘…(Please offer...)等。例如：

① 请告梅林牌糖水桔子需求量近期装运价每箱 15 美元 CIFC2 汉堡。

② 可供大豆 100 万 kg(1000 公吨)请递盘。

③ 收到国外客户来电：对××商品有兴趣，请报 9 月份装运价。

④ 对东北大豆有兴趣，请电告 CIF 伦敦最低价。

3. 询盘注意事项

① 被询价人可以及时,也可以过一段时间回答询价,还可以拒绝回答询价,但从尊重对方的角度,无论是否希望做交易都应及时回答对方。

② 企业不宜在某段时间内集中对外询价,以防止暴露我方销售心切或购买心切。

③ 在询价时,除询问价格以外,也应该询问其他交易条件。

11.2.2 发盘

1. 发盘概念与理解

发盘又称发价,在法律上称为“要约”,是买方或卖方向对方提出各项交易条件,并愿意按照这些条件达成交易,订立合同的一种肯定的表示。发盘人可以是卖方,也可以是买方。前者称为售货发盘(selling offer);后者称为购货发盘(buying offer),也称“递盘”。通常是买方或卖方在收到对方的询盘之后提出的,但也可不经过对方的询盘,直接向对方发盘。

一方发盘必须提出主要交易条件,包括商品的品质、数量、包装、价格、交货期以及支付方式等,而且发盘都是有有效期的。发盘的有效期是指可供受盘人对发盘作出接受的时间或期限。发盘人对发盘有效期可作明确的规定,也可不作明确的规定。明确规定有效期的发盘,从发盘被传达到受盘人开始生效,到规定的有效期届满为止。不明确规定有效期的发盘,按法律在合理时间内有效。在发盘的有效期内,发盘人不得任意撤销或修改其内容。发盘一经对方在有效期内表示接受,就算达成交易,买卖合同即告成立,双方均受合同的约束。

根据《公约》的规定,一项在法律上有效的发盘必须具备以下条件:

(1)发盘人必须要在发盘中表示愿按发盘所列条件订立合同的意思

这种意思的表示,可以是明示的,也可以是暗示的。明示的表示是指发盘人可在发盘时明白说明或写明“发盘”“发实盘”或明确规定发盘有效期等;暗示的表示,则应与其他有关情况结合起来考虑,包括双方磋商的情况,双方已确立的习惯做法、惯例和当事人随后的行为。如果一方已确定发盘意向,应尽量采用明示的方法表示,以便受盘人认真对待,及时作出反应。

(2)发盘必须要有特定的受盘人

这是指在发盘中,应指明个人姓名或企业名称的受盘人。这一规定的目的,一般是为了将向特定对象作出的发盘与在报刊上刊登广告、向客户发商品目录、价目单和其他宣传品的行为区分开来。

(3)发盘的内容要明确、肯定

即应该包括拟将签订的合同的主要条件,只要对方接受,就足以成立一项对双方当事人均有约束力的合同。在我国外贸实际工作中,我出口方在对外发盘时,应明示或暗示地至少规定六项主要交易条件,即:货物的品名及品质、数量、包装、价格、交货和支付条件。这样，一旦受盘人表示接受，双方即可明白无误地了解双方协商一致的主要合同条款，毋需借助于任何可能引起意见分歧的补救措施。然而，《公约》第 14 条规定，只要列明货物的品名及品质、数量、价格三项条件，即可构成一项有效的发盘。那么，是否意味着我国外贸企业的实际做法中的六项主要交易条件有些多余？其实不然，上述《公约》第 14 条的规定中所缺少的其他内容，可按《公约》第三部分第 35 条(2)款(d)："货物按照同类货物通用的方式装箱或包装，如果没有此种通用方式，则按照足以保全和保护货物的方式装箱或包装。"第 33 条(c)：如合同中未明确规定交货期，则"应在订立合同后一段合理时间内交货。"和第 58 条(1)款："如买方没有义务在任何其他特定时间内支付价款，他必须于卖方按照合同和本公约规定将货物或控制货物处置权的单据交给买方处置时支付价款。"等条款予以确定。因此，为了避免争议的发生，我外贸企业在发盘中应至少列明六项主要交易条件为好。

(4)发盘必须传达到受盘人才能生效

这是《公约》和其他各国法律普遍的要求。口头发盘，应让受盘人听清全部发盘内容，该发盘方为有效；函电方式发盘，必须传达到受盘人才能生效。

2. 发盘示例

报河北小麦大路货 2001 年产 5 万 kg(50 公吨)，净重 25kg 麻袋包装，每公吨 540 美元 CFR 神户 10 月份装运，即期信用证支付，限本月 16 日复到有效。[①]

供应中国松香 WW 级铁桶 10 万 kg(100 公吨)，7、8 月份装船，CFR 伦敦每公吨 500 英镑，不可撤销即期信用证付款，10 日我方时间复到有效。[②]

3. 发盘注意事项

(1)发盘可以撤回和修改

发盘的撤回和修改是指发盘人向受盘人提出的发盘能否在有效期限内撤回和修改。一般规定是：发盘于送达受盘人生效。一项发盘即使是不可撤销的，得予撤回，如果撤回通知于发盘送达受盘人之前或同时送达受盘人。换言之，一项发盘是在传达到受盘人时才发生效力，发盘人在受盘人接到该项发盘之前，可用更为迅速的传递方式撤回和修改发盘内容。

(2)发盘也可以撤销

发盘的撤销(revocation)是指发盘人将发盘送达受盘人之后进行取消。《国际商事合同通则》第 2.4 条规定，在合同订立之前，发盘得予撤销，如果撤销通知在受盘人发出承诺之前送达受盘人。但是下列情况下发盘不得撤销：发盘写明承诺的期限，或以其他方式表明发盘是不可撤销的；或受盘人有理由信赖该项发盘是不可撤销的，而且受盘人已依赖该发盘行事。

---

① 资料来源：豆丁网 http://www.docin.com/p-766174730.html.

② 资料来源：MBA 智库文档 http://doc.mbalib.com/view/daf22829902d7f069b90e506b886a16e.html.

(3)对外发盘要慎重,不能盲目做出发盘

发盘是订立合同的意思表示,对发盘人有法律约束力。一项发盘通常只有在失效情况下才可解除对发盘人的约束力。因此在提出发盘时要了解对方的情况。为避免受发盘的约束,企业可以利用报价单、价格表、形式发票等工具对外报价,这些工具在商业上被视为询价,对报价企业无法律约束力。

(4)发盘效力的终止

任何一项发盘,其效力均可在一定条件下终止。发盘效力终止的原因,一般有以下几个方面:

① 在发盘规定的有效期内未被接受,或虽未规定有效期,但在合理时间内未被接受,则发盘的效力即告终止。

② 发盘被发盘人依法撤销。

③ 被受盘人拒绝或还盘之后,即拒绝或还盘通知送达发盘人时,发盘的效力即告终止。

④ 发盘人发盘之后,发生了不可抗力事件,如所在国政府对发盘中的商品或所需外汇发布禁令等。在这种情况下,按出现不可抗力可免除责任的一般原则,发盘的效力即告终止。

⑤ 发盘人或受盘人在发盘被接受前丧失行为能力(如得精神病等),则该发盘的效力也可终止。

11.2.3 还盘

1. 还盘的含义与理解

还盘是受盘人对发盘内容不完全同意而提出修改或变更的表示。事实上,还盘是对发盘的拒绝,它等于受盘人以发盘人的身份向原来的发盘人做的一项新发盘。一方的发盘经对方还盘以后即失去效力。除非得到原发盘人同意,受盘人不得在还盘后,重新接受原发盘。

一方发盘,另一方如对其内容不同意,可以进行还盘;同样,一方的还盘,另一方如对其内容不同意,也可以进行再还盘。一笔交易有时不经过还盘即可达成,有时要经过还盘,甚至往返多次的还盘才能达成。

2. 还盘示例

还盘只有受盘人才可以作出,其他人作出无效。还盘不仅可以对商品价格,也可以对交易的其他条件提出意见,在还盘时,对双方已经同意的条件一般无需重复列出。进行还盘时,可用“还盘”术语,但一般仅将不同条件的内容通知对方,即意味着还盘。

例如针对上一节我方发盘的内容所作的还盘和再还盘:

☆ 3月8日来电:

你方来盘价格太高,480英镑,8、9月份装运,限12日复到。

☆ 3 月 10 日去电：

你方 8 日电最低价 490 英镑限 14 日回复。

☆ 3 月 12 日来电：

你方 10 日电价格 485 英镑，限 16 日复到。

在实际业务中，交易磋商很少出现一方发盘立即为另一方所接受，无论是进口商还是出口商，在收到对方报价或还盘后往往会讨价还价。因此，在收到对方的还价以后，必须立即正确地进行还价核算。由前面知识可知，报价是由成本、费用和利润三要素构成的，一旦遭遇还价，这意味着构成价格的各要素之间可能会发生变化。因此，在进行还价核算时，要分析在构成价格的各要素中哪些要素有可能进行调整以确保自己的利益。一般来说，可作出的选择有以下四种：

①努力说服对方接受原报价。当然，这样做的后果可能会中断交易，失去客户。

②减少公司的利润后达成交易。这种选择最简便，但直接影响了出口商的经济利益，改变了原报价的初衷。

③缩小费用开支。这种选择需要考虑如何节约公司业务费用，或者和有关方面进行磋商，降低公司外部费用。

④降低进货成本。降低进货成本就是要压低供货商报价，为此，需要与供货商进行谈判。这种做法实施起来并不容易。

通常，还价核算是根据客户的还价，用收入减去支出后大于、等于或小于成本的原理，来确定自己是否还有利润，利润额是多少？计算利润额时可以是单位商品的利润额或者是一个集装箱的利润额，也可以是整批货物的利润额作为基数，即单价法或总价法。一般来说，采用总价法比较直观、精确，还可以迅速核算出利润率，并与原报价的利润率相比较。

3. 还盘注意事项

还盘在形式上不同于拒绝，但它和拒绝一样，都可以导致发盘的失效。也就是说，还盘一经作出，原发盘即对发盘人失去约束力。除此之外，还盘还可以被看作是一项新的发盘。在这项新的发盘中，原发盘的受盘人变成了新发盘的发盘人，而原发盘的发盘人则变成了新发盘的受盘人。新的受盘人可以针对还盘的内容进行考虑，以决定接受、拒绝或是再还盘。

11.2.4　接受

1. 接受的含义与理解

接受在法律上称为“承诺”，它是指受盘人在发盘规定的时限内，以声明表示同意发盘提出的各项交易条件。可见，接受的实质是对发盘表示同意。一项有效的发盘一经接受即宣告合同成立。

根据《公约》的规定，一项有效的接受，必须具备以下条件：

(1)接受必须由受盘人作出

发盘是由特定的人提出的,因此,只有特定的人才能对发盘作出接受。

(2)接受必须是同意发盘所提出的交易条件

接受必须是绝对的、无保留的,必须与发盘的内容完全相符。如果只接受发盘中的部分内容,或对发盘条件提出实质性的修改等,均不能构成接受,而只能视作还盘。我国《合同法》第30条规定,承诺的内容应与发盘的内容一致。受盘人对发盘的内容作出实质性变更的,为新发盘。有关合同的标的、数量、质量、价款或者报酬、履约期限、履行地点和方式,违约责任和解决争议方法等的变更,是对发盘内容的实质性变更。如果,受盘人在表示接受时,对发盘内容提出除上述实质性条件以外的添加、限制和变更。如要求增加重量单、装箱单、原产地证明或某些单据的份数等,这些添加和变更属于非实质性变更,除非发盘人在不过分迟延的时间内以口头或书面形式通知反对其间的差异外,此项接受仍为有效接受。我国《合同法》第31条规定,承诺对发盘的内容作出非实质性变更的,除发盘人及时表示或者发盘表明承诺不得对发盘的内容作出任何变更的以外,该承诺有效,合同的内容以承诺的内容为准。

(3)接受必须在发盘规定的时效内作出

当发盘规定了接受的时限时,受盘人必须在发盘规定的时限内作出接受,方为有效。如果发盘没有规定接受的时限,则受盘人应在合理时间内表示接受。

(4)接受的传递方式应符合发盘的要求

发盘人发盘时,有的具体规定接受的传递方式,也有未作规定的。如果发盘人没有规定传递方式,则受盘人可按发盘所采用的,或采用比其更快的传递方式将接受通知送达发盘人。

2. 接受示例

接受没有固定的格式,在英语中一般可以有以下词语表达:接受……同意……确认……。

接受除使用上述词语外,通常尚需列明有关的主要交易条件,因为交易磋商过程往往很长,来往函电较多,重复交易条件可以避免误解和差错。例如:你方10日电接受"绿牡丹"染色府绸36576m(40000码),木箱装,每码3.00港元CIF新加坡佣金3%,5月份交货不可撤销即期信用证支付。[①]

如果磋商过程简单,来往函电较少,则接受通知可简单一些。例如:"你方10日电我接受。"

3. 接受注意事项

(1)接受生效的时间

在接受生效的时间问题上,英美法与大陆法存在着严重的分歧。英美法采用"投邮生效"的原则,即接受通知一经投邮或交给电报局发出,则立即生效;大陆法系采用

① 资料来源:豆丁网 http://www.docin.com/p-766174730.html.

"到达生效"的原则,即接受通知必须送达发盘人时才能生效。《公约》第 18 条第 2 款明确规定,接受通知送达发盘人时生效。如果接受通知未在发盘规定的时限内送达发盘人,或者发盘没有规定时限,且在合理时间内未曾送达发盘人,则该项接受称作逾期接受(late acceptance)。按各国法律规定,逾期接受不是有效的接受。

此外,接受还可以在受盘人采取某种行为时生效。《公约》第 8 条第 3 款规定,如根据发盘或依照当事人业已确定的习惯做法或惯例,受盘人可以作出某种行为来表示接受,并须向发盘人发出接受通知。

(2)逾期接受

逾期接受,又称迟到的接受,是指受盘人发出的接受通知超过发盘人规定的有效期或发盘中未明确规定有效期而超过合理时间才送达发盘人。逾期接受在一般情况下无效。

但《公约》对这一问题作了灵活处理:

第一,只要发盘人毫不迟延地口头或书面通知受盘人,认为该项逾期接受有效,那么合同就成立;如果发盘人对逾期的接受表示拒绝或不立即向受盘人发出上述通知,则该项逾期接受无效,合同不成立。

第二,如果载有逾期接受的信件或其他书面文件显示,在传递正常的情况下,本应是能够送达发盘人的,则这项接受应当有效,除非发盘人毫不迟延地用口头或书面通知受盘人,他认为发盘已经失效。

总之,逾期接受是否有效,关键要看发盘人如何表态。

(3)有条件的接受

有条件的接受是指受盘人在答复发盘时,使用了"接受"(accepted)字样,但又对接受的发盘内容作出某些添加、限制或其他更改。从法律上讲,有条件的接受,只能是还盘,但是根据国际贸易的实际业务,《公约》对"有条件的接受"又作出了一些特殊规定。

《公约》将接受中对发盘条件的变更分为两大类:一类是实质性变更,即在实质上变更发盘的条件;另一类是非实质性变更,即实质上并不变更发盘的条件。这两种变更在法律效力上完全不同:例如,对货物的价格、付款、质量和数量、交货地点和时间、赔偿责任范围或解决争端等方面的变更,为实质性变更,只能构成还盘,接受无效,合同不成立;再如,要求提供重量单、装箱单、商检证、产地证等单据,或增加某种单据的份数等附加条件,应视为非实质性变更的接受,仍构成有效接受,合同成立。

(4)接受的撤回或修改

在接受的撤回或修改问题上,《公约》采取了大陆法"送达生效"的原则。该《公约》第 22 条规定:"如果撤回通知于接受原发盘应生效之前或同时送达发盘人,接受得予撤回。"由于接受在送达发盘人时才产生法律效力,故撤回或修改接受的通知,只要先于原接受通知或与原接受通知同时送达发盘人,则接受可以撤回或修改。如接受已送达发盘人,即接受一旦生效,合同即告成立,就不得撤回接受或修改其内容,因为这样做无异于撤销或修改合同。

(5)重新接受

重新接受是指受盘人接到一项发盘时，首先作出了拒绝或还盘，然后又表示接受。这种接受是否有效，要根据情况而定，如果受盘人采用更加快捷的传递方式将接受通知发出，并使其先于拒绝或还盘送达发盘人，则该项接受有效；如果接受通知与拒绝或还盘同时送达发盘人，或者迟于拒绝或还盘送达发盘人，则此项接受无效。因为拒绝或还盘一旦送达发盘人，发盘即告失效，受盘人已无接受的权利。

本章小结

交易磋商的程序一般包括询盘、发盘、还盘和接受四个环节，其中发盘和接受是两个法律上必经环节。询盘：是交易的起点，只是一种愿望表示，对双方没有约束力，不是交易磋商的必经步骤。发盘：要灵活掌握构成发盘的四个必要条件，并能清楚地认识到发盘是交易磋商必经的环节。还盘：不是交易磋商必经的环节，但是一笔交易的达成往往要经过多次还盘，发盘人与受盘人的地位可能会经过多次转换。接受：要灵活掌握构成接受的四个必要条件，并能清楚地认识到接受是交易磋商必经的环节。接受一经生效，合同即告成立。

复习与思考题

一、名词解释

询盘　发盘　还盘　接受

二、判断题

1. 询盘、发盘和接受是洽商交易不可缺少的步骤。（　）
2. 一项有效接受至少应包括有关规定的三个基本条件。（　）
3. 发盘在其生效前是可以修改或撤回的。（　）
4. 如对发盘作出无条件接受，则此项接受肯定为有效接受。（　）
5. 对原发盘内容变更的答复盘为还盘。（　）
6. 《公约》在接受的撤回或修改问题上，采用“送达生效”的原则。（　）
7. 我国签订的涉外经济合同，必须以书面方式订立，否则此合同无效。（　）
8. 一项逾期接受在任何情况下都是无效的。（　）
9. 一项还盘是对原发盘的拒绝，一经受盘人作出还盘，原发盘也随之失效，交易洽商由此中断。（　）
10. 一项发盘必须写明有效期。（　）

三、简答题

1. 构成一项法律上有效的发盘必须具备哪些条件？

2. 在交易磋商前,需要准备哪些事项?

3. 发盘在哪些情况下失效?

4. 为什么说交易磋商是对外贸易的一个重要环节?

5. 简述逾期接受的法律效力。

6. 一项有效接受必须具备哪些条件?

7. 交易洽商的一般程序是什么? 达成一项交易,哪些环节是必不可少的? 为什么?

8. 什么是发盘的有效期? 如何规定发盘的有效期? 如何对待未具体规定有效期的发盘?

9. 对于发盘的撤回或撤销,《公约》有何规定?

10. 发盘在哪些情况下失效?

11. 合同有效成立主要应具备哪些条件?

12. 什么是逾期接受? 逾期接受是否有效?

13. 根据《公约》规定,是否所有发盘在受盘人尚未接受之前都是可以撤销的?

四、案例分析题

1. 我某外贸公司与美国的一家客户洽谈一笔交易,我方在某年 4 月 7 日以电报发盘,规定在 4 月 12 日前复到有效。对方在 4 月 10 日以电报表示接受。但由于邮递延误,我方在 14 日才收到该项复电。业务员因其为逾期接受,应属无效,未予理睬。该货又售给另一客户。日后对方坚持合同已成立,要我发货,我方应如何处理?①

2. 进口商甲收到出口商乙就某商品的发盘,其中写明:"PACKING IN SOUND—BAGS"。在发盘有效期内,甲复电称:"REFER TO YOUR TELEX FIRST ACCEPTED PACKING IN NEW BAGS"。乙收到复电后,即着手备货。数日后该商品的国际市场价格猛增。甲又来电称:"我方对包装条件作了变更,你方未确认,合同并未成立。"而乙坚持认为合同已成立。双方发生争议。此案应如何处理? ②

3. 甲公司拟进口一批货,请乙公司发盘。5 月 1 日公司发盘,对该货报价每箱 2 美元,限 5 月 31 日前答复。对此,甲公司作出还盘,提出货物价格每箱 1.8 美元,并要求乙公司 5 月 20 日前答复。至 5 月 20 日乙公司一直未予答复。由于该货价看涨,甲公司 5 月 22 日又去电,表示接受对方 5 月 1 日发盘。此接受是否有效? 乙公司的发盘有效期未过,对乙公司是否还有约束力? ③

4. 我某外贸企业向国外询购某商品,不久接到外商 3 月 20 日的发盘,有效期致

---

① 资料来源:道客巴巴网 http://www.doc88.com/p-6903978452983.html.

② 资料来源:石玉川,等.国际贸易实务.北京:对外经济贸易大学出版社,2013.07.

③ 资料来源:百度文库 http://wenku.baidu.com/link? url=Th-Xjopxjq33GsGfk1rbTdhXSQaR5KUAPYh-wDZ_XwJnRTpjihNjq08iC9yD3S-ka3_t0MsjrWP3Fpu5RLreE2Xf-TX16YrZ5UZ1kojBV3jW.

3 月 26 日。我方于 3 月 22 日电复:“如能把单价降低 5 美元,可以接受。”对方没有反应。后因用货部门要货心切,又鉴于该商品行市看涨,我方随即于 3 月 25 日去电表示同意对方 3 月 20 日发盘所提的条件。试分析:此项交易是否达成,理由何在?[①]

5. 我方发盘有效期到 5 月 5 日,对方接受电报的交发时间是 5 月 3 日,但情况表明该电报在传递过程中出现异常情况,以致我方收到时过期。对此,我方应如何处理?[②]

① 资料来源:豆丁网 http://www.docin.com/p-479279391.html.

② 资料来源:MBA 智库文档 http://doc.mbalib.com/view/c05fdcdda7d373441e5defa54e5529e8.html.

第 12 章　国际货物贸易合同的订立

【教学目的和要求】

通过学习，掌握合同成立的要件，了解国际货物贸易合同的含义与形式，熟悉国际货物贸易合同的分类，掌握国际货物贸易合同的主要内容。

【本章主要知识点】

- 合同有效成立的要件
- 国际货物贸易合同的形式
- 国际货物贸易合同的分类
- 国际货物贸易合同的主要内容

【章首案例】

案例 12-1　某年 3 月，我国辽宁 A 进出口公司与美国 B 公司签订销售合同，采用 D/A 90 天方式出口一批家用电器到美国，在货到 1 个月后，B 公司来电称，由于几家批发商相继毁约，销售遇到困难，但不会延误付款。然而在应收账款到期日，A 没有收到货款。之后，B 公司突然发来一份据称是美国一家著名电器实验室出具的质检证明，称货物有严重质量问题，要求折价 40%，否则全部退货。经过了解情况，由于美国家电市场行情发生变化，以及由于 B 公司自身的原因造成货物滞销，B 公司因而提出货物存在质量问题，要求 A 公司赔偿损失或折扣货款，将原本属于 B 公司自己的商业风险转嫁给 A 公司。A 公司虽经多次据理力争，然而由于双方签订的买卖合同中未列明争议的方法和时限以及出具有效质检证明的机构，A 公司没有办法找到拒绝 B 公司无理要求的充分理由。最后 A 公司的货款仅以原价的 65%收回。①

案例评析　本案的症结在于我出口公司沿用格式和内容较为统一的售货合同，在合同中质量争议条款和商品检验条款内容很少，表述也较为简单，不能完全保证出口方的正当利益。甚至个别的售货合同，根本没有质量争议条款。一旦外商提出质量争议，由于没有合同的约束，我方往往有理说不清，只能吃哑巴亏。从本案来看，完善的合同条款和恰当的支付方式对合同能否得到顺利履行非常重要。

在国际贸易业务中，一笔交易经过双方磋商（通常分为询价、发价、还价、接受四个环节），一旦发价（或还价）被对方接受，则交易达成。合同是交易各方磋商内容的真实意思体现，它将交易各方各自的权利和义务关系集中体现出来。

---

①　资料来源：豆丁网 http://www.docin.com/p-411551344.html.

12.1 合同的成立

12.1.1 合同成立的时间

根据《公约》的规定，一项发价一旦被被发价人有效接收后，交易即告达成，合同即告成立。在实际业务中，合同成立的时间以订约时合同上所写明的日期为准，或以收到对方确认合同的日期为准。

在现实经济生活中，有些合同成立的时间有特殊规定。例如《中华人民共和国合同法》(以下简称《合同法》)第32条规定："当事人采用合同书形式订立合同的，自双方当事人签字或者盖章时合同成立。"

12.1.2 合同有效成立的要件

一项有法律效力的合同应具有下列条件。

(1)合同当事人必须具有签约能力

签订买卖合同的当事人主要为自然人或法人。按各国法律的一般规定，自然人签订合同的行为能力，是指精神正常的成年人才能订立合同；未成年人、精神病人等订立合同必须受到限制，关于法人签订合同的行为能力，各国法律一般认为，法人必须通过其代理人，在法人的经营范围内签订合同，即越权的合同不能发生法律效力。

我国《合同法》第9条规定："当事人订立合同，应当具有相应的民事权利能力和民事行为能力。"由此可见，在订立合同时，注意当事人的缔约能力和主体资格问题是十分重要的。

(2)合同必须有对价或约因

英美法认为，对价是指当事人为了取得合同利益所付出的代价。法国法认为，约因是指当事人签订合同所追求的直接目的。按照英美法和法国法的规定，合同只有在有对价或约因时，才是法律上有效的合同。

(3)合同的内容必须合法

合同内容合法包括不得违反法律、不得违反公共秩序或公共政策，以及不得违反善良、风俗或道德三个方面。

我国《合同法》第7条规定："当事人订立、履行合同应当依照法律、行政法规，尊重社会公德，不得扰乱社会经济秩序，损害社会公共利益。"

(4)合同必须符合法律规定的形式

大多数国家，只对少数合同才要求必须按法律规定的特定形式订立，而对大多数合同，一般不从法律上规定应当采取的形式。我国《合同法》第10条规定："当事人订立合同，有书面形式、口头形式和其他形式。"

(5)合同当事人的意思表示必须真实

在国际贸易中,买卖双方必须在自愿和真实的基础上达成协议。任何一方采取欺诈、威胁或暴力行为与对方订立的合同无效。

12.2　国际货物贸易合同的含义及其形式

12.2.1　国际货物贸易合同的含义

国际货物贸易合同是指不同国家(或地区)的当事人(买卖双方)之间,通过友好磋商,按照一定交易条件达成的买卖某种货物的协议。国际货物贸易合同根据买卖双方都接受的国际贸易公约或惯例的规定而成立。按照国际贸易有关公约或惯例的解释,一项发价一旦被被发价人有效接收后,交易即告达成,合同即告成立。交易各方都应受合同条款的约束,并按规定履行合同。

12.2.2　国际货物贸易合同的形式

关于国际货物贸易合同的形式,各国法律要求各异。有的国家法律规定,合同必须采用书面形式,或超过一定金额的合同必须采用书面形式。如美国《统一商法典》规定,凡金额在 500 美元以上的货物销售合同必须有书面文件为证,否则不得由法律强制执行。因此,对于那些通过口头磋商达成的交易,须再订立书面合同加以确认。但目前绝大多数国家的法律对国际货物贸易合同的形式基本上采取所谓“不要式原则”(principle of informality),即法律不要求按特定的形式订立合同或法律只要求某些特定的合同采用书面形式。换句话说,当事人无论采用口头形式还是书面方式,或是以某种行为来订立合同,都被认为是合法和有效的。英国《货物买卖法》规定,买卖合同可以以书面方式、口头方式或部分书面、部分口头的方式订立,也可由当事人以行为方式来表示订立合同的意愿。德国法律也规定货物买卖一般不要求以特定的形式订立合同。《公约》第 11 条规定:“销售合同无须以书面订立或书面证明,在形式方面也不受任何其他条件的限制。”销售合同可以用包括人证在内的任何方法证明。”我国《合同法》第 10 条规定:“当事人订立合同,有书面形式、口头形式和其他形式,法律、行政法规规定采用书面形式的,应当采用书面形式。当事人约定采用书面形式的,应当采用书面形式。”按照一般的法律解释,除非当事人约定以签订正式书面合同为合同成立条件,当事各方可以约定以任何形式订立合同,口头合同、书面合同以及其他形式的合同同样在法律上予以承认。

在国际贸易中,当事各方订立合同有下列几种形式。

(1)书面形式

书面合同是指以合同书、信件以及数据电文(如电报、电传、传真、电子数据交换和电子邮件)等形式表现合同内容。采用书面形式订立的合同,既可以作为合同成立的证据，也可以作为履行合同的依据，还有利于加强合同当事人的责任心，使其依约行事，即使履约中发生纠纷，也便于举证和分清责任，故书面合同成为合同的一种主要形式。鉴于采用书面形式订立合同有许多好处，故有些国家的法律或行政法规甚至明文规定必须采用书面形式。

在国际贸易中，对书面合同的形式通常没有具体的限制，买卖双方可以采用正式的买卖合同或非正式的确认书或协议，也可以采用备忘录等多种形式。具体说来，常见的书面合同有以下几种形式。

1）销售合同或购买合同

销售合同或购买合同有时被笼统地称为合同或买卖合同。这种合同的格式比较规范，内容完整全面，除了包括合同的主要条款，如货物的名称、规格、型号、品质、适量、包装、单价、总值、交货期、运输条款、保险条款、付款方式等主要内容外，还包括异议与索赔、仲裁、不可抗力等一般合同条款。这种合同对当事各方的权利和义务关系以及发生争议后如何处理均有明确规定。由于这种形式的合同有利于明确交易双方的权利和责任，因此大宗货物或成交金额较大的交易多采取这种形式。销售合同通常由卖方（出口方）草拟提出，供买方确认并签字；购买合同通常由买方（进口方）草拟提出，供卖方确认并签字。

2）销售确认书或购买确认书

销售确认书或购买确认书统称为确认书，属于一种简式合同。尽管与正式买卖合同具有同等的法律效力，但其所包含的条款比正式的合同更加简单，只列明几项主要的条款，如货物的名称、规格、型号、品质、数量、包装、单价、总值、交货期、运输方式、付款方式等，而对于争议与索赔、仲裁、不可抗力等一般合同条款一般不予列入。确认书适用于金额不大、批数较多的土特产品和轻工产品、或者已订有代理、包销等长期协议的交易。

在我国对外贸易业务中，书面合同主要采用合同（销售合同或购买合同）和确认书（销售确认书或购买确认书）两种形式。两种形式的合同（或确认书）通常正本一式两份，买卖双方各执一份，副本份数视双方需要而定。此外，书面形式的合同还包括协议、备忘录、意向书、订单和委托订购单等。

3）协议

协议或协议书在法律上与合同含义相同。书面文件冠以“协议”或“协议书”的名称，只要其内容对买卖双方的权利和义务作出明确、具体的规定，并经双方当事人签署确认，就与合同一样对买卖双方均具有法律约束力。但如果所洽谈的交易比较复杂，经过磋商后，仅谈妥了一部分条件，还有一部分条件有待进一步商洽，此时买卖双方可先签订一个“初步协议”或“原则性协议”，以便把双方已谈妥的部分条件先确立下来，其余的条件以后再行详谈。这种协议内通常订明“本协议属初步性质，正式合同有待进一步洽商后签”，或作出类似意义的声明，因此这种协议不具有正式合同的性质，在法律上没有约束力。

4）备忘录

备忘录是指在交易磋商时用来记录磋商内容以供日后核查的文件。如果当事各方将磋商的交易条件完整、明确、具体地记入备忘录，并经各方签字，则这种备忘录的性质和作用与书面合同无异；如果交易各方磋商后，只是对某些事项达成一致或一定程度的理解或谅解，并将这种理解或谅解用“备忘录”的形式记录下来，作为双方今后交易或合作的基础，或供进一步洽谈参考，并且在法律上不具有约束力。备忘录在国际贸易中使用并不多，仅在少数交易较为复杂、需要分段谈判磋商时使用。

5）意向书

意向书是指在交易磋商尚未达成最终协议之前，买卖双方将共同争取实现的目标、设想和意愿，有时还包括初步商定的部分交易条件记录于一份书面文件上，作为日后进一步谈判的参考和依据，这种书面文件称为“意向书”。意向书只是双方当事人为达成某项协议而作出的一种意愿表示，不是法律文件，对有关当事人没有法律约束力。在日后进一步洽谈中，一般以此前达成的意向为基础。

6）订单和委托订购单

订单是指进口商或实际买方拟制的货物订购单；委托订购单是指由代理商或佣金商拟制的代客户购买货物的货物订购单。一般而言，经过交易双方磋商成交后寄来的订单或委托订购单，实际上是购货方的购买合同或购买确认书。有时，国外客户事先并未与我方进行交易磋商，而直接寄来订单要求订货，对于这类订单或委托订购单，我方需认真区分是否是发价邀请，并及时予以答复。

(2)口头形式

采用口头形式订立的合同，又称口头合同，是指当事人之间通过当面谈判或通过电话方式达成协议而订立的合同。采用口头形式订立合同，有利于节省时间、简便行事，对加速成交起着重要作用。但是，因无文字依据，空口无凭，一旦发生争议，往往造成举证困难，不易分清责任。这是导致有些国家的法律、行政法规强调必须采取书面合同的最主要的原因。

(3)其他形式

这是指上述两种形式之外的订立合同的形式，如电子形式或以行为方式表示接受而订立的合同。随着信息技术的发展，合同的订立形式已经超越了书面和口头两种传统的形式。电子合同的出现以及根据当事人之间长期交往中形成的习惯做法，或发价人在发价中已经表明被发价人无需发出接受通知，可直接以行为作出接受而订立的合同(如卖方发价后，买方直接将货款电汇至卖方或将信用证开至卖方)，均属此种形式。

上述订立合同的三种形式，从总体上来看，都是合同的法定形式，因而均具有相同的法律效力。当事人签订合同时，究竟采用什么形式，应根据有关法律、行政法规的规定和当事人双方的意愿行事。

12.3 国际货物贸易合同的分类及其主要内容

12.3.1 国际货物贸易合同的分类

国际货物贸易合同的分类与国际货物贸易合同的形式相互联系，按不同形式划分，国际货物贸易合同有着不同的分类。例如：

① 按合同形式不同，可分为书面合同、口头合同和其他合同三种。

② 按合同制作人不同，可分为销售合同和购买合同两种。前者由卖方缮制，又称出口合同；后者由买方制作，又称进口合同。

③ 按合同内容的繁简程度不同划分，出口合同可分为销售合同和销售确认书；进口合同则分为购买合同和购买确认书。

12.3.2 国际货物贸易合同的主要内容

国际货物贸易合同是规定买卖双方权利和义务的法律文件。合同的内容一般包括约首、正文和约尾三部分(国际货物贸易合同式样见本章附录)。

(1)约首

约首即合同的首部，包括合同名称、合同号码、缔约日期和地点、缔约双方的名称、地址、电话号码、传真号码等内容。此外，在合同约首部分主要写明双方订立合同的意愿和执行合同的保证，对买卖双方都具有约束力等。

(2)正文

正文是合同的主体，包括品名(规格、型号)、品质、数量或重量、包装、单价和总值、运输、保险、支付、检验检疫等主要合同条款，同时还包括异议和索赔、不可抗力和仲裁等一般合同条款。合同正文部分具体规定了买卖双方各自的权利和义务，是交易双方磋商的主要内容。

(3)约尾

约尾即合同的尾部，一般包括合同适用的法律或惯例、合同有效期、使用的文字及其效力、合同的份数以及双方签字及签字日期(签约日期)等。

本章附录

国际货物贸易合同

销售合同

SALES CONTRACT

卖方：湖北省五矿国际贸易股份有限公司

Seller：HUBEI PROVINCIAL MINMETAL INTERNATIONAL TRADING CORPORATION LIMITED

卖方地址：中国武汉市汉北路 8 号

Sell's Address：NO. 8，JIANG HAN NORTH ROAD，WUHAN，CHINA

Telex：40116 HBMIE CN

FAX：86－27－8573－8888

买方

Buyer：LAI SAN AND CO LTD

买方地址：

Buyer's Address：121 LOUIS PASTEUR STRESST PORT LOUIS MAURITIUS

Telex：×××××

Fax：×××××

Tel：×××××

合同号码：　　　　　　日　期：　　　　　　　　签约地点

Contract No. MAUR101229 Date：DEC 29，2010 Signed at：WUHAN

兹经买卖双方同意由卖方出售、买方购进下列货物，并按下列条款签订本合同：

This Sales Contract is made by and between the seller and the buyer whereby the seller agrees to sell and the buyer agrees to buy the undermentioned goods according to the terms and conditions

1.商品、规格及包装 Name of Commodity,Specification &Packing	2.数量 Quantity	3.单价 Unit Price	4.总值 Total Amount
CAST IRON MANHOLE COVERS AND FRAMES（铸铁下水道盖板） TO BS 497/79 BIACK BITUMEN COATED ‘HB’ BRAND（单色沥青涂层） SPECIFICATION（SINGLE SEAL，LIGHT DUTY）（单槽，轻型） （1）450mm×600mm 23kg,700SETS （2）450mm×450mm 15kg,200SETS （3）375mm×375mm 12kg,100SETS （4）300mm×300mm 7kg,100SETS （5）225mm×225mm 5kg,100SETS TOTAL：1,200SETS 数量和总值允许有10%的增减。 10% more or less is allowed on the quantity and total value.	1 200SETS	CIF USD/SET 11.50 7.50 6.00 3.50 2.50	PORT LOUIS USD8050.00 USD1500.00 USD600.00 USD350.00 USD250.00 USD10750.00

stipulated below：

5. 装运口岸　　　　　　　　　　目的口岸

Port of Loading：SHANGHAI　　Port of Destination：PORT LOUIS

6. 允许分批/否 允许转船/否

Partial Shipments are allowed or not: YES Transshipment is allowed or not: YES

7. 装运期 8. 装运标记

Time of Shipment: MARCH, 2011 Shipping Marks: N/M

9. 付款条件及方式 Terms of Payment

■ 买方须于20××年12月 日前开出保兑的、可转让的以卖方为受益人的即期/天远期信用证,信用证议付有效期延至装运期后15天在中国截止。

By confirmed and transferable Letter of Credit established before JAN 31, 2011 in favor of the seller, available by the seller's documentary draft at sight/at days after sight, to be valid for negotiation in china until 15 days after the date of shipment.

□ 买方应凭卖方开具的即期跟单汇票与第一次立即付款,付款后交单。

Upon first presentation, the buyer shall pay against documentary draft drawn by the seller at night. The shipping documents are to be delivered against payment only.

□ 买方应凭卖方开具的见票后 天付款的跟单汇票与第一次提示时即予承兑,并应于汇票到期日即予付款,付款后交单。

□ The buyer shall dully accept the documentary draft drawn by the seller at ____ days sight upon first presentation and make payment on its maturity. The shipping documents are to be delivered against payment only.

□ 买方应不晚于 年 月 日将贷款总值的 %用电汇/信汇/票汇方式预付给对方。

The buyer shall pay % of the total value to the seller in advance by T/T, M/T, D/D not later than

10. 保险 Insurance

■ 按照中国人民保险或伦敦保险协会 保险条款,由卖方按发票金额的110%向中国人民保险投保险。

To be effected by the seller with PICC for 110% of invoice value against ALL RISKS AND WAR RISKS AND STRIKES subject to THE MARINE CARGO CLAUSES DATED JAN. 1 1981 of CIC or ICC.

□ 由买方自理

To be effected by the buyer.

11. 商检:双方同意以中国出入境检验检疫局所签发的品质/数量(重量)检验证书为最后依据,对双方均具有约束力。

Inspection: It is mutually agreed that the Certificate of Quality and Quantity (or Weight) issued by CIQ (Entry－exit Inspection and Quarantine Bureau of the People's Republic of China) shall be regarded as final and binding upon both parties.

12. 其他条款:详见背面,该条款为合同不可分割部分。

Other Terms: As specified overleaf, which shall form an integral part of this Contract.

卖方	买方
The Seller	The Buyer
(SIGNATURE)	(SIGNATURE)

合同背面条款

Other Terms and Conditions:

1. 异议:品质异议须于货到目的口岸之日起30天内提出,数量异议须于货到目的口岸之日起15天内提出。但均须提供经卖方同意的公证行的检验证明。如果责任属于卖方,卖方于收到异议20天内答复买方并提出处理意见。

Quality / Quantity Discrepancy: In case of quality discrepancy, claim should be filed by the within 30 days after the arrival of the goods at port of destination. While for quantity discrepancy, claim should be filed by the buyer within 15 days after the arrival of the goods at the port of destination. In both cases, claims must be accompanied by survey reports of recognized public surveyors agreed by the seller. Should the responsibility of the subject under claim be found to rest on the part of the seller, the seller shall, within 20 days after receipt of the claim, send his reply to the buyer together with suggestion for settlement.

2. 信用证内容必须严格符合本售货合同的规定,否则修改信用证的费用由买方负担,卖方也不负因修改信用证而延误装运的责任,并保留因此而发生的一切损失的索赔权。

The contents of the covering Letter of credit shall be in strict accordance with the stipulations of the sales contract. In case of any variation there of necessitating amendment of the L/C, the buyer should bear the expenses for effecting the amendment. The seller shall not hold responsibility for the possible delay of shipment resulting from awaiting the amendment of the L/C, and reserve the right to claim from the buyer compensation for the losses resulting herefrom.

3. 除经约定保险归买方投保者外,由卖方向中国保险公司投保。如果买方须增加保险额及/或须加保其他险别,可于装船以前提出,经卖方同意后代为投保,其保险费由买方负担。

Except in case where the insurance is covered by the buyer as arranged, insurance is to be covered by the seller with Chinese insurance company . If insurance for additional amount and /or for other insurance terms is required by the buyer, prior notice to his effect must reach the seller before shipment and is subject to the seller's agreement, and the extra insurance premium shall be for the buyer's account.

4. 买方须将申请许可证副本经有关银行确认后寄给卖方,俟许可证批准后再即用电报通知卖方。假如许可证被驳退,买方须征得卖方的同意以后方可重新申请许可证。

The buyer requested to send to the seller authentic copy of the license application (endorsed by the relative bank) filed by the buyer and to advise the seller by telegraph immediately when the said License in case of rejection of the original application, the buyer shall contact the seller and obtain the latter's consent before filing the reapplication.

5. 因人力不可抗拒事件,使卖方不能在本售货合同规定的期限内交货或不能交货,卖方不负责任。但是卖方必须立即以电报通知买方。如果买方提出要求,卖方应以挂号函向买方提供由中国国际贸易促进委员会或有关机构出具的证明,以证明事件的存在。买方不能领到进口许可证不能被认为系属于人力不可抗拒的范围。

The seller shall not be responsible if they owing to Force Majeure cause fail to make delivery within the time stipulated in this Sales Contact or cannot deliver the goods. However the seller shall inform immediately the buyer by fax or e—mail. The seller shall deliver to the buyer by registered letter, if it is requested by the buyer, a certificate issued by the China Council for the Promotion of International Trade or by any competent authority, certifying to the existence of the said cause or causes. Buyer's failure to obtain the relative Import License is not to be treated as Force Majeure.

6. 仲裁:凡因执行本合同或有关本合同所发生的一切争执,双方应以友好方式协商解决,如果协商不能解决,应提交北京中国国际经济贸易仲裁委员会,根据中国国际经济贸易仲裁委员会的仲裁规则进行仲裁,仲裁裁决是终局的,对双方都具有约束力。

Arbitration: All disputes arising in connection with this Sales Contact or the execution there of shall be settled amicably by negotiation. In case no settlement can be reached, the case under dispute shall then be submitted for arbitration to the China International Economic Trade Arbitration Commission in accordance with the Rules and Procedure of the China International Economic Trade Arbitration Commission . The decision of the commission shall be accepted as final and binding upon both parties.

湖北省五矿国际贸易股份有限公司

Hubei Provincial Minmetal International Trading Corporation Limited

本章小结

交易经过双方磋商，一旦发价(或还价)被对方接受，买卖双方就构成了合同关系。一项有法律效力的合同必须具备 5 个要件：合同当事人必须具有签约能力，合同必须有对价或约因，合同的内容必须合法，合同必须符合法律规定的形式，合同当事人的意思表示必须真实。

国际货物贸易合同有书面形式、口头形式和其他形式三种。其中，书面合同可以采用正式的买卖合同或非正式的确认书或协议，也可以采用备忘录等多种形式。

国际货物贸易合同主要包括约首、正文和约尾三部分。

复习与思考题

一、简答题

1. 简述一项合同有效成立的要件。

2. 国际货物贸易合同都有哪几种形式？

3. 国际货物贸易的书面合同有哪几种形式，不同形式的书面合同的法律效力如何？

4. 国际货物贸易合同都有哪几种分类？

5. 国际货物贸易合同包括哪些主要内容？

二、案例分析题

1. 某年 8 月，新加坡某技术开发公司与港商某计算机有限公司签订了购买 10 台计算机的合同。在港商供货 2 台之后，经新方检验，质量不合格，要求予以退货，但 2 台计算机的货款 10 万美元已付。港方自知本公司要提供新方所要求的产品已属不可能，就向新方提议，邀请我国内地某计算机公司负责供货。3 个月后，中方公司如期完成了供货任务，质量经新方公司检验合格。但新方公司将货款汇付中方指定的某公司账户时，从中扣除了港方交货的 2 台不合格计算机的货款 10 万美元。中方公司为此在新加坡国境内向法院起诉，要求取得货款。

法院审理之中，新方公司的律师辩护说：新方公司与中方公司没有合同关系，购买计算机合同是由中方与港方公司签订的，新方只是代港方支付货款，因此有权扣除其前次提供不合格货物的货款。中方律师认为：中、港、新三方合约拟定由中方交付 8 台计算机，新、港两公司间的债务与中方无关，新方公司私扣 10 万美元是违约行为。

试问：你认为法院将如何裁决？新方私扣 10 万美元是否合理？[①]

---

① 资料来源：全国 2006 年 7 月高等教育自学考试国际经济法概论试题及答案.

2. 某年 8 月 5 日，中国某进出口公司（买卖以电传方式达成协议），根据协议，卖方发出了已经签署的“售货确认书”，其主要内容为：数量 3 万套，单价 30 美元，总价 90 万美元，价格条件是 CIF（成本加保险费加运费）某港交货，并明确要求买方在同年 9 月 5 日以前，向卖方开出百分之百的、保兑的、不可撤销的、可分割的即期付款信用证。8 月 20 日，卖方收到了经过买方签字的确认书，但买方将确认书中的 CIF 条件改为托盘运输条款。9 月 2 日，卖方收到了经过买方开出的信用证，金额与确认书相符，但信用证种类与价格条款等却与确认书原有规定存在重大差异。其一，信用证并非保兑；其二，确认书原定的 CIF 价格条件变成了托盘运输条款。据此，卖方于 9 月下旬电告买方拒收上述信用证，并将信用证退给了开证银行。此后，双方未能就确认书条款与信用证条款的差异达成一致，导致此合同不能履行，双方因此发生争议。

试问：

(1) 本案中，买方修改了确认书而卖方未及时答复，合同是否成立？

(2) 本案中信用证是否有效？[①]

① 资料来源：道客巴巴网 http://www.doc88.com/p-3042245146060.html.

第 13 章　国际货物贸易合同的履行

【教学目的和要求】

熟悉进出口业务合同履行的基本程序，熟悉和掌握出口合同履行过程中催证、审证、改证、装运、报关、投保、制单结汇、收汇核销、出口退税的基本原则和基本内容，熟悉和掌握进口合同履行过程中开立信用证、审单、付汇、报关、验收的基本原则和基本内容，熟悉进出口业务中合同履行的主要操作单据和结汇单据。

【本章主要知识点】

- 出口合同履行的基本程序
- 出口许可证的含义
- 银行和进出口商审核信用证的侧重点
- 进口合同履行的基本程序
- 进出口合同履行的主要单证

【章首案例】

案例 13－1　2012 年 3 月，我国 A 公司与国外 B 公司以 CIF 条件出口货物一批，合同规定 5 月份装运，付款方式为即期信用证。B 公司于 5 月 10 日开来信用证，信用证规定装运期不得晚于 5 月 15 日，并规定本证按现行《UCP600》。此时，我方已来不及办理租船订舱，于是立即要求 B 公司将装运期延至 6 月 15 日。B 公司随后来电称：同意延展船期，有效期也顺延一个月。我 A 公司于 6 月 10 日装船，提单签发日 6 月 10 日，并于 6 月 14 日将全套单据交银行办议付。请问：我国 A 公司能否顺利结汇，为什么？

案例评析　A 公司不能结汇。实际业务中，由于各种原因，往往需要修改信用证。信用证必须由申请人书面提出修改申请，经开证行同意并开出信用证修改通知，银行才对相关修改内容负责。本案中，A 公司提出信用证装运期的展期要求仅得到 B 公司的允诺，未经银行同意并开出信用证修改通知书，所以 B 公司同意的修改对银行是不产生效力的。A 公司要得到开证行付款，必须提交符合信用证要求的各种单据。开证行开出的信用证规定，装运期不得晚于 5 月 15 日，而 A 公司提交的提单签发日为 6 月 10 日，与信用证不符，即单证不符，因此，遭到开证行拒付。

买卖双方经过交易磋商达成协议，或者签订书面买卖合同，这样双方就各自享有合同所规定的权利和承担约定的义务。在国际贸易中，买卖合同一经依法有效成立，有关当事人则必须履行合同规定的义务。履行合同是当事人双方共同的责任。

13.1 出口合同的履行

目前,我国的出口交易大多以 CIF 或 CFR 价格条件成交,以信用证方式结算货款。因此,本章以此类典型合同为例介绍出口合同的履行。此外,这类合同相对其他类型的合同设计的环节更为复杂,以其他价格条件达成的交易可以参照执行。

以 CIF 价格条件成交、以信用证方式结算货款的合同的履行主要包括:备货及申领出口许可证,催证、审证、改证,租船(订舱)与装运,报检、报关与投保,信用证结算方式下的制单结汇,出口收汇核销和办理出口退税等环节。这些环节有些是平行展开的,有些是互相衔接、层层递进的,但每个环节都应按合同高要求、认真履行。

13.1.1 备货及申领出口许可证

为保证按时、按质、按量交付合同约定的货物,在买卖合同签订后,卖方必须及时落实货源,备妥应交货物,并做好出口许可证等出口单证的申请工作。

1. 备货

按合同约定的货物的品质(含规格、型号)、数量、包装,在规定的时间交货是卖方最基本的义务之一。备货是卖方(出口企业)根据买卖合同和信用证规定,向生产加工及仓储部门下达联系单,要求有关部门按联系单的要求,对合同应交付货物进行清点、核对、加工整理、刷制运输标记以及办理出口许可证等工作。联系单是各个部分进行备货、出运、制单结汇的共同依据。在备货工作中,应注意以下几点。

(1)货物的品质应符合合同要求

货物品质是货物内在质量与外观形态的具体体现。货物品质的表示方法主要有"以实物表示货物的品质"和"以文字描述货物的品质"两种。其中,以实物表示货物的品质主要是指凭样品买卖。对于凭样品成交的合同,卖方交付货物的"内在质量"与"外观形态"都应和样品保持一致。对于以文字描述货物的品质的合同,卖方所交付货物必须与文字说明相符。文字说明包括货物的规格、等级、标准、牌名和商标、产地、技术说明书或图样等。国际贸易中,多数货物的品质是通过文字描述来表示的。还有一些货物,既凭文字描述又凭样品来表示货物品质,这种情况下卖方所交付货物既要和文字描述相符,又要和样品相符,违反其中一项,即构成违约。

(2)货物的数量应符合合同规定

对于出口方在交货数量上应承担的义务,我国企业在进行贸易活动时,均按照《公约》中的有关要求来处理。《公约》规定:除非根本性违约,卖方短交货物,合同仍有效,卖方补交并赔偿买方损失;卖方多交,买方收取规定数量,对超交部分可以拒收或收取部分或收取全部。当然,买卖双方也可根据具体情况在合同和信用证中规定数量机动幅度。《UCP600》第 30 条规定:在信用证未以包装单位件数或货物自身件数的方式规定货物数量时,货物数量允许有 5%的增减幅度,只要总支取金额不超过信用证金额。根据以上规定，出口方在备货时，必须保证交付货物的数量符合合同、信用证的要求，并适当留有余地，在装运时发生意外或损失的情况下，以备调换和适应舱容之用。

(3)货物的包装应符合合同要求

货物的包装也是买卖双方关注的主要合同条款之一。凡是合同中明确规定货物包装种类的，卖方必须严格按合同要求对货物进行包装。如发现个别包装不良或损坏，应及时进行修补或调换。同时，每一件货物的外包装上要按合同要求刷制运输标志和其他必要的标志。须注意的是，货物的外包装良好是船公司出具清洁提单的前提，如果货物外包装不良，船公司出具提单时就会将这些不良批注转注到提单上，从而构成不清洁提单。

(4)交货时间应符合合同规定

交货时间(装运日期)是买卖合同的要件之一。通常合同中都订有一个具体的装运日期，如 Time of shipment: Before June 15, 2008.(装运日期：2008 年 6 月 15 日前)。卖方延迟装运或对于提前装运都可导致买方拒收或索赔。另外，合同中如未规定是否允许分批装运或转运，按《UCP600》规定：如无相反约定，则允许分批装运。如果合同中规定允许分批装运，同时又规定了每批的数量，则卖方必须严格按合同办事。如果其中某一批未按规定时间或数量装运，买方可按违约情况要求损害赔偿直到解除该期甚至以后各期合同。关于转运，《UCP600》第 19 条规定：即使信用证禁止转运，银行也将接受注明将要或可能发生的转运的运输单据。

2. 申领出口许可证

(1)出口许可证的含义

出口许可证(export license)是指一国根据出口商品管制的法令规定，由有关当局签发的准许出口的证件。出口许可证制是一国对出口货物实行管制的一项措施。在我国，出口许可证是指由国家商务部(及其下设机构)代表国家统一签发的、批准某项商品出口的具有法律效力的证明文件，也是海关查验放行出口货物和银行办理结汇的依据。

国家对限制进口或者出口的货物，实行配额、许可证等方式管理；对限制进口或者出口的技术，实行许可证管理。实行配额、许可证管理的货物、技术，应当按照国务院规定经国务院对外贸易主管部门或者经其会同国务院其他有关部门许可，方可进口或者出口。

根据国家规定，凡是国家宣布实行出口许可证管理的商品，不管任何单位或个人，也不分任何贸易方式(对外加工装配方式按有关规定办理)，出口前均须申领出口许可证。

(2)发证机构

国家商务部是全国出口许可证的归口管理部门，负责制定出口许可证管理办法及规章制度，监督、检查出口许可证的执行情况，处罚违规行为。商务部会同海关总署制定、调整和发布年度《出口许可证管理货物目录》。商务部授权配额许可证事务局(以下简称许可证局)负责管理全国出口许可证发证机构及出口许可证的签发工作并监督检查。出口许可证发证机构是许可证局及商务部驻各地特派员办事处和各省、自治区、直辖市、计划单列市、新疆生产建设兵团以及商务部授权的其他省会城市商务厅(局)、外经贸委(厅、局)。

(3)申请材料

经营者申请出口许可证须提交以下材料:

① 加盖经营者公章的《中华人民共和国出口许可证申请表》(式样见本章附录1)。

② 主管机关签发的出口批准文件。属于配额管理的,应提交主管机关签发的出口配额文件;属于招标管理的,应提交商务部下发的中标经营者名单及其中标数量,招标办公室出具的“申领配额招标货物出口许可证证明书”;加工贸易方式出口需提交“加工贸易业务批准证”、海关加工贸易进口报关单。

③ 出口合同正本复印件。

④ 出口商与发货人不一致的,应当提交《委托代理协议》正本复印件。

⑤ 商务部规定的其他应当提交的材料。

对于年度内初次申请出口许可证的,还应提交以下材料的复印件:

①《企业法人营业执照》。

② 加盖对外贸易经营者备案登记专用章的《对外贸易经营者备案登记表》或者《中华人民共和国进出口企业资格证书》;经营者为外商投资企业的,应当提交《中华人民共和国外商投资企业批准证书》。

上述材料如有变化,经营者须及时向当地发证机构提交变更后的材料。

(4)申领流程

1)书面申请流程

书面申领的流程如下:

①企业到商务部行政事务服务中心办证窗口提交符合要求的申请材料。

②窗口人员录入发证系统。③初审。

④复审。

⑤打印许可证。

⑥窗口发证。

2)网上申请流程

网上申请的流程如下:

①企业在线填写申请表。

②提交申请表。

③初审。

④复审。

⑤打印许可证。

⑥窗口发证(企业同时提交符合要求的申请材料)。

(5)出口许可证的有效期

出口配额的有效期为当年的 12 月 31 日前(含 12 月 31 日),另有规定者除外。经营者应当在配额有效期内向发证机构申领出口许可证。各发证机构自当年 12 月 10 日起,根据商务部或者各地方商务主管部门下发的下一年度的窗口配额签发下一年度的出口许可证,须在备注栏注明有效期自下一年度 1 月 1 日起。

出口许可证(式样见本章附录 2)的有效期最长不得超过 6 个月,且有效期截止时间不得超过当年 12 月 31 日。出口许可证应当在有效期内使用,逾期自行失效,海关不予放行。

13.1.2　催证、审证和改证

在采用信用证支付货款的交易中,按合同规定开立信用证是买方最为基本的义务之一,也是卖方履行交货义务的前提。对出口商来说,如果买方未按时开出信用证,则应提醒、催促买方按时开证;如果买方按时开来了信用证,卖方应及时审核信用证各项条款,如果发现信用证和洽谈的合同条款有冲突,应当及时提出并要求买方修改信用证。因此,催证、审证和改证工作是信用证支付方式下出口商履约环节之一。

1. 催证

信用证支付方式下,按合同规定的时间开立信用证是买方履约的基本义务之一。通常合同中规定买方在装运日期前 15～30 天将信用证开至卖方,但在实际业务中,由于国外进口商资金短缺、融资困难或市场发生了对买方不利的变化等情况致使买方不能按时开出信用证或故意拖延开证,作为出口商就应该催促对方及时办理开证手续。

催证是指出口商通过信件、传真、电子邮件或其他方式,催促进口商及时办理开证手续并通过通知行将信用证转交给卖方(受益人),以便卖方及时备货或装运货物出口的过程。对于大宗交易或按买方要求而特制的商品交易,更应结合备货情况及时进行催证。必要时,可请我驻外机构或中国银行协助代为催证。

催证并不是一个必经的步骤,有时买方按时开出了信用证,则卖方可直接进入审证阶段。但出现下列情况之一时,催证工作显得尤为必要。

① 合同规定的装运期距离合同签订的日期较长,或合同规定的装运期限较长(如 3 个月或 6 个月),以至于买方可能会忘记按时开证,则可在开证日期到来前提醒买方货物即将备妥,请买方按时开证。

② 卖方早于合同规定时间备妥货物,可提前装运,此时可与买方协商提前开证。

③ 买方未在合同规定的期限内开证,卖方可向买方要求损害赔偿或宣告合同无效,但卖方行使此一权利前仍可催促买方开证,以求买方弥补这一过失,从而维护双方贸易关系。

④ 开证期限未到,但卖方发现买方资信不佳,或市场情况有变,也可催促对方开证。

2. 审证

审证是指卖方对买方(通过开证行)开立的、通过通知行传递过来的信用证的内容,进行认真核对和审查,以确定信用证中的条款是否和双方商订的合同中的条款相一致的过程。信用证的开立以买卖双方签订的合同为依据,信用证的内容应该与合同条款相符。但实际业务中由于种种原因,如工作上的疏忽、电文传递的错误、贸易习惯的差异、市场行情的变化或进口商有意利用开证的主动权加列对自己有利的条款等,致使开出的信用证条款与双方事先签订的合同条款不一致。

为确保安全收汇,防止买方利用信用证条款设置"陷阱",在收到买方开来的信用证后,卖方应依据合同认真审核,以便在信用证与合同不符时及时通知对方修改信用证。

审核信用证是银行(通知行)和出口商的共同责任。根据《UCP600》相关规定,银行必须合理、小心地审核一切单据,以确定单据表面上是否符合信用证条款。单证不符就会失去安全收汇的保证。所以在装运前,严格审核信用证显得尤为必要。须要注意的是,银行和出口商在审核信用证时的侧重点是不同的。

(1)银行审核信用证的侧重点

1)通知行对开证行的审核

通知行对信用证的审核主要是从开证行和信用证本身两个方面进行审核的。

通知行对开证行的审核主要从以下几个方面进行:

① 对开证行资信的审核。为确保收汇安全,通知行往往对开证行所在国家的政治经济状况、开证行的资信、经营作风等进行审查,对于资信欠佳的银行,建议进口商更换开证行或酌情采取其他适当措施。

② 对印鉴、密押是否相符,索汇路线是否正确,是否符合支付协定等的审核,防止增加中间环节,避免出现差错,保证安全、及时收汇。

③ 对开证行责任范围的审核。国外开证行一般都遵循《UCP600》,如果开证行愿意依照该惯例解释信用证条款,则应在信用证上注明本证受该惯例的约束。例如:"This credit is subject to UCP2007 revision ICC publication No. 600"(本信用证受《跟单信用证统一惯例》第 600 号出版物国际商会 2007 修订本之约束)。

2)通知行对信用证本身的审核

通知行对信用证本身的审核主要从以下几个方面进行:

① 审核信用证是否是不可撤销信用证,信用证内是否载有开证行保证付款的文句。根据《UCP600》规定,"信用证是不可撤销的,即使未如此表明"。即使信用证没有注明是"不可撤销的",但应按不可撤销信用证处理。有些国家开来的信用证,虽然注明有"Irrevocable(不可撤销)"字样,但证内对开证行付款责任加列了"限制性"条款或"保留"条款,通知行应通知受益人要求进口商对相应的条款加以修改,以降低风险。

② 审核信用证的货币与金额。信用证的货币与金额必须与合同规定相一致。如果合同中订有溢短装条款,则信用证的金额也包括溢短装部分的金额。信用证金

额中单价与总值要填写正确，大、小写并用且一致。

③ 审核信用证要求的单据是否符合我国政策的许可。

④ 审核信用证的到期地点是否符合要求。一般情况下，信用证的到期地点应在受益人所在地的国家。如果信用证规定到期地点在外国，出口商会很被动。如果开证行资信状况不好，就可以借口到达的单据已经过期而拒绝付款；或如果船期拖延，临近装运期才装船，这样就可能来不及在信用证有效期前使单据到达国外。

⑤ 审核信用证条款之间是否相互矛盾。例如 CFR 或 FOB 价格条件下，要求出口商出具保险单或装运期晚于有效期等。

当然，通常情况下通知行会从更多视角审核信用证，以期维护出口商利益。但作为业务员，一定要具备相应知识，以便在银行审证出现遗漏时进行弥补。

(2)出口商审核信用证的侧重点

作为信用证的受益人，出口商也有充分理由和义务审核信用证，审核的依据是双方签署的买卖合同。原则上讲，进口商通过开证行开来的信用证，应该和买卖合同条款相符，但由于种种原因，进口商开来的信用证要么和合同条款不一致，要么相互矛盾，受益人一旦接受了该信用证，就意味着开证行和受益人之间达成了一项新的契约，从而使受益人陷入被动。一般来讲，出口商审核信用证的侧重点主要体现在：

① 审核信用证的性质。信用证是否是可撤销的，是否经过了保兑等；有时信用证中加列了一些合同之外的“软条款”，就要求进口商予以修改。

② 审核信用证是否已生效。如果信用证中包含有“待获得有关当局发给进口许可证后才能生效”或“待收到样品并确认后方可生效”或“详情后告”或 “经我方确认生效”等类似条款的，都属于未生效信用证，应及时与进口商协商改证。

③ 核对信用证受益人和开证申请人的名称和地址是否完整和准确。

④ 审核信用证的装运期、有效期、交单期和到期地点。信用证的到期地点既是银行审核的内容，又是受益人审核的内容。

⑤ 对货物描述的审核。信用证对货物的描述，如货物的名称、品质、数量、包装等，必须与合同一致。关于货物的数量，《UCP600》规定：除非信用证规定数量不得有增减，在付款金额不超过信用证金额的情况下，货物数量可以容许 5%的增减。须特别注意的是，数量有 5%增减的规定一般适用于大宗货物，对于以包装或以个体为计量单位的货物并不适用。

⑥ 检查装运期的有关规定是否符合要求。主要是检查能否在信用证规定的装运期内备妥货物并按时出运；如收到信用证时装运期已临近，无法按期装运，应及时通知买方修改。信用证若规定了分批装运的时间和数量，应注意任何一批未按期装运，以后各期即告失效。

⑦ 审核信用证的价格术语是否与合同相符，或是否自相矛盾。不同的价格术语(贸易术语)代表了不同的风险、费用和责任的划分，如果合同采用 FOB，信用证却要求出口商提供保险单或要求提单上注明“运费已付”等都是与合同不符或自相矛

盾的。

⑧ 审核有关的运输条款和保险条款是否与合同一致。信用证对装运港、目的港以及对转船和分批装运的规定必须与合同一致。除信用证另有规定外，货物是允许分批装运和允许转运的。须特别注意的是，如果信用证中规定了每一批货物出运的具体时间，则必须按此照办，如不能办到，必须进行修改。此外，信用证规定的唛头应与合同一致，信用证中要求的投保险别和投保金额应与合同的规定一致。

⑨ 对单据的要求。对于来证中要求提供的单据种类和份数及填制方法等，要进行仔细审核，如发现有不正常的规定，都应慎重对待。

⑩ 检查有无其他"软条款"。所谓的"软条款"是指开证申请人（进口商）在申请开立信用证时，故意设置若干隐蔽性的"陷阱"条款，以便在信用证运作中将受益人（出口商）置于完全被动的境地，而开证申请人或开证行则可以随时以单据不符为由，解除信用证项下的付款责任。实践中，比较常见的"软条款"有：信用证暂时不生效，何时生效由银行另行通知；信用证规定必须由开证申请人或其指定的签字人验货并签署质量检验合格证书，才能付款或生效；信用证对银行的付款、承兑行为规定了若干前提条件，如货物清关后才支付或收到其他银行的款项才支付等。这些条款必须予以修改后，才可装运。

当然，作为受益人对信用证的审核内容可能不仅限于上述所列内容，拿到信用证后，一定要认真审核，多请教、多研究、多思考。此外，对于开证行在信用证中出现的种种疏漏和谬误，也应仔细审核，以确保受益人能做到"单证一致、单单相符"，安全收汇。

3. 改证

改证是指信用证开出后，受益人经审证发现信用证条款与合同条款不符，或发现信用证要求的条款不符合贸易惯例或条款之间相互矛盾等，进而要求进口商通过开证行进行修改；有时开证申请人发现开出的信用证有误，会主动提出修改信用证。因此，信用证的修改可分为如下两种：

(1)受益人或银行审证后要求开证申请人改证

前面述及，审证是受益人和银行共同的责任。受益人（出口商）或银行（通知行）对开证申请人（进口商）开出、并通过通知行传递来的信用证认真、细致审核后，发现信用证中的某些条款与双方商签的合同条款不符，或发现信用证规定的条款之间相互矛盾，或其他不符合贸易惯例的条款，应及时向开证申请人提出修改。要求改证时应注意一下改证的规则。

① 对需要修改的内容应一次性通知开证申请人，以节省对方改证费用。

② 对于信用证修改通知书的内容也应认真核对，如发现其中一部分不能接受，则应立即提出，并把信用证修改通知书退回，待全部不符点改妥后才能接受。对此《UCP600》第10条规定：不允许部分接受修改，部分接受修改将被视为拒绝接受修改的通知。

③ 经开证行修改的信用证修改通知书，仍须通过信用证通知行传递，以保真实。通过进口商直接寄送的修改通知书或修改申请书或其复印件不是有效的修改。

④ 明确修改费用由谁承担。一般按照责任归属来确定修改费用由谁承担。

⑤ 信用证修改通知书作为信用证不可分割的部分，必须在交单议付时连同原信用证正本一起提交给银行。

从受益人角度来看，要求开证申请人修改信用证时，应发出信用证修改通知函。一份规范的信用证修改通知函通常包括以下三方面内容。

① 感谢对方通过银行开来信用证。例如："We have received your L/C No. BRT-LSLC07 issued by DBS BANK for the amount of USD42788. 58 covering BRIGHT BRAND DRAFTING MACHINE."

② 列名不符点并说明如何修改。例如：

"On personal, we find that the letter of credit have some discrepancies. Here please amend the L/C as follows：(1) The address of Applicant is wrong, so please amend it to read "BRIGHT STATIONERY CO. 125 SUNFLOWER PLAZA". (2) The total amount in word of the L/C is less than the contract, so please amend it to read "SAY US DOLLAR FORTY-TWO THOUSAND SEVEN HUNDRED EIGHTY-EIGHT AND CENTS FIFTY-EIGHT ONLY". (3) We couldn't accept 'the place of negation is in Singapore', so please amend it to read 'In China'. (4) Insurance is to be covered for 110% of invoice value, so the words 'FOR FULL INVOICE VALUE PLUS 110%' are to be replaced by 'FOR FULL INVOICE VALUE PLUS 10%'."

③ 感谢对方合作，并希望信用证修改书早日开到。例如"We think our position is very clear now and your amendment to the L/C is awaited."

(2)开证申请人主动改证

有时开证申请人发现开出的信用证有误，会主动提出修改信用证。开证申请人主动改证应征得受益人同意。《UCP600》第 10 条规定：除另有规定外，凡未经开证行、保兑行(如有)以及受益人同意，信用证既不能修改也不能撤销。因此，信用证中任何条款的修改，都必须在有关当事人全部同意后才能生效。同时，《UCP600》第 10 条还规定：自发出信用证修改书之时起，开证行就不可撤销地受其发出修改的约束。在受益人向通知修改的银行表示接受该修改内容之前，原信用证的条款和条件对受益人仍然有效。受益人应发出接受或拒绝接受修改的通知。如受益人未提供上述通知，当其提交至被指定银行或开证行的单据与信用证以及尚未表示接受的修改的要求一致时，则该事实即视为受益人已做出接受修改的通知，并从此时起，该信用证已被修改。

此外，对来证不符合同规定的各种情况，还需要做出具体分析，不一定坚持要求对方办理改证手续。只要来证内容不违反政策原则并能保证我方安全迅速收汇，我们也可灵活掌握。

总之,对国外来证的审核和修改,是保证顺利履行合同和安全迅速收汇的重要前提,我们必须给予足够的重视,认真作好审证工作。

13.1.3 租船(订舱)与装运

在国际货物贸易中,如果采用CIF或CFR(CPT、CIP等)贸易术语成交,根据惯例,卖方必须自负费用,按照通常条件订立运输合同,经由惯常航线,将货物用通常可供运输合同所指货物类型的海轮(或依情况适合内河运输的船只)运输至指定的目的港。如果出口货物数量较大,需要整船载运的,则要办理租船手续;如果出口货物数量不大,无须整船装运的,可由外运公司代为洽订班轮或租订部分舱位运输。实际业务中,多数货物需订舱而不必租船。办理出口货物运输的基本程序如下。

(1)查看船期表,填写出口货物托运委托书

外运机构按月编制出口船期表,分发给各出口公司,或由出口企业向外运机构索取。船期表上有航线、船名、国籍、抵港日期、预计装船时间和港口名称等。出口企业根据贸易合同和信用证的规定,结合船期表,填写出口货物托运委托书,说明出口运输要求,交给外运机构。

(2)船公司或其代理签发装货单

外运机构收到托运委托书后,以出口企业的代理身份向船公司或外轮代理公司办理订舱手续,并会同船公司或外轮代理公司,根据配载原则,结合货运重量、体积、装运港、目的港等情况,安排船只和舱位;然后,由船公司或外轮代理公司据以签发装货单。装货单的作用有三个方面:

① 表示船公司承载这批货物。装货单一经签发,承运、托运双方均受其约束。

② 报关时,海关凭此证查验出口货物,如准予出口,即在装货单上加盖海关放行章。

③ 通知船方装货。装货单是船公司或其代理给船方的装运通知和指令。

(3)提货装船,获取大副收据(场站收据)

完成报关手续后,外运机构到出口企业的仓库提货,送进码头装船。装船完毕,由船上的大副签发大副收据。大副收据是船方收到货物的凭证。

如果是集装箱货物出口,货代托运人到出口企业的仓库提货,送到集装箱堆场或场站装箱。装箱完毕,由场站签发场站收据。场站收据是承运人接管货物的凭证。

(4)支付运费,换取提单

外运机构代出口企业向船公司或外轮代理公司支付运费,然后用大副收据(或场站收据)向船公司或其代理换取提单(式样见本章附录3)。

(5)发装运通知

货物装船后,出口企业应向国外进口方发出装运通知,以便进口方准备付款,办理进口报关和接货手续。装运通知一般包括订单或合同号码、信用证号、货物描述、

装运港、装运期限、卸货港、船名、航次、预计离岗时间、预计到达时间等。

13.1.4　出口报验、报关与投保

出口报验是指出口商对列入《出入境检验检疫机构实施检验检疫的进出境商品目录》(以下简称《法检目录》)的货物申请检验检疫,取得"出境货物通关单",并取得合同或信用证要求的其他单证的过程。

报关是指进出口货物的收发货人、进出境运输工具的负责人以及进出境物品的所有人或其代理人向海关办理货物、运输工具或物品的进出境手续及相关海关事务的过程。

投保是指在 CIF(或 CIP)等贸易术语下,出口商向保险公司对合同项下的货物进行投保的过程。

(1)出口报验

根据国家相关法律、法规的有关规定,凡列入《法检目录》的出口商品和其他法律、法规规定须经检验的出口商品,或合同规定必须经由检验检疫机构检验出证的商品,在完成备货后,应在规定地点和期限内向检验机构申请检验。海关凭出入境检验检疫机构签发的"出境货物通关单"和检验证书验放,经检验不合格者,一般不得出口。

出口货物备妥后,如需申请出口报检,则出口商应填写"出境货物报验单"①(式样见本章附录 4),于报关或装运日期前至少七天前向国家质检总局设在各地的检验检疫机构申请检验检疫,并提供相应的单证和资料(如双方签订的货物合同与合同附件、信用证、商业发票、装箱单等),经检验机构检验合格后,签发"出境货物通关单"(式样见本章附录 5)与相应的检验证书,出口企业即凭此在规定的有效期内报关出口。

(2)报关

本书主要涉及出口货物的报关。出口货物的报关是指出口货物的发货人(通常是出口商)依据《海关法》规定,在海关规定时限内,按规定的方式向海关办理货物出境手续。

一般来说,出口货物应在装货的 24 小时以前向海关申报。报关时应按海关要求提交相应的单证,包括基本单证、特殊单证、预备单证和报关单。

① 基本单证包括正本提(运)单(或以正本提(运)单在船代或货代公司换取的正本提货单)、商业发票、装箱单、出口装运单据(载货清单或舱单)、代理报关授权委托协议等,如果出口货物属于《法检目录》内法定检验检疫货物,还必须向海关提交"出境货物通关单"。

② 特殊单证是指出口许可证、国家有关部门的批准文件、外汇核销单证(出口外

---

① 目前,我国实行出入境货物网上报检,详情请参见"中国检验检疫电子业务网"http://www.eciq.cn/.

汇核销单)、征(减)免税证明(纸质或电子数据的)、加工贸易登记手册、担保文件等。

③ 预备单证包括合同、原产地证明、出口企业的其他证明材料等。

④ 报关单在此是指出口货物报关单(式样见本章附录6),要根据贸易方式准确填写相应的报关单。

报关后,海关会对货物依法进行查验,核算应缴纳税费,并在有关单据上签盖放行章。至此,海关对出口货物的监管宣告结束,海关放行后的货物才可装船出运。

(3)投保

对于贸易合同,凡是按CIF(或CIP等)价格条件成交的出口合同,卖方负责办理货物的运输保险。根据合同规定,卖方在保险公司规定的时间内(通常是装运前即可),办理出口货物的投保。

申请投保时,应填写货物运输保险投保单(式样见本章附录7)。投保单应由投保人根据信用证、合同、发票、提单(或运单)、装箱单等单证填写并加盖公章或其他有法律效力的印鉴(如投保人为个人,需要本人填写并签字)。货物运输保险投保单一般为保险公司印制的固定格式的具有法律效力的单证,其主要内容包括:被保险人[①]的姓名、被保险货物的品名、标记、数量及包装、保险金额、运输工具名称、开航日期及起讫地点、投保险别、投保日期及签章等。

保险公司对投保人填写的货物运输保险投保单予以确认后,核算保险费,并签发货物运输保险单(式样见本章附录8)。保险单是保险人(保险公司)与被保险人之间的保险契约,规定了双方之间的权利与义务,是投保的一方支付保费、保险的一方在保险标的遭受保险范围内的损失或灭失时承担赔偿责任的依据。同时,保险单也是出口商通过银行办理结汇的重要单据之一。

13.1.5 信用证结算方式下的制单结汇

出口货物装运后,出口商应着手准备、缮制信用证要求的各种单证,以便向银行交单议付,收取货款。其中,制单是指卖方按照合同、信用证的要求准备、缮制、抄写各种单证,并在信用证规定的交单有效期内,向银行(议付行)交单议付;结汇是国际货款结算的四个基本环节(收汇、结汇、售汇、付汇)之一,在我国是指出口商将外汇收入出售给外汇指定银行,银行则按当日汇率换算成人民币的行为。

1. 出口单证的缮制

信用证支付方式要求出口商议付货款时提交的单证必须"单证一致、单单相符"。所谓"单证一致",是指出口商提交的单据必须和信用证要求相一致;所谓"单单相符"是指出口商提交的各种单据之间应相互对应,不能自相矛盾。

---

① 投保人和被保险人通常情况下是一致的,因为货物运输保险按保单可以背书转让,一般情况下,被保险人是谁可根据双方签订的合同来确定。办理投保时,被保险人可以是发货人、收货人、中间商、银行或指定的人。如果合同或信用证中没有明确规定被保险人,则通常情况下发货人(出口商)即为被保险人。

出口单证的缮制是一项严谨、细致的工作。实际业务中，单证不符、单单不符的事例时有发生，给出口公司的结汇工作带来很多不必要的麻烦。如果收货人或开证行不配合，以单证不符为由拒绝付款赎单或提出大幅降价的要求，则将给出口企业带来巨大损失。

缮制单证时，要注意做到各种单证的种类、内容和份数必须与信用证的要求完全相符，做到“正确、完整、及时、简明、整洁”。“正确”是指单证一致，单单相符；“完整”是指单证的种类和份数应和信用证要求相一致；“及时”是指所有单证必须在信用证规定的有效期内提交；“简明”是指单证上内容的表述应简洁、明了；“整洁”是指单证的内容应布局合理、美观大方。

一般情况下，用于出口结汇的主要单证有汇票、发票（如商业发票、形式发票、海关发票、领事发票、厂商发票等）、提单（或运单）、保险单、装箱单、重量单、检验证书（包括品质证书、重量单或磅码单、卫生证书等）、一般原产地证书、普惠制原产地证书(GSP Form A)、受益人寄单证明、装运通知等。这些单证中，提单、保险单、检验证书、普惠制原产地证书分别由船公司、保险公司、检验检疫机构出具，对出口商而言，只要准确备好足够的份数就可以了，但汇票、商业发票、装箱单、一般原产地证书、受益人寄单证明等则是由出口商缮制的。

(1)汇票

汇票是信用证结算方式下最为重要的单证之一（式样见本章附录 9）。汇票属于资金单据，它可代替货币进行转让和流通，是一种很重要的有价证券。为防止丢失，一般汇票都有两张正本，即 first bill of exchange 和 second bill of exchange。根据《票据法》规定，两张正本汇票具有同等法律效力，但付款人付一不付二，或付二不付一。银行在寄送单据时，一般也要将两张正本汇票分两个邮次向国外寄发，以防止在邮程中丢失。汇票先到先付，后到无效。

(2)发票

发票的种类很多，除常见的商业发票外，还有形式发票、海关发票、领事发票等。这里主要介绍商业发票的制作。

1)商业发票

商业发票，有时简称发票，是出口贸易结算单据中最重要的单据之一。发票的主要作用是办理保险、进口商收货、支付货款以及进口商记账、办理报关纳税的凭据（式样见本章附录 10）。

2)海关发票

有些国家的海关制定一种固定的发票格式，要求国外出口商填写。属于这类发票有下列三种不同的叫法：

① 海关发票(customs invoice)。

② 估价和原产地联合证明书(C. C. V. O. 即 Combined Certificate of Value and Origin)。

③ 根据×××国海关法令的证实发票(Certified Invoice in Accordance with×××Customs Regulations)。

对上述三种叫法的发票,在习惯上我们统称为海关发票。进口国要求提供这种发票,主要是作为估价完税或征收差别待遇关税或征收反倾销税的依据。此外,还供编制统计资料之用。

在填写海关发票时,一般应注意以下问题。

① 各个国家(地区)使用的海关发票,都有其固定格式,不得混用。

② 凡是商业发票和海关发票上共有项目的内容,必须与商业发票保持一致,不得相互矛盾。

③ 在"出口国国内市场价格"一栏,其价格的高低是进口国海关作为是否征收反倾销税的重要依据。在填制这项内容时,应根据有关规定慎重处理。

④ 如成交价格为CIF条件,应分别列明FOB价、运费、保险费,这三者的总和。应与CIF货值相等。

⑤ 签字人和证明人均须以个人身份出面,而且这两者不能为同一个人。个人签字均须以手签生效。

3)领事发票

有些国家,例如一些拉丁美洲国家、菲律宾等国家规定,凡输往该国的货物,国外出口商必须向该国海关提供经该国领事签证的发票。有些国家制定了固定格式的领事发票;也有一些国家则规定可在出口商的商业发票上由该国领事签证。领事发票的作用与海关发票基本相似。各国领事签发领事发票时均需收取一定的领事签证费。如国外来证载有需由我方提供领事发票的条款,一般不宜接受,或者由银行注明当地无对方机构,争取取消。特殊情况应按我国主管部门的有关规定办理。

4)厂商发票

厂商发票是由出口货物的制造厂商所出具的以本国货币为计价单位、用来证明出口国国内市场出厂价格的发票。其目的也是供进口国海关估价、核税以及征收反倾销税之用。如果国外来证有此要求,应参照海关发票有关国内价格的填制办法处理。

(3)装箱单

装箱单是发票的补充单据,它列明了信用证(或合同)中买卖双方约定的有关包装事宜的细节,便于国外买方在货物到达目的港时供海关检查和核对货物,通常可以将其有关内容加列在商业发票上,但是在信用证有明确要求时,就必须严格按信用证约定制作(式样见本章附录11)。

(4)原产地证书

原产地证书是证明商品原产地,即货物的生产或制造地的一种证明文件,是进口国对货物进行确定税率待遇,贸易统计,实行数量限制(如配额、许可证等)和控制从特定国家进口(如反倾销税、反补贴税)的主要依据之一。原产地证书分为一般原产地证书(式样见本章附录 12)和普惠制原产地证书(GSP Form A)(式样见本章附录 13)。

《中华人民共和国进出口货物原产地条例》规定:完全在一个国家(地区)获得的货物,以该国(地区)为原产地;两个以上国家(地区)参与生产的货物,以最后完成实质性改变的国家(地区)为原产地。实质性改变的确定标准,以税则归类改变为基本标准;税则归类改变不能反映实质性改变的,以从价百分比、制造或者加工工序等为补充标准。

其中,税则归类改变是指在某一国家(地区)对非该国(地区)原产材料进行制造、加工后,所得货物在《中华人民共和国进出口税则》中某一级的税目归类发生了变化;从价百分比,是指在某一国家(地区)对非该国(地区)原产材料进行制造、加工后的增值部分,超过所得货物价值一定的百分比;制造或者加工工序是指在某一国家(地区)进行的赋予制造、加工后所得货物基本特征的主要工序。

出口货物发货人可以向国家质量监督检验检疫总局所属的各地出入境检验检疫机构、中国国际贸易促进委员会及其地方分会,申请领取出口货物原产地证书。出口货物发货人申请领取出口货物原产地证书,应当在签证机构办理注册登记手续,按照规定如实申报出口货物的原产地,并向签证机构提供签发出口货物原产地证书所需的资料。签证机构接受出口货物发货人的申请后,应当按照规定审查确定出口货物的原产地,签发出口货物原产地证书;对不属于原产于中华人民共和国境内的出口货物,应当拒绝签发出口货物原产地证书。

企业最迟于货物出运前 3 天办理一般原产地证书,并严格按签发机构要求,真实、完整、正确地填写材料;特殊情况应在出货后 1 个月办理,并提供提单或其他运输单据复印件。出货 1 个月后来办理的还需提交企业出具的情况说明;若超过 3 个月,则不予办理。

2. 结汇

结汇是外汇结算的简称,是指外汇收入所有者将其外汇收入出售给外汇指定银行,外汇指定银行按一定汇率付给等值的本币的行为。结汇有强制结汇、意愿结汇和限额结汇等多种形式。其中,强制结汇是指所有外汇收入必须卖给外汇指定银行,不允许保留外汇;意愿结汇是指外汇收入可以卖给外汇指定银行,也可以开立外汇账户保留,结汇与否由外汇收入所有者自己决定;限额结汇是指外汇收入在国家核定的数额内可不结汇,超过限额的必须卖给外汇指定银行。在我国,过去是实行强制结汇制的,在 2008 年 8 月 5 日《中华人民共和国外汇管理条例》出台之后,实行的是意愿结汇制。

信用证项下的结汇是指出口单据经银行审核无误后,银行按照信用证规定的付款条件,将外汇结付给出口企业。我国出口业务中,多数使用议付信用证,有时少量使用即期付款信用证、延期付款信用证和承兑信用证。主要结汇方式如下:

(1)议付信用证

议付信用证，是指信用证规定由某一银行议付或任何银行都可议付的信用证。开证行邀请其他银行买入汇票及/或单据，允许受益人向某一指定银行或任何银行交单议付。

由于开立信用证银行与受益人一般分处两国，由受益人向开证行索款存在不便，受益人可以邀请一家本地银行(议付行)先行审单垫款，这有利于出口商资金融通。对信用证申请人和开证行的好处是单证相符的单据没有到达柜台前不需付款；且单证是否相符最终由开证行确认，开证行可以认为议付行寄来的单据有不符点而拒付。

议付信用证通常可以分为公开议付信用证和限制议付信用证。

① 公开议付信用证是指开证行对愿意办理议付的任何银行作公开议付邀请和普通付款承诺的信用证，即任何银行均可按信用证的条款自由议付的信用证。

② 限制议付信用证是指开证行指定某一银行或开证行本身自己进行议付的信用证。

(2)即期付款信用证

即期付款信用证，注明"即期付款兑现"的信用证称为即期付款信用证。此信用证一般不需要汇票，也不需要领款收据，付款行或开证行只凭货运单据付款。证中一般列有"当受益人提交规定单据时，即行付款"的保证文句。即期付款信用证的付款行通常由指定通知行兼任。其到期日，一般也是以受益人向付款行交单要求付款的日期。

(3)延期付款信用证

延期付款信用证是远期信用证的一种，亦称无汇票远期信用证。

有的国家和地区颁布的票据法规定，凡超过 6 个月期限的承兑汇票，或超过 1 年以上的远期汇票，不得在市场上贴现。同时对远期汇票的期限不得超过 180 天，在这种情况下为了解决远期至 1 年以上或数年时间后的支付方式，在国际贸易的实践中，延期付款信用证就应运而生，而且被广泛予以运用。延期付款信用证适用于进出口大型机电成套设备，为了加强竞争条件可采用延期付款、卖方中长期贷款或赊欠出口等措施。但期限较长，出口商不必提示汇票，开证银行也不承兑汇票，只是于到期日由银行付款。

延期付款信用证的延期期限是由交单日期起到指定付款日期，这段时间的间隔称之为有效期。亦就是于受益人在提示单据后的一个规定的期限内由开证银行履行其付款责任。从交单日期到付款日期，时间较长，如 1 年以上或 2 年不等，这对进口商有利，可得一个较长时间融通资金的机会。但对出口商来讲，只要提交符合信用证规定的单据时，银行必须按期付款，不得以任何理由，更不能以产品质量有问题等而拒绝付款。

(4)承兑信用证

承兑信用证是指信用证指定的付款行在收到信用证规定的远期汇票和单据，审单无误后，先在该远期汇票上履行承兑手续，等到该远期汇票到期，付款行才进行付款的信用证。由于这种信用证规定的远期汇票是由银行承兑的，所以也称为"银行承兑信用证”。

13.1.6　出口收汇核销和办理出口退税

1. 出口收汇核销

出口收汇核销是指国家外汇管理局以出口货物价值为标准，对出口企业贸易项下的外汇收入进行监督检查，核对是否有相应外汇收回国内的一种事后管理措施，是加强出口收汇管理，确保国家外汇收入，防止外汇外流的一种外汇管理制度。

改革开放以前，中国实行高度集中的计划经济体制，由于当时外汇资源短缺，中国一直实行比较严格的外汇管制。1978 年实行改革开放以来，中国外汇管理体制改革沿着逐步缩小指令性计划、积极培育市场机制的方向，有序地由高度集中的外汇管理体制向社会主义市场经济相适应的外汇管理体制转变。自 1996 年 12 月以来，中国实行了人民币经常项目可兑换，并对资本项目外汇进行严格管理，初步建立了适应社会主义市场经济的外汇管理体制。

为了对经常项目和资本项目的外汇进行区分管理并督促企业及时足额收回各类外汇，国家实行进出口外汇核销制度，对外汇进行真实性审查（审查内容主要包括是否有交易基础、是否足额收汇等），已审查该笔外汇是或否属于经常项目下的真实交易。《中华人民共和国外汇管理条例》第 12 条规定：“经常项目外汇收支应当具有真实、合法的交易基础”；第 13 条规定：“经常项目外汇收入，可以按照国家有关规定保留或者卖给经营结汇、售汇业务的金融机构”。

(1)出口企业向外汇管理局申请办理出口收汇核销登记时需提供的材料

① 单位介绍信、申请书。

② 外经贸部门批准经营进出口业务批件正本及复印件。

③ 工商营业执照副本及复印件。

④ 企业法人代码证书及复印件。

⑤ 海关注册登记证明书复印件。

⑥ 出口合同复印件。

(2)出口收汇核销单的领取

① 出口企业到外汇管理局领取“出口收汇核销单”前，应当根据业务实际需要先通过“中国电子口岸执法系统”向外汇管理局提出领取核销单申请，然后凭本企业操作员 IC 卡及其其他规定的凭证到外汇管理局领取核销单。

② 外汇管理局根据出口单位申请的核销单份数和出口收汇核销考核等级向出口企业发放核销单，并将核销单电子底账数据传送至“中国电子口岸”[①]数据中心（以下简称口岸数据中心）。

③ 出口企业在核销单正式使用前，应当加盖单位名称及组织机构代码条形章，

---

① 中国电子口岸网址为 http://www.chinaport.gov.cn/.

在骑缝处加盖单位公章。

(3)收汇后如何办理核销

即期出口项下，企业应当在出口收汇后凭《出口收汇核销单》(式样见本章附录14)、《出口货物报关单》《出口收汇核销专用联》到外汇管理局办理出口收汇核销手续；远期出口项下，企业应当在合同规定收汇日收汇后持上述材料到外汇管理局办理出口收汇核销手续。出口企业可按月集中到外汇管理局办理核销。出口收汇核销单可通过网上申领和网上核销的方式得以实现。

2. 办理出口退税

出口货物退税，简称出口退税，是指对报关出口货物部分或全部退还其在国内生产和流通环节实际缴纳的增值税和消费税的制度。出口货物退税制度，是一个国家税收的重要组成部分。出口退税主要是通过退还出口货物的国内已纳税款来平衡国内产品的税收负担，使本国产品以不含税成本进入国际市场，与国外产品在同等条件下进行竞争，从而增强竞争能力，扩大出口创汇。

在我国，办理出口退税的机构是国家税务局。出口企业首先应在国家税务局办理出口退税税务登记，否则一律不予办理出口退税。出口企业通过“中国电子口岸”可办理出口退税业务。

(1)出口退税条件

1) 必须是增值税、消费税征收范围内的货物

增值税、消费税的征收范围，包括除直接向农业生产者收购的免税农产品以外的所有增值税应税货物，以及烟、酒、化妆品等列举征收消费税的消费品。

2) 必须是报关离境出口的货物

区别货物是否报关离境出口，是确定货物是否属于退(免)税范围的主要标准之一。凡在国内销售、不报关离境的货物，除另有规定者外，不论出口企业是以外汇还是以人民币结算，也不论出口企业在财务上如何处理，均不得视为出口货物予以退税。

对在境内销售收取外汇的货物，如宾馆、饭店等收取外汇的货物等，因其不符合离境出口条件，均不能给予退(免)税。

3) 必须是在财务上作出口销售处理的货物

出口货物只有在财务上作出口销售处理后，才能办理退(免)税。也就是说，出口退(免)税的规定只适用于贸易性的出口货物，而对非贸易性的出口货物，如捐赠的礼品、在国内个人购买并自带出境的货物(另有规定者除外)、样品、展品、邮寄品等，因其一般在财务上不作销售处理，故按照现行规定不能退(免)税。

4) 必须是已收汇并经核销的货物

按照现行规定，出口企业申请办理退(免)税的出口货物，必须是已收外汇并经外汇管理部门核销的货物。

(2)出口退税系统

出口退税系统作为“中国电子口岸”的一个子系统，通过联网的方式，为企业用户

办理出口退税申报提供单据提交、单据申请、结关信息查询机数据查询等操作功能。企业可通过出口退税系统查询本企业“出口货物报关单”和“出口收汇核销单”和“远期结汇证明”的电子数据，经选择确认后向退税部门提交。同时企业可网上申请、外经贸部门可网上申批远期结汇证明。

出口企业通过出口退税系统可以实现如下功能：

① 结关信息查询。企业可以及时查询已离境结关的出口货物报关单号信息，及时向申报地海关申报领取纸质“出口货物报关单”。

② 数据报送。企业对系统自动提供的企业未做网上报送的“出口货物报关单”的电子底账数据与纸质报关单进行核对，核对无误后，确认提交给口岸数据中心，由口岸数据中心传送给税务机关。

③ 数据查询。用户查询本企业的“出口货物报关单”电子底账数据，用于同纸质单证进行比对或了解“出口货物报关单”电子数据的基本情况。

(3)出口退税流程

出口退税流程如下：

① 出口货物实际离境并进行舱单核销后，申报地海关自动将电子结关信息(即报关单号信息)传送至口岸数据中心，供用户查询。企业可根据电子结关信息的查询结果，及时向申报地海关领取或打印“出口退税报关单”证明联。

② 申报地海关在签发纸质“出口退税报关单”证明联后，计算机自动将“出口货物报关单”电子数据传送至口岸数据中心。

③ 出口企业上网查询“出口货物报关单”电子底账，并与领取的纸质“出口退税报关单”证明联进行比对，比对无误后确认提交口岸数据中心，由口岸数据中心报送国家税务总局。

④ 国家税务总局接到口岸数据中心提供的已确认(包括已确认后经过海关修改补传的)“出口货物报关单”数据后，通过税务系统广域网清分，下发各地税务机关进出口税收管理部门使用，作为退税审核的法定依据之一。

⑤ 用户按照国家税务关于出口退税管理的有关规定，持纸质“出口退税报关单”证明联及其他要求报送的证明文件向所属进出口税收管理部门申请办理退税。

用户进入“中国电子口岸”主页，插入 IC 卡并输入密码，确认后进入主界面，单击“出口退税”，然后根据自己的义务需要，按相关提示进行结关信息查询、数据报送、数据查询等业务。

① 结关信息查询。企业可通过结关信息查询已离境结关的“出口货物报关单”信息，及时向申报地海关领取纸质“出口货物报关单”。

② 数据报送。数据报送包括查询报送、选择报送和全体报送三种。

查询报送是用户可以单击按照查询条件查找到的报关单号码，浏览该份报关单的详细内容，查看报关单电子数据的明细项目，与纸质报关单核对无误后，完成报送动作。通过查询报送可进行逐票报送。

选择报关是通过浏览“选择报送”中的报关单号码，浏览该报关单的详细信息，查看报关单电子数据的明细项目，与纸质报关单核对无误后，完成报送动作。

全体报送是指将本企业所有出口货物报关单数据进行一次性报送。

值得注意的是，不管通过查询报送、选择报送还是全体报送报关单数据，均应先行将报关单电子数据与纸质报关单进行比对，核对有误的可由企业向申报地海关申请重新打印纸质报关单；核对无误的方可进行报送。

经企业确认提交的数据，将由口岸数据中心转给国家税务机关，作为退税审核的依据之一。若企业在申报退税时，出现纸质报关单有人工改动或与税务机关取得的报关单电子数据不一致时，将不予办理退税，而必须由企业向海关申请办理重新打印纸质报关单或由海关修改报关单电子数据补传给国税机关后，方可重新进行退税申报。

③ 数据查询。利用数据查询可查询单据的种类及状态(未报送或已报送)。

13.2 进口合同的履行

成交方式不同，买卖双方承担的风险、费用和责任就不同，进口合同的履行程序也不同。假定进口合同以 FOB 价格条件成交、以信用证方式结算货款，这类进口合同的履行程序主要包括：申领进口许可证，开立、修改信用证，租船(订舱)和催装，办理保险(投保)，审单付汇与核销，进口货物的通关及验收，办理进口索赔等环节。

13.2.1 申领进口许可证

进口许可证制度是国际上普遍采用的对进口贸易实施管理的措施之一。进口许可证是国家管理货物进口的法律凭证，凡属于进口许可证管理的货物，除国家另有规定外，各类进出口企业应在进口前按规定向指定的发证机构申领进口许可证，海关凭进口许可证接受申报和验放。

根据世界贸易组织《进口许可程序协议》《中华人民共和国对外贸易法》以及我国《货物进口许可证管理办法》的规定，我国对进口许可证的管理实行进口许可证与自动进口许可分类管理的原则。

(1)进口许可证

列入《2013 年进口许可证管理货物目录》的货物共两类，一类是重点旧机电产品；另一类是消耗臭氧层物质。由许可证局和商务部授权的地方发证机构分别负责签发相应货物的进口许可证。其中，重点旧机电产品的进口许可证由许可证局负责签发；消耗臭氧层物质的进口许可证由地方发证机构负责签发。

(2)自动进口许可

商务部根据检测货物进口情况的需要，对部分货物实行自动进口许可管理。实行自动进口许可管理的货物目录，包括具体货物名称、税则号，由商务部会同有关部门确定，并至少在实施前 21 天公布。在实行自动进口许可管理货物的原因发生变化后，商务部将取消该货物自动进口许可管理，并予以公布。

列入《2013 年自动进口许可证管理货物目录》中的一部分商品进口许可证由商务部签发，另一部分商品进口许可证由地方、部门机电产品进口办公室签发。

进口属于自动进口许可管理的货物，进口经营者应当在海关申报前，向商务部授权的"自动进口许可证"发证机构提交自动进口许可证申请。海关凭加盖自动进口许可证专用章的"自动进口许可证"（式样见本章附录 15）办理报关手续，银行凭"自动进口许可证"办理售汇和付汇手续。

13.2.2　开立、修改信用证

(1)信用证的开立

买卖合同签订后，按合同规定的时间开立信用证是买方履行合同的重要步骤之一。买方向银行申请开立以卖方为受益人的信用证时，必须填写"不可撤销跟单信用证开证申请书"。开证申请书是银行开立信用证的依据，也是申请人和银行之间契约关系的法律依据。

申请人在向银行申请开立信用证时，应注意如下事项：

① 信用证是一份独立的文件，其内容应该是完整的。信用证的开立以合同为依据，但信用证自身是一份独立的文件。信用证内容在严格符合合同的前提下，应保持其内容的完整性和独立性（信用证式样见本章附录 16）。

② 信用证的条件必须单据化。《UCP600》第 14 条规定：如果信用证含有一项条件，但未规定用以表明该条件得到满足的单据，银行将视为未作规定并不予理会。因此，进口商在申请开立信用证时，应将合同的有关规定转化成单据，而不能机械地照搬照抄。

③ 按时开证。进口商应在合同规定期限内开立信用证。如合同只规定了装运期的起止日期，则应让受益人在装运期开始前收到信用证；如合同只规定最迟装运日期，则应在合理时间内开证，以使卖方留有足够时间备妥货物并出运。通常，信用证的开立日期在装运日期前 15～30 天为宜。

(2)信用证的修改

信用证开出后，如买方发现其内容与开证申请书不一致，需要对信用证进行修改。如果卖方提出修改信用证，经买方同意后，即可向开证行办理改证手续。常见的修改内容有：展延装运期和信用证有效期，变更装运港，加列一些特殊条款等。如买方不同意修改，也应及时通知卖方。

《UCP600》第 10 条规定：在受益人向通知修改的银行表示接受该修改内容之前，原信用证的条款和条件对受益人仍然有效。受益人应发出接受或拒绝接受修改的通知。如受益人未提供上述通知，当其提交至被指定银行或开证行的单据与信用证以及尚未表示接受的修改的要求一致时，则该事实即视为受益人已做出接受修改的通知,并从此时起,该信用证已被修改。同时,《UCP600》第10条还规定:对同一修改的内容不允许部分接受修改,部分接受修改将被视为拒绝接受修改的通知。自发出信用证修改书之时起,开证行就不可撤销地受其发出修改的约束。

13.2.3 租船(订舱)和催装

以FOB价格条件成交、以信用证结算货款的进口合同,买方要负责货物的运输。也就是说,买方要负责派船到出口口岸接运货物,因此需要办理租船或订舱手续。

根据合同规定,卖方在收到信用证后的一定时间内,应将预计装运日期通知买方。买方在接到上述通知后,应及时办理租船或订舱手续。在我国,多数外贸公司通过外运代理机构办理此项业务,少数可直接向船公司等实际承运人办理租船或订舱手续。对于大宗的散货货物需整船运输,需办理租船手续;而对于一般小批量的散货,则通常办理订舱手续。租船或订舱手续办妥后,应在规定的期限内将船名、航次以及船期等信息及时通知卖方,以便卖方备货出运。对于一些特殊货物,如单件货物超高、超长、超重或易燃易爆等货品的装运,卖方应及时通告,以便买方在办理租船或订舱时,将货物的详细情况通知有关船公司,以确保货运安全。

为防止船、货脱节或船等货等情况发生,买方还应随时了解和掌握卖方备货和装船进展情况,注意催促对方按时装运。对数量较大或重要物资的进口,如有必要,买方可请我驻外机构就地了解、督促对方履约或派人员前往出口地点检验监督装运。

办理订舱时应注意如下事项:

① 洽订班轮舱位时,应注意与信用证规定的装运日期相衔接,以保证按时在装运港接货。

② 订舱前应了解班轮费率表中有无附加费、有误折扣、计价标准是重量吨(W)还是尺码吨(M)等。

③ 班轮运输的装卸费用规定多种多样,应注意与进口合同中的费用负担条件相一致。

④ 了解班轮是否可直达卸货港(目的港)、中途是否转船等。

办理租船时应注意运输市场的行情,了解装卸港口的情况(各航线港口的装卸习惯等),根据实际情况选择船只,以保证货物安全运输并节约费用支出。

13.2.4 办理保险(投保)

FOB或CFR条件下的进口合同,应由买方负责办理货物的运输保险。前面已经讲过,无论是FOB、CFR还是CIF贸易条件下货物的风险转移界限都是在装运港船上,或者说货物运输的风险由买方承担。合同通常还规定卖方在货物装运后一定时间内,向买方发出货物已装船的充分通知,以便买方办理保险和接货。

(1)进口货物运输保险方式

在实际业务中进口货物运输保险一般有两种方式:逐笔投保和预约保险。

1）逐笔投保

逐笔投保是进口商或收货人在接到国外出口商发来的装船通知后，立即向保险公司索取并填写投保单，向保险公司办理货运保险。保险公司出具保险单，投保人缴付保险费后，保险单随即生效。因每笔货物进口商要逐一去办理投保手续，就叫逐笔投保。逐笔投保方式适用于进口量不大的进口商。

2）预约投保

预约保险是进口商或收货人同保险公司签订预约保险合同，其中对各种货物应投保的险别作了具体规定，故投保手续比较简单。按照预约保险合同的规定，所有预约保险合同项下的按 FOB 及 CFR 条件进口货物保险，都由该保险公司承保。因此，每批进口货物，在收到国外装船通知后，即直接将装船通知寄到保险公司或填制国际运输预约保险启运通知书，将船名、提单号、开船日期、商品名称、数量、装运港、目的港等项内容通知保险公司，即作为已办妥保险手续，保险公司则对该批货物负自动承保责任，一旦发生承保范围内的损失，由保险公司负责赔偿。

(2)进口货运保险的责任起讫

对于进口货物，买卖双方的风险责任以装运港海轮船舷为界。在货物装船前，物权和风险责任都属于出口商，货物装船后，买方承担货物的风险责任。因而，在货物装船前，买方不具有保险利益，即使买方在此之前已向保险公司投保，保险公司也不承担保险责任。所以，保险公司对进口方投保货物的海运货物保险的责任起讫，一般是从货物在国外装运港装上海轮，越过船舷时开始生效，到保险单据载明的国内目的地收货人仓库或出储存处所为止。如未抵达上述仓库或储存处所，则以被保险货物在最后卸货港卸离海轮后 60 天为限。如果不能在此期限内转运，可向保险公司申请延期，延期最多为 60 天。应当注意的是，散装货物以及木材、化肥、粮食等一些货物，保险责任均至卸货港的仓库或场地终止，并以货物卸离海轮 60 天为限，不实行国内装运期间保险责任的扩展。少数货物(如新鲜果蔬、活牲畜)于卸离海轮时，保险责任即告终止。

13.2.5　审单、付汇与核销

审单、付汇与核销是履行进口合同的重要环节，仍然以信用证方式结算货款为例介绍进口合同中审单、付汇与核销环节的流程。

1. 审单

审单是指信用证结算方式下，出口商将信用证要求的单据交付银行(议付行)要求银行议付货款时，银行对照信用证的规定对单据是否齐备、数量是否完整、内容是否符合规定等进行全面审核，如确认无误，即由银行对外付汇的过程。

(1)银行的审单责任

审单是银行(议付行、开证行或保兑行)和进口企业的共同责任。《UCP600》第 14 条 a 款规定了单据审核标准，按照指定行事的指定银行、保兑行(如果有的话)以及开证行须审核交单，并仅基于单据本身确定其是否在表面上构成相符交单；第 14 条 g 款规定：提交的非信用证中所要求的单据将不予理会，并可被退还给交单人。换句话说，信用证上没有要求而出口商提交的单据，银行将不予审核。如果银行收到类似单据，应退还交单人或将其照转，但对此不承担责任。根据《UCP600》规定，银行必须审核单据，决定单据是否相符，决定接受还是拒绝单据。同时还规定开证行可以就不符点问题征询开证申请人的意见，但无论如何，这都不能解释为允许由开证申请人来独立审核单据。因为允许开证行与开证申请人联系的前提条件是开证行已自主确定了单证不符，而且此种联系的目的仅限于劝说开证申请人“放弃拒付”，而不是与其共同对单据继续进行挑剔或共谋拒付的理由。此外，《UCP600》还规定，若单据经审核存在不符点且不符点银行决定拒付，则开证行所承担的信用证项下的付款责任得以免除；但当受益人在规定的时间内补交了符合信用证规定的单据后，开证行仍然必须承担付款责任。

(2)银行的审单时间

《UCP600》第 14 条 b 款规定，按指定行事的指定银行、保兑行(如果有的话)及开证行各有从交单次日起至多 5 个银行工作日用以确定交单是否相符。这一期限不因在交单日当天或之后信用证截止日或最迟交单日届至而受到缩减或影响。这一规定说明开证行、保兑行或者其他同样承担第一付款人责任的银行应该在一段合理时间内审核单据，即不应超过收到单据次日起的 5 个银行工作日来审核和决定接受或拒绝接受单据，并通知交单方。

(3)银行的审单要点

银行(议付行、保兑行或开证行)审核的单证主要包括：

① 汇票。信用证结算下的汇票应列明出票条款，说明开证行、信用证号码以及开证日期；汇票的金额应与信用证规定相符，一般为发票金额。如单据内含有佣金或货款部分托收，则按信用证规定的发票金额的百分比开列，金额的大小写应一致；汇票付款人应为开证行或指定的付款行。若信用证未规定，应为开证行，不应以申请人为付款人；出票人应为信用证受益人，收款人通常为议付银行；汇票的付款期限应与信用证规定相符；汇票的出票日期必须在信用证有效期内，但不应早于发票日期。

② 提单。提单必须按信用证规定的份数全套提交；提单应注明承运人名称，并经承运人或其代理人签名或船长或其代理人签名并注明身份；除非信用证特别规定，提单应为清洁提单；以 CFR 或 CIF 条件成交，提单上应注明运费预付(freight prepaid)；提单的签发日期不得迟于信用证所规定的最迟装运日期；提单上所载件数、唛头、数量、船名等应和发票相一致，货物描述可用总称，但不得与发票货名相抵触。

③ 商业发票。商业发票应由信用证受益人出具，无须签字，除非信用证另有规定；货物名称、数量、单价、包装、价格条件、合同号等描述，必须与信用证严格一致；发票抬头应为开证申请人；发票必须记载出票条款、合同号码和发票日期。

④ 保险单。保险单正本份数应符合信用证要求，全套正本应提交开证行；投保

金额、险别应符合信用证规定;保险单上所列船名、航线、港口、起运日期应与提单一致;列明货物名称、数量、唛头等,并于发票、提单及其他货运单据一致。

⑤ 原产地证书。原产地证书应由信用证上指定的机构签署;货物名称、品质、数量及价格等有关货物的记载应与发票一致;签发日期不应迟于装船日期。

⑥ 检验检疫证书。各项证书应由信用证要求的指定机构签发;检验检疫项目及内容应符合信用证要求,检验结果如果有瑕疵者,可拒绝受理;检验检疫日期不得迟于装运日期,但也不得距离装运日期太早,因为各类证书一般都有有效期。

⑦ 银行审核的其他单证。

进口企业付款赎单前,同样需审核单据,若发现单证不符,有权拒绝赎单。如果进口企业表示拒绝单据,则单据仍可由银行保管,收货人将无法提货。因此在季节性货物或收货人急于提货的情况下,除非单据存在较为严重的不符点,进口企业往往接受存在不符点的单据。

2. 付汇

付汇是银行国际货款结算的四个基本环节(收汇、结汇、售汇、付汇)之一,是指经批准经营外汇业务的金融机构,根据有关售汇以及付汇的管理规定,审核用汇单位和个人提供的规定的有效凭证和商业单据后,从其外汇账户中或将其购买的外汇向境外支付的行为。

出口商作为信用证受益人装运货物后,将符合信用证要求的全套单据交议付行议付,议付行议付款项后将单据寄交开证行(或保兑行)索汇。如开证行审单后认为"单证一致、单单相符",从而符合信用证要求的条件,应予以即期付款或承兑或于信用证规定的到期日付款,开证行付款后无追索权;如果开证行审单后发现单证不符或单单矛盾,应于收到单据次日起 5 个工作日内,以电信方式通知寄单银行(议付行),通知中应说明单据存在的所有不符点,并说明是否保留单据以待交单人处理或退还交单人等。

根据《UCP600》相关规定,对于单证或单单不符的单据,银行有权拒付。实际业务中,银行会将不符点告知开证申请人并征求其意见,以确定拒绝或接受。作为开证申请人的进口商,对此应持慎重态度。因为开证行一经对外付款,便失去追索权。

3. 核销

根据《中华人民共和国外汇管理条例》第 14 条规定:经常项目外汇支出,应当按照国务院外汇管理部门关于付汇与购汇的管理规定,凭有效单证以自有外汇支付或者向经营结汇、售汇业务的金融机构购汇支付。

为加快进出口核销制度改革,实现货物贸易外汇管理向总量核查、非现场核查和主体监管转变,外汇局自 2010 年 5 月 1 日开始在天津、江苏、山东、湖北、内蒙古、福建以及青岛七个省、市进行货物贸易进口付汇核销制度改革(以下简称进口核销改革)启动试点。在此基础上,外汇局在全国范围内推广实施进口核销改革。

改革的基本思路是实现进口付汇管理由逐笔核销向总量核查、由现场核销向非现场核查、由行为审核向主体监管的转变,外汇局全面采集企业进口付汇及到货的完整信息,依托信息系统进行非现场总量对比,在此基础上通过非现场监测预警对企业进口付汇情况监测分析,及时识别异常行为;根据非现场监测预警、现场核查等情况,对企业实施考核分类。

进口付汇核销制度改革的主要内容为:

① 企业的正常业务无需再办理现场核销手续,贸易项下对外支付得到极大便利;进口企业要有一本明细账,进口了几笔货物,支付了多少外汇,做到心中有数;外汇局不再对企业的每笔业务进行核销,而是实行总量匹配的原则。外汇局从银行和海关提取相关数据,对进口企业的外汇支付总量实施监管,如有异议,则要求进口企业进行说明。

② 取消银行为企业办理进口付汇业务的联网核查手续,减轻银行负担,便利银行日常业务操作。

③ 外汇局对企业实行名录管理,进口付汇名录信息在全国范围内实现共享,企业异地付汇无需再到外汇局办理事前备案手续。

④ 外汇局利用"贸易收付汇核查系统",以企业为主体进行非现场核查和监测预警,对异常交易主体进行现场核查,确定企业分类考核等级,并实施分类管理。外汇局对进口付汇数据和进口货物数据(或进口项下收汇数据)进行非现场总量对比,核查进口单位进口付汇的真实性和一致性。同时,根据非现场核查及监测预警的结果,对于总量核查指标超过规定范围或存在其他异常情况的进口单位进口项下外汇收支业务实施现场核查。

13.2.6 进口货物的通关及其验收

(1)进口货物的通关

进口企业付款赎单后,即可凭有关单据办理货物的通关、检验检疫手续。进口货物的通关是指进境货物通过设立海关的地点,或虽未设立海关但经国务院批准的准予进境的地点进境,进境货物的收货人或其代理人,根据进口单据填制"进口货物报关单"(式样见本章附录17)依法向海关办理进境手续,海关对其呈交的单证和申请进境的货物依法进行审核、严查、征缴税费,并经稽查确认其进口合法的过程。

(2)进口货物的验收

进口货物的验收是指进口货物的检验检疫环节。根据我国相关法律、法规的规定,对列入《出入境检验检疫机构实施检验检疫的进出境商品目录》的进口货物进行法定检验检疫和监督管理。经检验检疫不合格的进口货物,一律不准进口销售或使用。进口货物的检验包括品质检验、安全卫生检验检疫、数量鉴定、重量鉴定等。

入境货物报检时限、报检地点、报检时应提供的单证资料等有如下规定:属于法定检验的进口商品到货后,收货人须向卸货口岸或报关地的检验检疫机构办理登记,由检验检疫机构在报关单上加盖印章,海关凭此放行;法定检验范围以外的进口商品，如果合同约定由检验检疫机构进行检验检疫，在进口到货后应依合同所约定的检验地点向检验检疫机构报检，合同没有约定的，则向卸货口岸的检验检疫机构报检；大宗散装货物、易腐变质货物以及卸货时发现残损或数量、重量短缺的货物，必须在卸货口岸或到达地向当地检验检疫机构报检；需要结合安装调试进行检验的成套设备、机电产品以及在口岸打开包装检验后难以恢复的商品，可向收货或用货人所在地检验检疫机构报检。

13.2.7　办理进口索赔

进口业务中，有时会发生卖方不按时交货，或所交货物的品质、数量、包装与合同规定不符的情况；也可能由于承运人装卸、保管不当造成货物损坏或短少；或者由于自然灾害、意外事故等原因导致货物损坏或灭失等从而给买方带来损失。买方可根据实际情况向责任方提出索赔。

(1)索赔对象

① 向卖方索赔。属下列情形者，买方可向卖方提出索赔：货物的品质、规格与合同规定不符；原装数量不足；包装不符合合同规定或因包装不良致使货物受损；未按期交货或拒不交货等。

② 向承运人索赔。属下列情形者，买方可向承运人提出索赔：货物数量少于提单所载数量；提单是清洁提单，而货物有残损情况，且属于船方过失所致；货物所受的损失，根据租船合约有关规定应由船方负责等。

③ 向保险公司索赔。对属于投保险别的承包责任范围内的损失，买方可向保险公司提出索赔。

(2)索赔的注意事项

① 索赔依据。向卖方索赔的依据主要由合同、公证报告、检验证书、破损证明、提单、装箱单、发票、银行通知等；向承运人索赔的依据主要有公证报告、破损证明或相关机构会签证明、提单或提货单或运输合同、商业发票、检验证书以及承运人要求的其他文件；向保险公司索赔的依据主要有保险单正本、提单正本、托运人开立的发票、装箱单、重量证明书、公证报告、磅码单、修理费用以及估价单、海滩报告等。

② 索赔金额。向卖方索赔金额，应按买方所受实际损失计算，包括货物损失和由此而支出的各项费用(含检验费、仓储费、利息等)；向承运人和保险公司索赔，均按有关章程办理。

③ 索赔时效。向卖方索赔应在合同规定的索赔期限内提出；向承运人(如船公司)索赔期限为货物到达目的港交货后 1 年之内；向保险公司提出海运货物索赔的期限，为被保险货物在卸货港全部卸离海轮后 2 年。

④ 买方职责。买方在向有关责任方提出索赔时，应采取适当措施保持货物原状并妥为保管。按国际惯例，如买方不能按实际收到货物的原状归还货物，就丧失宣告合同无效或要求卖方交付替代货物的权利；按保险公司规定，被保险人必须按保险合

同的要求，采取措施避免损失进一步扩大，否则不予理赔。

本章附录

1. 出口许可证申请表

中华人民共和国出口许可证申请表

<table>
<tr><td colspan="3">1.出口商：　　代码：
领证人姓名：　　电话：</td><td colspan="3">3.出口许可证号：</td></tr>
<tr><td colspan="3">2.发货人：　　代码：</td><td colspan="3">4.出口许可证有效截止日期：
年　月　日</td></tr>
<tr><td colspan="3">5.贸易方式：</td><td colspan="3">8.进口国(地区)：</td></tr>
<tr><td colspan="3">6.合同号：</td><td colspan="3">9.付款方式：</td></tr>
<tr><td colspan="3">7.报关口岸：</td><td colspan="3">10.运输方式：</td></tr>
<tr><td colspan="6">11.商品名称：　　商品编码：</td></tr>
<tr><td>12.规格、等级</td><td>13.单位</td><td>14.数量</td><td>15.单价(币别)</td><td>16.总值(币别)</td><td>17.总值折美元</td></tr>
<tr><td></td><td></td><td></td><td></td><td></td><td></td></tr>
<tr><td></td><td></td><td></td><td></td><td></td><td></td></tr>
<tr><td></td><td></td><td></td><td></td><td></td><td></td></tr>
<tr><td></td><td></td><td></td><td></td><td></td><td></td></tr>
<tr><td>18.总　计</td><td></td><td></td><td></td><td></td><td></td></tr>
<tr><td colspan="3" rowspan="2">19.备　注
申请单位盖章
申领日期：</td><td colspan="3">20.签证机构审批(初审)：
经办人：</td></tr>
<tr><td colspan="3">终审：</td></tr>
</table>

填表说明：1. 本表应用正楷逐项填写清楚，不得涂改、遗漏，否则无效。

2. 本表内容需打印多份许可证的，请在备注栏内注明。

2. 出口许可证

中华人民共和国出口许可证

EXPORT LICENCE OF THE PEOPLE'S REPUBLIC OF CHINA

1. 出口商：　　　　代码： Exporter	3. 出口许可证号： Export license No.
2. 发货人：　　　　代码： Consignor	4. 出口许可证有效截止日期： Export license expiry date
5. 贸易方式： Terms of trade	8. 进口国(地区)： Country / Region of purchase
6. 合同号： Contract No.	9. 付款方式： Payment conditions
7. 报关口岸： Place of clearance	10. 运输方式： Mode of transport
11. 商品名称： Description of goods	商品编码： Code of goods

12. 规格、等级 Specification	13. 单位 Unit	14. 数量 Quantity	15. 单价(币别) Unit price	16. 总值(币别) Amount	17. 总值折美元 Amount in USD
18. 总　计 Total					

19. 备　注 Supplementary details	20. 发证机关签章 Issuing authority's stamp & signature 21. 发证日期 License date

3．海运提单

Shipper：	Booking Ref： No. PIL，PACIFIC INTERNATIONAL LINES(PTE)LTD (Incorporated in Singapore) COMBINED TRANSPORT BILL OF LANDING Received in apparent good order and condition except as otherwise noted the total number of containers or other packages or units enumerated below for transportation from the place of receipt to the place of deliver subject to the terms hereof. One of the signed Bills of Lading must be surrendered dully endorsed in exchange for the Goods or delivery order. On Presentation of this document (dully endorsed) to the Carrier by or on behalf of the Holder, the rights and liabilities arising in accordance with the terms hereof shall (without prejudice to any rule of common law or statute rendering them binding on the Merchant) become binding in all respects between the Carrier and the Holder as though the contract evidenced hereby had been made between them. SEEN TERMS ON ORIGINAL B/L
Consignee：	
Notify Party：	

Vessel and voyage Number：	Port of loading:	Port of Discharge:
Place of receipt:	Place of Delivery:	Number of Original Bs/L:

PARTICULARS AS DECLARED BY SHIPPER–CARRIER NOT RESPINSIBLE

Container/Seal Nos Marks and Numbers	NO. of Container/Packages	Description of Goods	Gross weight (Kilos)	Measurement (Cu-metres)
				ON BOARD

Freight&Charges	Number of Contaners/packages(in words)
	Shipped on Board Date:
	Place and Date of Issue:
ORIGINAL	In Witness Whereof this number of Original Bills of Lading stated above all of the tenor and date one of which being accomplishedthe others to stand void

4. 出境货物报验单

中华人民共和国出入境检验检疫

出境货物报验单

报检单位(加盖公章)　　　　　　　　　　　　　　　　＊编　号________

报验单位登记号:××××　联系人:×××　电话:×××　报验日期:　××年×月×日

发货人	(中文)	
	(外文)	
收货人	(中文)	
	(外文)	

货物名称(中外文)	H.S 编码	产地	数量/重量	货物总值	包装种类及数量

运输工具名称号码		贸易方式		货物存放地点			
合同号			信用证号		用途		
发货日期		输往国家(地区)		许可证/审批号			
起运地		到达口岸		生产单位注册号			
集装箱规格、数量及号码							

合同、信用证订立的检验检疫条款或特殊要求	标记及号码	随附单据(画"√"或补填)	
		□合同 □信用证 □发票 □换证凭单 □装箱单 □厂检单	□包装性能结果单 □许可/审批文件

需要证单名称(画"√"或补填)				＊检验检疫费	
□品质证书	_正_副	□植物检疫证书	_正_副	总金额 (人民币:元)	
□重量证书	_正_副	□熏蒸/消毒证书	_正_副		
□数量证书	_正_副	□出境货物换证凭单	_正_副		
□兽医卫生证书	_正_副	□通关单	_正_副	计费人	
□健康证书	_正_副	□出境货物换证凭条	_正_副		
□卫生证书	_正_副	□			
□动物卫生证书	_正_副	□		收费人	

报检人郑重声明: 1. 本人被授权报检。 2. 上列填写内容正确属实,货物无伪造或冒用他人的厂名、标志,认证标志,并承担货物质量责任。 签名:	领取证单	
	日期	
	签名	

注:有"＊"号栏由出入境检验检疫机关填写　　　　◆国家出入境检验检疫局制

5. 出境通关单

中华人民共和国出入境检验检疫

出境货物通关单

编号：

<table>
<tr><td colspan="3">1. 发货人</td><td rowspan="3">5. 标记及号码</td></tr>
<tr><td colspan="3">2. 收货人</td></tr>
<tr><td>3. 合同、信用证号</td><td colspan="2">4. 输往国家和地区</td></tr>
<tr><td>6. 运输工具名称及号码</td><td colspan="2">7. 发货日期</td><td>8. 集装箱规格及数量</td></tr>
<tr><td>9. 货物名称及规格</td><td>10. H.S.编码</td><td>11. 申报总值</td><td>12. 数/重量、包装数量及种类</td></tr>
<tr><td colspan="4">13. 证明
上述货物业经检验检疫，请海关予以放行。
本通关单有效期至　　　年　　月　　日。
（盖　章）
签字：　　　　　　日期：　　　年　　月　　日</td></tr>
<tr><td colspan="4">14. 备注</td></tr>
</table>

6. 出口货物报关单

中华人民共和国海关出口货物报关单

预录入编号：　　　　　　　　　　　　　　海关编号：

出口口岸	备案号	出口日期	申报日期	
经营单位	运输方式	运输工具名称	提运单号	
发货单位	贸易方式	征免性质	结汇方式	
许可证号	运抵国(地区)	指运港	境内货源地	
批准文号	成交方式	运费	保费	杂费
合同协议号	件数	包装种类	毛重(kg)	净重(kg)
集装箱号	随附单据		生产厂家	
标记唛码及标注				
项号 商品编码 商品名称、规格型号 数量及单位 最终目的国(地区) 单价 总价 币制 征免				
税费征收情况				

录入员　　录入单位　　兹声明以上申报无讹并承担法律责任 报关员 单位地址　　申报单位(签章) 邮编　　电话　　填制日期：	海关审单批注及放行日期(签章) 审单　　审价
	征税　　统计
	查验　　放行

7. 货物运输保险投保单

货物运输保险投保单

Application Form for Cargo Transportation Insurance

被保险人

Insured ______________________________

发票号码(Invoice No.)______________ 合同号码(Contract No.)______________

信用证号码(L/C No.)______________

发票金额(Invoice Amount)______________ 投保加成(Plus)______________

兹有下列物品向中国人民保险公司　　　分公司投保(Insurance is required on the following commodities:)

标记 Mark& Nos.	包装及数量 Quantity	保险货物项目 Description of Goods	保险金额 Amount Insured

启程日期:　　　　　　　　　　　　装载运输工具

Date of Commencement ______________ Per Conveyance ______________

自　　　　　　　　经　　　　　　　　至

From ______________ Via ______________ To ______________

提单号　　　　　　　　赔偿款付地点

B/L No. ______________ Claim Payable at ______________

投保险别 (Please indicate the condition and or special coverages)

请如实告知下列情况(如"是"在【】中打"√","不是"在【】中打"×")If any, please mark "√ " or "×"

1. 货物种类:袋装【】 散装【】 冷藏【】 液体【】 活动物【】 机器【】 危险品等级【】
   Goods Bag/Jumbo Bulk Reefer Liquid Live Animal Machine/Auto Dangerous Class
2. 集装箱种类:普通【】 开顶【】 框架【】 平板【】 冷藏【】
   Container Ordinary Open Frame Flat Refrigerator
3. 转运工具:海轮【】 飞机【】 驳船【】 火车【】 汽车【】
   By Transit Ship Plane Barge Train Truck
4. 船舶资料 船籍 船龄
   Particular Registry Age

备注:被保险人确认本保险合同条款和内容已经完全了解。

The assured confirms herewith the Terms and Condition of these Insurance Contract fully Understood.

投保日期:

Date ______________

投保人(签名盖章)Applicant's Signature

____

电话(Tel)

地址(Address)

本公司自用(For Office use only)

费率　　　　　　保险费　　　　　　备注:

Rate ______________ Premium ______________ Remarks ______________

经办人　　　　　　核保人　　　　　　负责人

By ______________ Checker ______________ In charge ______________

8. 货物运输保险单

货物运输保险单

CARGO TRANSPORTATION INSURANCE POLICY

发票号码(INVOICE NO.)_____________　保单号次(POLICY NO.)_____________

合同号码(CONTRACT NO.)_____________　信用证号码(L/C NO.)_____________

被保险人____

Insured ____

中国人民保险公司(以下简称本公司)根据被保险人要求,由被保险人向本公司缴付约定的保险费,按照本保险单承保险别和背面所载条款与下列条款承保下述货物运输保险,特立本保险单。THIS POLICY OF INSURANCE WITNESSES THAT THE PEOPLE' S INSURANCE COMPANY OF CHINA (HERINAFTER CALLED "THE COMPANY") AT THE REQUEST OF THE INSURED AND IN CONSIDERATION OF THE AGREED PREMIUM PAID TO THE COMPANY BY THE INSURED, UNDERTAKES TO INSURE THE UNDERMENTIONED GOODS IN TRANSPORTATION SUBJECT TO THE CONDITIONS OF THIS POLICY AS PER THE CLAUSES PRINTED OVERLEAF AND OTHER SPECIAL CLAUSED ATTACHED HEREON.

标记 Mark& Nos.	包装及数量 Quantity	保险货物项目 Description of Goods	保险金额 Amount Insured

总保险金额

TOTAL AMOUNT INSURED ____

保费　　　　　启运日期　　　　　　　　　　装载运输工具

PREMIUM _____________ DATE OF COMMENCEMENT: _____________ PER CONVEYANCE _____________

自　　　　　经　　　　　至

FROM: _____________ VIA _____________ TO _____________

承保险别

RISKS INSURED

所保货物,如发生保险单项下可能引起索赔的损失或损坏,应立即通知本公司下述代理人查勘。如有索赔,应向本公司提交保单正本(本保险单共有_____份正本)及有关文件。如一份正本已用于索赔,其余正本自动失效。

IN THE EVENT OF LOSS OR DAMAGE WHICH MAY RESULT IN A CLAIM UNDER THIS POLICY, IMMEDIATE NOTICE MUST BE GIVEN TO THE COMPANY'S AGENT AS MENTIONED HEREUNDER. CLAIMS, IF ANY, ONE OF THE ORIGINAL POLICY WHICH HAS BEEN ISSUED IN _____________ ORIGINAL(S) TOGETHER WITH THE RELEVANT DOCUMENTS SHALL BE SURRENDERED TO THE COMPANY. IF ONE OF THE ORIGINAL POLICY HAS BEEN ACCOMPLISHED. THE OHTERS TO BE VOID.

FULL NAME AND ADDRESS OF THE AGENT AT

THE PORT OF DESTINATION:

赔款偿付地点

CLAIM PAYABLE AT _____________

出单日期

ISSUING DATE _____________

中国人民保险公司

The People's Insurance Company of China

____

Authorized Signature _____________

9. 汇票

Bill of Exchange

Drawn under L/C No. ______________ Dated

Issued by

No. ______________ Wuhan, China

Exchange for

At ______________ days after sight of this FIRST of Exchange (Second of the same tenor and date unpaid) pay to the Order of

the sum of

Value received against shipment of the goods as per Invoice No.

To:

(stamp & signature)

10. 商业发票

COMMERCIAL INVOICE

湖北省五矿国际贸易股份有限公司

HUEI PROVINCIAL MINMETALS INTERNATIONAL

TRADING CORPORATION LIMITED

8, Jianghan North Road, Wuhan, China Cable "By products" Wuhan Telex: 40111 HBNPA CN Fax: (027) 8281 1135

To	Invoice No.	Date		
	L/C No.			
	Issued by			
	Contract No.			

Marks & Nos.	Descriptions	Unit price	Amount

(STAMP AND SIGNATURE)

11. 装箱单

PACKING LIST

湖北省畜产进出口公司

HUBEI PROVINCIAL ANIMAL BY-PRODUCTS IMPORT AND EXPORT CORPORATION

56, DONG TING STREET, WUHAN 430014, CHINA FAX: (027)82811135 TELEX: 40111 HBNPA CN

Marks & Numbers　　Commodity　　WUHAN MAR.15,20**

GONG FU SHOES（功夫鞋）

HIGH TECH LA SPEZIA C/NO.1-100	SIZE	QTY: 1.STYLE A PRS.	CTNS.	C/NO.	2. STYLE B PRS.	CTNS.	C/NO.	WEIGHT(KG) G.W	N.W	VOLUME C.B.M
	23-24	100	1	1	100	1	2			
	25-26	100	1	3	100	1	4			
	27-28	100	1	5	100	1	6	66	60	0.371
	29-30	70	1	7	70	1	8			
	31-32	70	1	9	70	1	10	32	28	0.231
	33-34	100	1	11	100	1	12			
	35-36	100	1	13	100	1	14	52	48	0.350
	37	300	6	15-20	300	6	21-26			
	38	300	6	27-32	300	6	33-38	264	240	
	39	300	6	39-44	400	8	45-52			
	40	300	6	53-58	400	8	59-66	336	308	2.803
	41	400	8	67-74	100	2	75-76			
	42	400	8	77-84				234	216	
	43	400	8	85-92						1.647
	44	300	6	93-98						
	45	100	2	99-100				240	224	0.556
TOTAL:5580 PAIRS*100 CARTONS								1224	1124	6.00

12. 一般原产地证书

<table>
<tr><td>1. Exporter (full name and address)</td><td rowspan="2">Certificate No.

CERTIFICATE OF ORIGIN
OF
THE PEOPLE'S REPUBLIC OF CHINA</td></tr>
<tr><td>2. Consignee (full name, address, country)</td></tr>
<tr><td>3. Means of transport and route</td><td rowspan="2">5. For certifying authority use only</td></tr>
<tr><td>4. Country / region of destination</td></tr>
</table>

6. Marks and numbers	7. Description of goods; number and kind of packages	8. H. S. Code	9. Quantity or Weight	10. Number and date of invoices

<table>
<tr><td>11. Declaration by the exporter
The undersigned hereby declares that the above details and statements are correct, that all the goods were produced in China and that they comply with the Rules of Origin of the People's Republic of China.

Place and date, signature and stamp of certifying authority</td><td>12. Certification
It is hereby certified that the declaration by the exporter is correct.

Place and date, signature and stamp of certifying authority</td></tr>
</table>

13. 普惠制产地证书

<table>
<tr>
<td colspan="3">1. Goods consigned from (Exporter's business name, address, country)</td>
<td colspan="3" rowspan="2">Reference No.
GERNERALIZED SYSTEM OF PREFERENCES
CERTIFICATE OF ORIGIN
(combined declaration and certificate)
FORM A

Issued in THE PEOPLE'S REPUBLIC OF CHINA_ (country)</td>
</tr>
<tr>
<td colspan="3">2. Goods consigned to (consignee's name, address, country)</td>
</tr>
<tr>
<td colspan="3">Means of transport and route (as far as know)</td>
<td colspan="3">For official use</td>
</tr>
<tr>
<td>5. Item number</td>
<td>6. Marks and numbers of packages</td>
<td>7. Number and kind of packages; description of goods</td>
<td>8. criterion (see Notes overleaf)</td>
<td>9. weight or other quantity</td>
<td>10. Number and date of invoices</td>
</tr>
<tr>
<td colspan="3">11. Certification is hereby certified, on the basis of control carried out, that the declaration by the exporter is correct.

(NOTARY SEAL AND SIGNATURE)

____
Place and date, signature and stamp of certifying authority</td>
<td colspan="3">12. Declaration by the exporter The undersigned hereby declares that the above details and statements are correct, that all the goods were
____
produced in (country)
and that they comply with the origin requirements specified for those goods in the generalized system of preferences for goods exported to
(importing country)

(STAMP & SIGNATURE)
____
Place and date, signature and stamp of certifying authority</td>
</tr>
</table>

14. 出口收汇核销单

出口收汇核销单
存根
（鄂）编号45032004

出口单位：
单位代码：
出口币种总价：
收汇方式：
预计收款日期
报关日期：
备注：
此单报关有效期截止到

（出口单位盖章）

出口收汇核销单
（鄂）编号45032004

出口单位：				
单位代码：				
银行签注栏	类别	币种金额	日期	盖章
海关签注栏				
外汇局签注栏 年　月　日（盖章）				

（出口单位盖章）

（海关盖章）

出口收汇核销单
出口退税专用
（鄂）编号45032004

出口单位：		
单位代码：		
货物名称	数量	币种金额
报关单编号：		
外汇局签注栏： 年　月　日（盖章）		

15. 自动进口许可证

中华人民共和国自动进口许可证

AUTOMATIC IMPORT LICENCE OF THE PEOPLE'S REPUBLIC OF CHINA

No.

1. 进口商 Importer	2. 自动进口许可证号 Automatic Important License No.
3. 进口用户 Consign	4. 自动进口许可证有效截止日期： Automatic Import Licence Expiry Date
5. 贸易方式： Trade Terms	8. 进口国(地区)： Country/Region of Purchase
6. 外汇来源： Terms of foreign exchange	9. 原产地国(地区)： Country/Region of origin
7. 报关口岸： Place of Clearance	10. 商品用途： Use of goods

11. 商品名称： Description of Goods	商品编码： H. S. Code	商品状态： Status of goods

12. 规格、型号 Specification	13. 单位 Unit	14. 数量 Quantity	15. 单价(CIF) Unit Price	16. 总值(USD) Amount	17. 价值折美元 Amount in USD
18. 总计 Total					

19. 备注 Supplementary details	20. 发证机关签章 Issuing authority stamp & signature (签字盖章) 21. 发证日期 License date　　年　月　日

16. 信用证

Letter of Credit

20××JAN. 13　08:40:05　　LOGICAL TERMINAL HKT3

MT S700　ISSUE OF A DOCUMENTARY CREDIT　　PAGE 00001

DUNC　HBHKEXP.

MSGACK DWS7651 AUTH OK. KEY B005091871D85498. BKCHCNBJ MCBLMUMU RECORD

BASIC HEADER　F 01 BKCHCNBJA61A　1344　464693

APPLICATION HEADER 0 700 1456 060112 MCBLMUMUAXXX 0863 303752 060112 1907 N

* MAURITIUS COMMERCIAL BANK LTD...　THE

* PORT LOUIS

USER HEADER　SERVICE CODE　103:

BANK. PRIORITY　113:

MSG USER REF.　108:

INFO. FROM CI　115:

SEQUENCE OF TOTAL　* 27: 1/1

DOC. CREDIT NUMBER　* 20: ILS06/00060

DATE OF ISSUE　31C: 110112

EXPIRY　* 31D: DATE××0331 PLACE CHINA

APPLICANT　* 50: LAI SAN AND CO LTD

121 LOUIS PASTEUR STREET

PORT LOUIS

MAURITIUS

BENEFICIARY　* 59: HUBEI PROVINCIAL MINMETALS INTERNATIONAL TRADING CORPORATION LTD

8, JIANGHAN NORTH ROAD, WUHAN CHINA

AMOUNT　* 32B: CURRENCY USD AMOUNT 10.750,00

AVAILABLE WITH/BY　* 41D: ANY BANK IN CHINA BY NEGOTIATION

DRAFTS AT…　42C: SIGHT

DRAWEE　42A: MCBLMUMUAXXX

PARTIAL SHIPMENTS　43P: ALLOWED

TRANSHIPMENT　43T: ALLOWED

LOADING IN CHARGE　44A: CHINA

FOR TRANSPORT TO…　44B: PORT LOUIS

LATEST DATE OF SHIP.　44C: 110310

DESCRIPT. OF GOODS　45A: 1,200 SETS CAST IRON MANHOLE

COVERS AND FRAMES TO BS 497/79

BLACK BITUMEN COATED 'HB'

BRAND

AS PER S/C NO. MAUR1051229 DD 29/12/2010

CIF PORT LOUIS

DOCUMENTS REQUIRED 46 A：

+ 3/3 + 3 NON－NEGOTIABLE COPIES CLEAN ON BOARD MARINE BILL OF LADING MADE OUT TO THE ORDER OF THE MAURITIUS COMMERCIAL BANK LTD PORT LOUIS MAURITIUS MARKED FREIGHT PREPAID NOTIFY LAI SAN AND CO 121 LOUIS PASTEUR STREET PORT LOUIS MAURITIUS.

+ COMMERCIAL INVOICE IN TRIPLICATE DULY STAMPED AND SIGNED SHOWING SEPARATELY FOB VALUE OF GOODS. FREIGHT CHARGES. AND INSURANCE PREMIUM AS WELL AS AND NET WEIGHTS AND MEASUREMENT OF GOODS AND MENTIONING ‘ WE HEREBY CERTIFY THAT THE PARTICULARS GIVEN IN THE INVOICE ARE TRUE AND CORRECT AND THAT NO DIFFERENT INVOICE IN RESPECT OF THE GOODS HAS BEEN OR WILL BE ISSUED’.

+ DETAILED PACKING LIST ORIGINAL + 3 COPIES

+ INSURANCE POLICY / CERTIFICATE DULY ENDORSED IF APPLICABLE COVERING RISKS PER INSTITUTE CARGO CLAUSES A WAR AND STRIKES AS PER INSTITUTE CLAUSES UP TO MAURITIUS CLAIMS PAYABLE IN MAURITIUS WITH NO EXCESS.

ADDITIONAL COND. 47A：

+ DOCUMENTS TO BE ISSUED IN ENGLISH.

+ INVOICE AND BILL OF LADING TO BEAR OUR L/C REFERENCE.

+ A COMMISSION OF 5 PERCENT PAYABLE TO CHIN YAN TRADING AGENCY PO BOX 536 PORT LOUIS MAURITIUS WILL BE DEDUCTED FROM CIF VALUE.

+ IN CASE OF PRESENTATION OF DISCREPANT DOCUMENTS. A DISCREPANCY FEE OF USD 60. — PER SET OF DOCUMENTS SHALL BE LEVIED.

+ ONE EXTRA COPY OF INVOICE AND TRANSPROT DOCUMENT REQUIRED FOR OUR FILE

DETAILS OF CHARGES　　71 B：ALL BANK CHARGES OUTSIDE MAURITIUS AND REMITTANCE CHARGES ARE FOR ACCOUNT OF BENEFICIARY

CONFIRMATION　　*49：WITHOUT

INSTRUCTIONS　　78：

+ PLEASE SEND DOCUMENTS BY COURIER SERVICE TO THE MAURITIUS COMMERCIAL BANK LIMITED. SIR WILLIAM NEWTON STREET. PORT LOUIS. MAURITIUS.

+ WE WILL REMIT PROCEEDS AS INSTRUCTED PROVIDED THAT ALL DOCUMENTS ARE IN CONFORMITY WITH L/C TERMS.

SEND. TO REC. INFO.　　72：CREDIT IS SUBJECT TO ICC UNIFORM CUSTOMS AND PRACTICE FOR CREDITS (UCP 600)

ADVICE THROUGH　　57D：BANK OF CHINA，HUBEI BRANCH
A/C NO. 00174818091001

ORDER IS <MAC：> <PAC：> <CHK：> <TNG：> <PDE：>

MAC：FC832004

CHK：63CAF6F9CA19

17. 进口货物报关单

中华人民共和国海关进口货物报关单

预录入编号：　　　　　　　　海关编号：

<table>
<tr><td>进口口岸</td><td>备案号</td><td>进口日期</td><td colspan="2">申报日期</td></tr>
<tr><td>经营单位</td><td>运输方式</td><td>运输工具名称</td><td colspan="2">提运单号</td></tr>
<tr><td>收货单位</td><td>贸易方式</td><td>征免性质</td><td colspan="2">征税比例</td></tr>
<tr><td>许可证号</td><td>起运国(地区)</td><td>装货港</td><td colspan="2">境内目的地</td></tr>
<tr><td>批准文号</td><td>成交方式</td><td>运费</td><td>保费</td><td>杂费</td></tr>
<tr><td>合同协议书</td><td>件数</td><td>包装种类</td><td>毛重(kg)</td><td>净重(kg)</td></tr>
<tr><td>集装箱号</td><td>随附单据</td><td></td><td colspan="2">用途</td></tr>
<tr><td colspan="5">标记唛码及备注</td></tr>
<tr><td colspan="5">项目　商品编号　商品名称、规格型号　数量及单位　最终目的国(地区)　单价　总价　币制　征免</td></tr>
<tr><td colspan="5"></td></tr>
<tr><td colspan="5">税费征收情况</td></tr>
<tr><td colspan="2" rowspan="3">录入员　　　兹声明以上申报无讹并承担法律
责任
录入单位

报关员　　　申报单位(签章)
单位地址　　报关专用章

邮编　　电话　　填制日期</td><td colspan="3">海关审单批注及放行日期(签章)
(海关验讫章)
审单　　审价</td></tr>
<tr><td colspan="3">征税　　统计</td></tr>
<tr><td colspan="3">查验　　放行
签发关员
签发日期</td></tr>
</table>

本章小结

本章主要阐述了出口合同和进口合同的履行程序，并对进口合同履行中涉及的主要单证进行介绍。

出口合同的履行程序包括备货及申领出口许可证，催证、审证和改证，租船（订舱）与装运，出口报验、报关与投保，制单结汇，出口收汇核销和办理出口退税等。

进口合同的履行程序包括申领进口许可证，开立、修改信用证，租船（订舱）和催装，投保，审单、付汇与核销，进口货物的通关及其验收，办理进口索赔等。

复习与思考题

一、名词解释

出口许可证　海关发票　出口收汇核销　出口退税

二、判断题

1. 国际货物买卖中卖方的基本义务是按时交货，买方的基本义务是按时付款。（ ）
2. 货、证、租船（订舱）及制单结汇是出口合同履行中最重要的环节。（ ）
3. 审证是由银行与出口公司共同审核信用证内容与合同是否相符。（ ）
4. 信用证的修改只能由受益人提出。（ ）
5. 受益人对修改的信用证可以全部接受，也可以部分接受。（ ）
6. 一般发货人凭大副收据向承运人换取正本已装船提单。（ ）
7. 报关单上须有报关单位的签章和报关人员的签章，否则海关不接受。（ ）
8. 进口保险一般多采用预约保险方法。（ ）
9. 开证行可以“开证人声称议付单据不符合信用证”为由拒付货款。（ ）
10. 领事发票与海关发票的作用基本一致，两种发票格式也均为固定的。（ ）

三、简答题

1. 履行以信用证付款的CIF出口合同的基本程序是什么？
2. 卖方在备货工作中应注意哪些问题？
3. 为什么要审核信用证？审核的依据是什么？审证的主要内容有哪些？
4. 履行以信用证付款的FOB进口合同，有哪些主要环节？
5. 在进口业务中，办理对外索赔，应注意哪些事项？

四、案例分析题

1. 某粮油进出口公司于某年4月以CIF条件与英国乔治贸易有限公司成交一笔出售棉籽油贸易。总数量为84万kg（840公吨），允许分批装运。对方开来信用证中有关装运条款规定：“840 M/T of cotton seed oil. Loading port：Guangzhou. Par-

tial shipments are allowed in tow lots, 460M/Tons to London not later than September15. 380 M/T to Liver pool not later than October 15."(840公吨棉籽油,装运港:广州,允许分两批装运。46万kg(460公吨)于9月15日前至伦敦,38万kg(380公吨)于10月15日前至利物浦)。粮油进出口公司于8月3日在黄埔港装30.5万kg(305公吨)至伦敦,计划在月末再继续装15.5万kg(155公吨)至伦敦的余数,9月末再装至利物浦的380公吨。第一批305公吨装完后即备单办理议付,但单据寄到国外,于8月15日开证行提出单证有如下不符:"1. 我信用证只允许分两批(in two lots)装运,即460公吨至伦敦,380公吨至利物浦。你于8月3日只装305公吨至伦敦,意即至伦敦余15.5万kg(155公吨)准备继续再装。这样违背了我信用证规定。2. 我信用证规定装运港为广州港(Loading port:Guangzhou),根据你提单上记载,其装运港为黄埔(Huangpu),不符合我信用证要求。以上两项不符点,请速告你方处理的意见。"

粮油进出口公司对开证行上述的单据异议认为是故意挑剔,于8月19日对开证行作出如下答复:

"关于第×××号单据,你行所谓不符点,我们认为完全单证相符:"1. 关于分批装运问题,你信用证是这样规定的:"Partial shipments are allowed in two lots, 460M/T to London not later than sept. 15. 380M/ to Liverpool not later than October 15."上述"Partial shipments are allowed in two lots."即在两批之中又允许分批装运。其意思就是在460公吨至伦敦和380公吨至利物浦的两批之中又允许再分批装运,"in two lots"是指在两批之中。故我在至伦敦460公吨之中分305公吨和155公吨两批装运,完全符合信用证要求。2. 信用证规定装运港:广州,我们就是从广州的黄埔(Huangpu)港装运的,黄埔港是广州的一个具体港口。我们的黄埔港装运,并未超出你信用证规定的广州范围内,故仍然符合信用证要求。以上两项我们认为单证相符,请你行按时付款。"

请问:粮油进出口公司能否得到货款?请阐述理由。①

2. 某份即期付款信用证(信用证标明适用《UCP600》),规定:提交全套海运提单,禁止分批装运,起运港为中国港口,卸货港为美国港口,最迟装运日期为2005年4月10日。受益人甲公司按照信用证规定与4月1日将一部分货物在上海港装上"胜利号"轮,又于4月5日将剩余的货物从黄埔港装上同一轮船,目的港均为美国纽约港。因此,甲公司取得了上海港和黄埔港签发的两套提单。甲公司在交单期内将单据交开征行要求付款,但遭到拒付,理由是分批装运。

请问:开证行的拒付理由是否成立?②

---

① 资料来源:道客巴巴网 http://www.doc88.com/p-907531395170.html.

② 资料来源:百度文库 http://wenku.baidu.com/link? url=s3myR9SbHph-neQdX4Kdcg-awgDq7TWKfs0-TjTnD-MqTqKSWww14t3c3aj1L77esRhWFscEZ0UVQGCM4zE7n-RHdvlzdgbmucMiaSGk38im.

第14章 航空企业国际贸易方式

【教学目的和要求】

了解以中航工业集团为代表的军工企业国际贸易方式，了解中航工业主要企业进行国际合作与转包的主要项目及合作方式。

【本章主要知识点】

- 主要贸易方式
- 转包贸易
- 中航工业集团的国际合作
- 典型转包(波音等)

14.1 中航工业集团简介

14.1.1 简介

中国航空工业集团公司(简称中航工业)是由中央管理的国有特大型企业，是国家授权投资的机构，于2008年11月6日由原中国航空工业第一、第二集团公司重组整合而成立。集团公司设有航空装备、运输机、发动机、直升机、机载设备与系统、通用飞机、航空研究、飞行试验、贸易物流、资产管理、工程规划建设、汽车等产业板块，下辖200余家成员单位、有20多家上市公司，员工约40万人。2009年7月8日，美国《财富》杂志公布世界500强企业最新排名，中航工业首次申报并成功入选，排名第426位，成为首家进入世界500强的中国航空制造企业和中国军工企业。2013年中航工业第五次入围《财富》世界500强企业，排名跃升至第212位。

中航工业系列发展歼击机、歼击轰炸机、轰炸机、运输机、教练机、侦察机、直升机、强击机、通用飞机、无人机等飞行器，全面研发涡桨、涡轴、涡喷、涡扇等系列发动机和空空、空面、地空导弹，强力塑造歼十、飞豹、枭龙、猎鹰、山鹰等飞机品牌和太行、秦岭、昆仑等发动机品牌，为中国军队提供先进航空武器装备。

中国航空工业集团公司将寓军于民、军民融合作为重要发展原则，以新理念、新思路、新举措大力发展军民用运输机产业，研制生产新舟60、新舟600、新舟700系列涡桨支线飞机，运-8飞机、运-12飞机，直-9直升机等多种机型，是ARJ21新支线客机的主要研制者和供应商，是大飞机重大专项的主力军。按照只有合作伙伴、没有竞争对手的理念，在世界航空工业领域进行广泛合作与交流，在开展枭龙飞机、K8飞机、EC120直升机、ERJ145涡扇支线客机等国际合作项目的同时，积极参与国际重大航空项目的开发，大力开展航空转包生产业务；将航空高技术融入汽车、摩托车及其发动机、零配件等领域，大力发展燃气轮机、制冷设备、电子产品、环保设备、新能源设备等机电产品，并提供飞机租赁、通用航空、交通运输、医疗服务、工程勘察设计、工程承包建设、房地产开发等第三产业服务项目。

中国航空工业集团公司是中国科技发展的领军者之一，拥有由中国航空研究院和33个科研院所组成的高水平科研体系；拥有一大批院士和国家级专家；拥有一批达到亚洲一流或国际领先水平的国家重点实验室和重大科研试验设施；拥有中航网联通国内所属成员单位，具备异地协同设计制造能力和现代化信息传输能力。

中国航空工业集团公司秉承"航空报国、强军富民"的宗旨，践行"敬业诚信、创新超越"理念，提出了"两融、三新、五化、万亿"的发展战略。"两融"就是改变过去封闭保守的思维，树立开放合作的观念，融入世界航空产业链，融入区域发展经济圈；"三新"就是集团的核心竞争力，由传统的"资产、管理、技术"三位一体，逐步转型升级为"品牌价值、商业模式、集成网络"新的三位一体；"五化"就是推进市场化改革、专业化整合、资本化运作、国际化开拓、产业化发展，最终实现经济规模挑战一万亿元的目标。

中航工业集团的贸易方式主要是一般贸易(飞机产品与附件)，加工贸易(三来一补)，转包(民用航空产品)，提供飞机租赁、通用航空、交通运输、医疗服务、工程勘察设计、工程承包建设、房地产开发等第三产业服务项目。

14.1.2 中航工业集团的国际合作类型

1. 空客项目

(1)转包生产

中航工业所属沈飞、哈飞、成飞、西飞承担了A320机翼、机翼后缘、机翼前缘、客舱应急门、尾段零件、机头部分组件、后登机门、四项舱门、A319中央翼盒、A330/340前后货舱门与尾段零件的转包生产。双方在A350项目上进行探讨，中航工业将作为唯一供应商承担飞机结构件5%的制造工作。

(2)合资公司

2007年11月26日，原中航二集团与空客公司签署成立复合材料制造中心的框架协议。2008年7月15日，哈飞集团与空中客车(中国)公司，就在哈尔滨合资成立复合材料飞机零部件制造中心签署了框架合同。根据合同，合资复合材料飞机零部件制造中心于2009年初建成，哈飞集团拥有80%的股权，空客中国拥有20%的股权。制造中心为空客A320系列飞机生产零部件，同时参与空中客车A350XWB宽体飞机工作包的产业化和批量生产。制造中心将按照空中客车公司的标准和工艺进行生产。

(3)工程中心

中国一航、哈飞股份、洪都航空和空客中国合资成立空中客车公司(北京)工程技术中心 Airbus (Beijing Engineering Center，ABEC)。

(4)A320 总装线

空中客车公司提出在中国建立 A320 总装线的建议，2006 年 5 月总装线正式定点天津滨海新区。中方联合体与空中客车公司 2006 年 10 月 26 日签署合作框架协议，成立 A320 飞机总装公司，计划于 2009 年 6 月份首件交付，2011 年达到月总装 4 架。

(5)制造中心

2009 年 1 月 30 日，中航工业哈尔滨飞机工业集团有限公司等中方合作伙伴与空中客车(中国)公司在西班牙马德里签署了《哈尔滨哈飞空客复合材料制造中心有限公司合资合同》，双方将共同在哈尔滨建设复合材料飞机零部件制造中心。正在西班牙访问的中国国务院总理温家宝和西班牙首相萨帕特罗共同出席了签字仪式。

(6)A320 机翼总装线

2009 年 2 月 2 日，中航工业西飞公司与空中客车公司在英国伦敦签订了 A320 系列飞机机翼总装项目合作协议，西飞公司将承担空客 A320 系列飞机的机翼制造任务，并将成为 A320 系列飞机机翼总装项目欧洲以外地区的首家供应商。

(7)高层交流

2002 年建立了年度高层交流机制，双方高层和项目执行层及时沟通，评价现有合作并解决问题，同时探讨新合作机会和合作模式。

2. 波音项目

(1)转包生产

中航工业所属沈飞、哈飞、成飞、洪都、西飞、陕飞、昌飞承担了 B737NG 垂尾、48 段、前登机门和翼上应急门，787 方向舵、垂尾前缘、翼身整流罩、短舱扭距盒，747－8 内襟翼、副翼、扰流板、767－300 客改货，波音系列钣金件部件的转包生产，其中部分项目为唯一供应商。

(2)工程合作

一航与波音的合作主要在制造领域，拓宽合作领域、提升合作水平是双方合作发展的大趋势，双方高层领导积极推进开展工程合作。双方已开始了工程合作的初级阶段 MRB 培训。

(3)波海合资公司

1998 年在天津成立了波海航空复合材料部件有限公司，生产民用飞机机舱内饰和辅助结构的复合材料零部件，合资企业 2002 年投产。合资企业成立之初，中国一航持有三分之一的股份。2008 年中国一航的所持股份调整为 11.9%。

(4)高层交流

原中国一航与波音公司建立了高层领导定期进行战略与管理层面的交流机制，就现有合作的问题，未来合作的发展方向和机会进行具有长期战略意义的讨论。从 2001 年起波音高层与中国航空工业进行了研讨式高层管理培训(EDP)，双方在价值工程、财务管理、IT、战略管理、精益制造、价值流、人力资源管理等方面进行了多次建设性的交流，产生了很好的高层沟通、交流先进管理经验的作用。

3. 欧直项目

(1)Z15/EC175 直升机

2005 年 12 月，原中航二集团和欧洲直升机公司按照共同投资、共同研制、共同受益、共担风险、共享市场的原则签署了中型多用途直升机 Z15/EC175 项目合作研制合同。该项目进展顺利，计划 2009 年首飞。

(2)HC120 直升机

中、法、新三国 1993 年签约共同投资开发 EC120 直升机。中方承担机体结构、液压/燃油/操纵系统等研制，占 24%份额；法方占 61%份额，承担总体、升力/航电/发动机/传动系统等研制；新方占 15%份额，承担尾桨、舱门等研制。2003 年三国签约同意在哈尔滨建立 EC120 第二条总装生产线，并于 2004 年底建成了具备年产 20 架机能力的总装生产线。改名为 HC120 的国产机型现已交付用户使用。

4. GE 项目

(1)转包生产

中航工业的南方动力、黎明、成发、西航、黎阳与 GE 公司开展转包生产合作，最长的已有近二十年的历史，产品包括 CF6、CF34、CF56、GE90、LM2500、LM6000、GP7200、GEnx 等各型发动机底盘、叶片、轴、机匣、安装边、过渡段等的制造和轴承机匣、高压涡轮机匣工程技术开发等。

(2)合资企业

一航世新与 GE 签署合作协议，由世新公司为 GE 在中国销售的核心机提供成套服务已有产品售出。

(3)CF34－10A 项目

CF34－10A 发动机是由美国 GE 公司为 ARJ21 配装的航空动力，2003 年成功竞标，被指定为 ARJ21 飞机的配套动力装置。

一航黎明在此合作项目中承担 CF34－10A 发动机零部件的加工、装配和试车工作。

5. 巴西项目

(1)合资公司

哈尔滨安博威飞机工业有限公司是由巴西航空工业公司与中国航空工业集团公司旗下的哈飞集团共同组建的合资企业，为 50 座级 ERJ145 喷气飞机整机生产制造厂商。该合作项目是中国首次与国外先进民机制造企业以合资形式进行的整机合作，项目协议于 2002 年底签订，合资公司于 2003 年 1 月 13 日挂牌成立，在投产当年实现了首架飞机的下线和首飞，在中国航空制造史上尚属首次。2009 年合资公司已经向中国市场交付 ERJ145 喷气飞机 27 架。

(2)转包生产

合作项目中的转包生产计划分两步走：第一步为机身大部件转包生产，包括

ERJ145 喷气飞机Ⅱ、Ⅳ段机身国产化，首架份国产机身Ⅱ、Ⅳ段于 2006 年 4 月交付；第二步为机翼机身整流罩转包生产。ERJ145 喷气飞机零部件的国内转包生产由哈飞集团负责，第一步已成功完成。

14.2　航空企业转包贸易历史

14.2.1　转包生产发展的意义

“转包生产”一词在我国是于 1988 年航空工业青岛会议上提出来的，以前统称为“三来加工”或“三来一补”。发展转包生产的三十多年，我国累计签订转包生产合同金额超过 50 亿美元，交付各类产品超过 20 亿美元。我国从事转包生产的航空企业也基本完成了向西方先进的工艺技术学习和并轨的工作，企业在转包生产稳定发展的基础上，逐渐采用现代化的组织管理方式，独立或与其他企业合作建立了专门从事转包生产的专业化工厂和生产线，企业在生产的组织管理、工艺技术等方面都能进行自主创新，渐渐走向转包生产的良性循环轨道。航空转包生产不论是对我国的航空工业还是对外国厂商都有其重要意义。中国航空企业通过转包生产促进了民机产业的自主研发，外国厂商把一些业务外包出去可以降低产品成本，加强其产品整体在国际市场上的竞争力，同时也有利于企业集中精力去研究、开发高精尖技术和加速产品的更新换代。转包生产提高了航空企业的经济效益，扩大了进出口贸易。世界航空转包生产市场巨大，每年超过 300 亿美元的市场规模，能为参与的企业带来源源不断的利润。转包生产也扩大了我国的进出口贸易额，带动了国民经济的发展。

14.2.2　世界航空转包产业竞争现状

在国际合作中，航空转包生产目前主要分为三个层次：第一个层次是“三来”加工，即“来图、来样、来料”加工，这个层次由买方控制所有的技术并提供原材料，卖方仅赚取劳务费；第二个层次是来图购料加工，卖方除劳务费外，还可以分享原材料的采购收益；第三个层次是风险投资，卖方得投入一定的研制开发费用，承担相应风险，除来图制造外，自己还承担一定的研发工作。对卖方来说，最受益的方式，当然是第三个层次。民机市场是典型的全球开放市场，欧美航空公司都把对外转包零部件、规模经济地采购零部件作为降低成本的重要手段。一架大飞机有 100 万多个零部件，分散在世界各地转包。空中客车公司拥有包括 500 多家美国公司和新加坡、印度、澳大利亚、日本、中国在内的 1500 多家供应商，分布于 27 个国家。这些从事飞机转包业务的飞机制造公司，虽然在现有业务基础上自然区分了各自的业务侧重点，但是还是能力相当，具备多样能力交叉点，在国内市场上形成了一定的竞争和抗衡的态势。

目前，大型客机全球市场几乎被美国波音公司和欧洲空中客车公司这两大航空巨头垄断，其产品已经形成了自己的系列，全方位地覆盖着不同的市场需求。目前，除了俄罗斯和少数几个国家使用俄罗斯的干线民用客机外，世界各国的航空公司基本上使用波音公司和空客公司的干线民用客机；在支线飞机市场上，后期发展的国家巴西、加拿大也形成了"双寡头"竞争的格局，巴西的安博威和加拿大的庞巴迪两家公司占据了全球支线飞机市场 90%以上的市场份额；而在航空工业生产全球化的转包市场上，日本"一枝独秀"，以 100 亿美元的转包规模占到全球市场 1/3 以上的份额。

14.2.3 中国航空工业转包历史

航空工业的转包生产开始于 20 世纪 70 年代末和 80 年代初，成因是因为改革开放后，我国在购买国外的航空产品后出现了贸易补偿、国外的航空企业制造向低成本地区转移的全球发展战略，也是由于军品任务陡降，航空工业寻求非军品发展的需要。最初是"三来一补"的低级简单模式，后来有的发展成为"有竞争力的优秀供应商"，有的升级为"核心供应商"，并成长为"风险合作伙伴"，近年发展迅速的企业甚至与成为国外航空制造巨头的"唯一供应商"达成了战略联盟合作。转包生产是实现航空工业非军品、非国家计划，但却又是航空技术专业化和产业化发展的重要渠道。我国一航集团公司主要和国外的大型航空工业企业如飞机公司空客、波音，航空发动机公司英国罗罗、美国普惠、法国斯奈克玛等公司的合作，按照这些的规范生产其飞机、发动机、机载设备设备等需要的零部件。这样，可以充分利用、提高、发挥航空工业的技术、装备和人才优势。这些转包生产是航空工业专业技术的深化提高，也是制造水平的精致和完善，是带动航空工业发的重要途径。

转包生产经过 30 多年的发展，在我国航空工业系统内，几乎超过一半的公司、企业和研究所都对口发展转包业务，转包生产层次也在不断加深，技术含量高、协调难度的项目不断增多，合作的范围也不断扩大。我国航空工业的转包生产是 1980 年由西飞公司与加拿大航空公司合作的 CL－215 森林灭火机 7 个小部件的项目开始。发展到全行业分别与波音、空客德国、空客法国、空客英国、意大利阿莱尼亚、加拿大庞巴迪、巴西航空工业公司等世界先进飞机制造公司以及通用、罗罗、普惠、斯奈克玛、霍尼韦尔等发动机制造公司建立了航空零部件工业合作关系，形成了初具规模的民机零部件制造产业，并建立起专业化分工模式。有的专门承制飞机机头，有的制作飞机舱门，有的承制飞机尾翼，有的专门承制中段，而发动机企业又按各自的专业分工特点分别承制发动机叶片、盘环、机匣及燃烧室等，既有板金件、结构件，也有精密铸件和锻造件。2008 达到近 5 亿美元的合同交付，2010 年达到 10 亿美元，成为航空工业重要的经济、技术组成部分，促进了我国航空工业专业化发展互动作用，也符合我国一航的寓军于民指导方针。

14.2.4 中国航空转包产业发展态势

我国航空工业在 1979 年首次参与国际合作，为国际航空工业巨头做零部件的转包生产。近年来，中国航空转包生产发展非常迅猛，产值以每年 30%的速度增长。到 2008 年，中国航空转包生产值已达到 6.4 亿美元，同比增长 35%。中国航空转包生产潜力巨大，未来的发展前景非常广阔。航空制造业典型的“国际化工业”的特点，造就了航空零部件合作生产和采购的巨大市场。预计未来 20 年全球航空零部件总采购量近 6000 亿美元。随着中国航空工业能力的不断提升，中国将在国际航空转包市场上与世界各民用飞机制造商包括中国商飞、波音、空客、庞巴迪、巴西航空等开展全方位的合作，力争成为最重要的风险合作伙伴和世界级供应商。中国转包生产交付额预计到 2017 年达到 30 亿美元。

中国转包生产的能力目前已经得到了众多国外著名航空制造公司的青睐。据欧洲宇航防务集团中国采购总监透露，到 2020 年，欧洲宇航防务集团全球采购量将增加到 630 亿欧元，西欧以外地区采购份额将提升到 40%。中国作为欧洲宇航防务集团重要的采购对象，势必要在航空转包生产方面面临巨大的机遇。国内从事飞机转包业务的公司除沈飞民机公司外，还有西飞国际、成飞民用飞机公司、上海飞机制造公司、哈尔滨飞机工业集团有限公司、汉中飞机工业有限公司等单位。

14.3　中航工业集团典型企业转包生产介绍

14.3.1　沈飞民机公司转包业务主要发展阶段

沈飞民机公司主要从事的是飞机转包业务。自 1985 年与英国宇航公司签订第一个转包合同以来，近二十五年间，先后承担了 8 个国家 14 家民用飞机制造商和航空公司的转包生产订单，并与波音、空客、庞巴迪等国际著名航空制造企业建立了稳定的国际合作关系。沈飞民机公司所转包制造的产品涉及波音系列型号飞机、空客系列型号飞机和庞巴迪 Q 系列飞机等国外先进飞机的结构部件和国产 ARJ21 飞机的结构部件以及全机电缆等，合作范围由单纯的产品制造逐步拓展到了产品的设计、试验、适航取证、售后服务等领域。

沈飞民机公司的转包业务一共经历了以下三个主要发展阶段：

(1)创业阶段(1985—2000)

1985 年 11 月与英国宇航公司签订了第一个转包合同——A320 翼肋合同；1986 年 1 月与德国 ECD 公司签订 A320 应急舱门合同；1986 年 5 月与加拿大庞巴迪公司签订了冲-8 货舱门合同；1989 年 4 月与波音公司签订了 757 货舱合同；1992 年 9 月，签定干线飞机生产合同；1995 年 2 月，签订新一代波音 737 尾段合同。

(2)调整发展阶段(2001—2007)

2002 年初成为波音 757 货舱门唯一供应商；2002 年 6 月 A320 滑轨肋首价交付并签定 A320 机翼前缘合同；2002 年 12 月成为 ECD-A320 应急舱门唯一供应商；2004 年 4 月，签定 ARJ21 研制总协议；2004 年 11 月和 2005 年 6 月签定 A330/340

前后货舱门合同;2004 年 12 月签定 B757 改装合同;2005 年 6 月签定 B787 垂尾前缘合同;2005 年 12 月交付 B737 平尾中段;2006 年 7 月签定 Q400 机身合同;2006 年 10 月浑南 Q400 装配厂区开工建设;2007 年 1 月 12 日交付首架 B787 垂尾前缘;2007 年 3 月 13 日交付首架 ARJ21 飞机尾段;2007 年 6 月 29 日签定 B737 飞机尾段合同;2007 年 10 月 15 日交付首架 Q400 飞机前机身;2007 年 10 月 26 日交付百架 A320 机翼前缘。

(3)快速发展阶段(2008—)

2008 年 2 月交付首架 Q400 后机身;2008 年 10 月交付首架 Q400 尾段;2009 年 3 月 31 日,A320 应急舱门交付 8000 架及 A330/340 前后货舱门交付 100 架;融入世界航空产业链成效显著,经营规模稳步增长,运营质量稳步提升。出口交付额快速增长,五年累计实现出口交付额同比增长 576%,年均增长超过 30%,利润年均增长超过了 84.5%;公司资产总额年均增长超过了 35%。融入区域发展经济圈持续深入,为公司发展营造了良好的外部环境。

近年来,沈飞民机公司在推进政企合作方面不断深入,省市政府不仅在政策和资金方面给予了一贯支持,沈飞民机公司还先后被省市政府认定为“国家高新技术企业”“国家火炬计划重点高新技术企业”“辽宁省新兴高技术领军型企业”“辽宁省企业技术中心”“辽宁企业博士后科研基地”。

能力建设有所突破,综合竞争实力稳步提升。新园区建设取得突破性进展。五年来累计在新园区投入使用厂房面积近 12 万平方米,相关配套设施逐步完善,形成了较强的具有世界先进水平的集民用飞机机体结构大部件装配、中小钣金及特种工艺(表面处理、热处理、无损检测)、理化测试、金属胶接、仓储物流于一体的民用飞机研制生产能力。

初步具备了世界级一级供应商的特质。研发设计能力不断增强。通过参与 C 系列飞机联合研发设计取得宝贵经验的研发设计队伍,目前已发展到 260 余人,并在 C919 大型客机设计过程中发挥着越来越重要的作用,公司的研发设计体系 2011 年通过 AS9100C 版认证。

形成了自身专业化的制造能力。通过多年多机型的经验积累,目前公司的民用飞机机身、吊挂、舱门、电缆制造已经在集团公司内部形成了一定的专业化优势,与之相匹配的研发设计也具备了一定能力。

沈飞民机公司通过 25 年的发展,曾和 8 个国家 14 个客户建立合作。现有合作项目的公司有 9 家:中国商飞、美国波音公司、欧洲空中客车公司、加拿大庞巴迪公司、欧洲直升机德国公司、美国势必锐公司、以色列 IAI 公司、新加坡宇航公司和荷兰福克公司。公司在项目管理中按照产品分类,客户与产品分类如下:

① 庞巴迪飞机产品客户。

② 波音飞机产品客户波音(Boeing)势必锐(Spirit)。

③ 以色列宇航公司(IAI)。

④ 新加坡宇航公司(SATIS)。
⑤ 空客飞机产品客户。
⑥ 英国空客(Airbus UK)。
⑦ 欧直德国(ECD)。
⑧ 中国飞机产品客户。
⑨ 中国商飞。
⑩ Honeywell 其他飞机产品。

14.3.2 西安航空发动机(集团)有限公司转包介绍

中航工业西安航空发动机(集团)有限公司(以下简称西航公司)始建于 1958 年,是中国航空工业集团公司所属大型航空发动机研制生产基地,同时也是航空技术转移产业基地。燃气轮机、航空发动机零部件(转包生产)、巡航导弹发动机等产品研制生产骨干企业。1998 年,西航集团公司进行了现代企业制度改革,2001 年实行债转股,组建了以中国航空工业第一集团公司和华融资产管理公司为股东的有限责任公司,注册资本 12.1298 亿元。2008 年 11 月 20 日西航公司完成组改制,将主业置入西航动力股份有限公司,并成功上市,挺身迈进资本市场。作为一家优秀的航空外贸转包生产企业,早在 1979 年,西航开始以补偿贸易的形式承接了罗罗公司 SPEY 发动机高、低压涡轮二级叶片的加工。

1980 年,首次与加拿大普惠公司以补偿贸易的方式合作,为其加工动力装置发动机零件,当时的贸易方式为“来料加工”。历经 30 年的风风雨雨,西航公司从当初的 7000 多美元的第一单,一个客户,发展到如今客户覆盖世界各重要的发动机制造商。西航公司始终以“优质的质量,准时的交付,有竞争力的价格”的理念指导日常工作,引进和消化吸收了国外的各种先进管理方法,满足了顾客的要求,并在外贸转包生产的各个环节制定和贯彻了如“周计划、日看板”“滚动需求计划”“六个西格玛”以及“精益生产”等管理方法,有效地提升了各项管理水平,为转包生产提供了有力保证。在应用核心制造技术的同时,西航公司利用各种渠道积极学习和消化吸收国外的先进制造技术,尤其是各项特种工艺均满足客户要求,有些特种工艺已达到国外同行业的先进水平。西航公司已取得了 AS9100 质量认证体系和 NADCAP 特种工艺认证。目前,西航公司盘类零件制造已达到世界先进水平,成为全球为数不多的几个盘类零件加工基地之一。

在质量控制方面,西航公司始终以“质量是西航人的生命”的质量价值观作为自己的行为准则。西航集团公司的干部职工深刻认识到质量在外贸转包生产中的重要性,并将客户的要求逐一落实到实际工作中,使西航集团公司外贸转包生产的制造合格品率多年来均保持在 96%以上。在合同承揽方面,西航公司始终以发挥企业核心制造优势,走产品的多元化的路子,通过各种渠道大力开拓国际市场,加大技改力度多元合作拓展市场。西航公司外贸转包生产走过了一段艰难曲折的路程,但多年来的辛勤耕耘才迎来了今天的收获。在战略定位上，公司领导层认识到，西航公司是大型航空发动机研制生产企业，有责任保持和发展航空工业的高技术优势，必须把发展外贸转包生产作为坚持“航空为本、“融入国际航空产业链”战略方针的重要途径。

为了发展外贸转包生产，西航公司历届主管领导都非常重视资源配置。从1989年开始，先后投资3.5亿元进行了6次不同规模的设备和厂房的改造。组建了两个外贸专业分厂，有力增强了企业的发展后劲。随着外贸转包生产形势的发展，国外订单纷至沓来，西航集团公司的生产能力已不能适应市场需求的增长，为此，2007年5月西航在西安出口加工区内成立了西安西航集团莱特航空制造技术有限公司(以下简称莱特)。随着外贸转包生产的发展，增进了西航公司与国内外用户的相互了解和信任。20世纪90年代末期，先后与英国RR公司合资组建了以涡轮叶片精密铸造为核心技术的西安西罗航空部件有限公司；与美国PW公司和以色列BTI公司合资组建了以压气机叶片精锻为核心技术的西安安泰叶片制造有限公司。精铸和精锻合资厂的建立，引进了航空发动机叶片的核心制造技术，使涡轮叶片精铸和压气机叶片精锻技术达到国际领先水平。

据统计，西航集团公司外贸转包生产先后承接了国外20多个机种约1000多项零组件的加工。这些机种和零件大多标志着当今国际上航空发动机制造工艺的先进水平。其中，TAY、TRENT、CFM56、CF34和PW系列发动机都是近年来在波音和空客飞机上广泛采用的机型。合资企业以其优良的硬件设施，具有世界先进核心制造技术的精锻、精铸工艺和高素质的员工队伍，展现了其在市场中较强的竞争力。培养人才队伍外贸进入快车道人力资源是保障外贸转包生产的基础。

西航集团公司外贸转包生产取得了一系列荣誉:2005年，获GE“最佳合作伙伴”奖，并连续保持最佳供应商奖；2007年，获斯奈珂玛公司物流表现奖，获美国通用电气医疗集团优秀供应商奖，获加拿大普惠公司交付10万个零件无任何未申报超差特别荣誉奖，同时也成为2007年中国唯一一家通过该项审核的供应商；2008年，获法国斯轮贝谢英国产品中心“偏置件项目团队”合作奖，GEHC项目获最佳战略合作伙伴奖，SNECMA项目获“最佳物流奖”；2009年，GE项目荣获“技术进步奖”，SNECMA项目获“最佳交付表现奖”，获美国联合技术公司“金牌供应商”称号；2010年，获中航工业“国际化开拓先进单位”。

西航公司的外贸转包生产始于改革开放之初的1979年，经过三十多年的发展，西航集团外贸转包生产年交付额由1981年的12.7万美元增加到2010年的2.06亿美元，外贸转包生产年出口交付额连续多年位居中航工业各企业前列。

西航目前有工程技术人员2500多名，工人1万多名，广大技术人员、工人在外贸转包生产中认真学习国外先进技术，充分发挥自己的聪明才智，攻克了许多技术难关，包括在难切削材料、薄壁零件的冷加工技术和热处理、表面处理喷涂、喷丸等特种工艺方面都培养了一批技术骨干。由于外贸加工中大量采用冷热加工的新技术，使工厂各个部门和车间都涌现出了一批业务尖子，西航公司在一些特种工艺技术方面在国内处于领先地位，而且与世界先进水平的差距正在逐渐缩短。外贸转包生产培养和造就了一支素质较高的外贸专业人才队伍。这支队伍中不仅有掌握尖端制造技术的专业人才，还有一批既懂技术和管理又懂商务和外语的复合型人才，他们都在各自的工作岗位上发挥着重要的作用。

经过三十多年的努力，西航公司已经实现了从最初的补偿贸易和简单的“三来加工”到成为关键件的核心供应商再到成为客户风险合作伙伴的重要转变。2006 年 6 月 30 日，公司与美国通用电气公司签署了关于 CF34 - 3 发动机风险收益共享项目合作协议，该项目的合作成功，使西航集团公司从目前的外贸转包生产供应商的地位提升到客户合作伙伴的高度，并能使公司获得 30 年以上的长期稳定的市场份额。

14.3.3　沈阳黎明航空发动机集团公司转包生产发展模式

沈阳黎明航空发动机集团公司（简称黎明公司）作为新中国航空工业的支柱企业，在我国的航空领域一直发挥着相当重要的作用。黎明公司的转包生产也是从 20 世纪 80 年代初期通过承担工艺复杂及品种多、批量小、难度大、特种工艺多的零件开展三来加工业务。80 年代创汇额一直在 100～200 万美元徘徊，无法形成转包生产的规模效应；技术力量分散，没能发挥自己的核心专长。1999 年，黎明公司确立了按专业化的目标，发展上规模的机匣制造、钣金制造和叶片制造等劳动力技术双密集的航空发动机和燃气轮机零部件的外贸转包生产的企业发展规划。公司的国际合作业务开始从过去单纯的三来加工向世界知名航空公司供应商的方向发展，并且已经开始了由采购商提供产品概念到自行设计生产提供全套解决方案。

1999 年，成立了专业化转包生产厂；2000 年改造建成了国际先进水平的机匣件、环型件、结构件和钣金件等专业化生产线，使公司的转包生产拥有了完备的生产技术条件。2010 年，公司转包生产发展形势非常好，公司抓住世界著名航空公司推行低成本全球采购机遇，努力开拓国际航空转包市场。合作伙伴主要包括美国 GE 能源公司、美国 GE 航空公司、英国 RR 公司、德国 RR 公司、法国 SNECMA 公司、美国 PW 公司、美国哈立波顿公司、意大利 Avio 公司、美国 GE 油气公司、西班牙 ITP 公司。

2000 年，公司以良好的质量信誉获得美国 GEPS“全球杰出供应商”奖，并与美国 GE 动力公司签订了 1.5 亿美元的中期指导协议。这是迄今为止我国航空发动机企业中规模最大的对外合作项目。

学习和引进了跨国公司的好思路、好经验及国外先进的管理方法。比如全过程控制（TPC）管理方法、六西格玛（SIX SIGMA）、精益制造（LEAN）等，提高了公司的整体管理水平。

转包前景与存在的问题

(1) 转包前景

1) 世界经济的发展趋势

经济全球化是当今世界发展的大趋势，现代信息技术的发展已完全实现了在总体设计方案下，异地协同平台上的联合研发和制造配套，以各自的专业化技术优势、规模化生产能力，形成了较为紧密的研发生产联合体，为国际航空业务发展创造了极好的软硬件环境和条件。随着国际航空制造业的分工越来越细，以及国内航空制造企业自身设备条件、生产能力、科技实力等方面的不断提升，加之中国固有的劳动力价格、巨大市场潜力等优势，国内航空制造业参与国际分工与合作的潜力将大幅增强。

2）国际知名航空企业的发展战略带来机会

伴随着世界经济的增长，世界航空市场呈现出强劲的需求态势，在今后的 20 年中新型民用飞机市场的需求将不断增大，因此必将带动新型号飞机和发动机的发展。随着全球航空市场需求的急剧增加，欧美各航空工业企业不断研发新机型和扩张制造能力与规模，产品和产业竞争愈演愈烈，为此制定了“生产制造向低成本区域扩张”的采购战略，强调国际合作供应链建设与管理，给我们提供了发动机和能源产业国际合作生产持续、稳定发展的机遇。在中国成为“世界工厂”的浪潮推动下，为我们更好地参与国际间的合作打下了良好的基础，为我们更为广泛地参与国际间的生产合作创造了良好条件。

(2)存在的问题

世界航空发动机企业在与中国供应商扩大合作的同时，也竞相降价，坚持低成本的采购策略。我们正面临着原材料价格上涨和激增的生产成本、劳动力升值、人民币升值、贷款利率和能源价格上涨等诸多不利因素。因此靠低成本、低价格和低利润取胜的国际合作制造业将面临着生存空间的挑战。航空外贸市场竞争日趋激烈，随着航空产品加工向民营和合资企业开放，军工企业的行业优势逐渐在减弱；管理和技术的接轨能力薄弱，随着世界航空技术的不断提高，我们的技术能力和管理模式仍然与世界知名航空企业存在着一定的差距。

14.4 波音公司国际转包案例分析

美国波音公司是全球最大的航空航天公司，是世界上最大的民用和军用飞机制造商。波音公司也是美国航天航空局(NAS)的最大承包商，运营着航天飞机和国际空间站，是国防、太空飞行和运载火箭发射领域的全球市场领导者。此外，波音公司设计并制造旋翼飞机、电子和防御系统、导弹、卫星、发射装置，以及先进的信息和通信系统。波音公司还提供众多军用和民用航线支持服务，其客户分布在全球 140 多个国家。就销售额而言，波音公司是美国最大的出口商之一。波音公司素来有着创新的传统，波音公司需要不断扩大产品线和服务，满足客户的最新需求，包括开发更高效的新机型，通过网络整合军事平台、防御系统和战斗机，研发先进的技术解决方案，制订创新型的客户融资方案。

1. 波音公司概况

波音公司 1916 年 7 月 1 日在西雅图由威廉爱·德华·波音创建，原名太平洋航空产品公司，于 1917 年改名为波音公司。1929 年更名为联合飞机及空运公司。1934 年，波音公司拆分成三个独立的公司：联合技术公司、波音飞机公司、联合航空公司。1961 年原波音飞机公司改名为波音公司。波音公司建立初期以生产军用飞机为主，并涉足民用运输机。20 世纪 60 年代以后，波音公司的主要业务由军用飞机转向商用飞机。1957 年在 KC－135 空中加油机的基础上研制成功的波音 707 是该公司的首架喷气式民用客机，共获得上千架订货。从此在喷气式商用飞机领域内便一发不可收拾，先后发展了波音 727、波音 737、波音 747、波音 757、波音 767 等一系列型号，逐步确立了全球主要的商用飞机制造商的地位。美国总统的专机"空军一号"也由该公司出产的波音 707 以及波音 747 改装而成。1997 年，波音公司宣布，原波音公司与原麦克唐纳·道格拉斯公司（简称麦道公司）完成合并，波音公司在民用飞机领域的传统优势因麦道系列飞机的加入而进一步加强，也使合并后的波音在民用航空领域拥有了 70 年的领先历史，合并后的波音公司由四大业务分部组成：波音民用飞机集团，波音防务、空间与安全集团，波音金融公司，波音共用服务集团。

2. 波音民用飞机集团

波音民用飞机集团（Boeing Commercial Airplanes）总部设在华盛顿州的伦顿，现任总裁兼首席执行官是安波杰（Jim Albaugh），其下包括三大主要的业务部门，即 787 项目部、飞机项目部和民用空间服务部并且提供飞机贸易服务。波音民用飞机集团主要生产民用运输机。始终以飞机运营商和乘客为中心的波音民用飞机集团是全球民用航空领域的领袖。波音系列产品和服务为航空客户提供出色的设计、效率和支持，使乘客可以随心所欲地选择飞行目的地和飞行时间。主要产品包括波音 711、737、747、757、767、777 系列飞机，提供从 100 座级别到 500 多座级别以及货运型号在内的各种民用运输机。目前，波音民用飞机集团已经开发出波音 787 系列飞机，已经于 2009 年 12 月首飞，2010 年年底交付使用。四十多年来，波音一直是全球最主要的民用飞机制造商。随着 1997 年波音与麦道的合并，波音在民用飞机领域的传统优势因麦道系列飞机的加入而进一步加强。新产品研发的重点是波音 787 梦想飞机和 747－8。全球现役的波音民用飞机接近 1.5 万架，约占全球机队总量的 75％。波音民用航空服务部通过一流的全天候技术支持帮助用户保持飞机的最佳使用状态，同时为全球用户提供一整套具有国际水准的工程、改装、物流和信息服务，服务对象包括客运和货运航空公司，以及飞机维护、修理和大修厂商。

3. 波音公司的国际转包生产情况

航空工业具有较高的市场集中度，即在数量庞大的航空产品制造商中，大部分研发生产能力和市场销售份额的减少部分具有较强规模实力的企业控制。波音公司也不例外，由于全球需求的增加，波音公司民机订单数量越来越多，基于对质量和成本的考虑以及对交付订单的时间考虑，波音公司开始进行生产外包的运作，将其非核心的业务外包出去，利用外部最优秀的专业化团队来承接其业务，从而使其专注核心业务，达到降低成本、提高效率、增强企业核心竞争力和对环境应变能力的一种管理模式。波音737项目制造部副总裁迈克(Helene Michael)说："我们不是万事通。"波音把自己看作从正确的地方、在正确的时间拿到所有部件，然后快速组装起来的专家。波音737项目总工程师汉密尔顿(John Hamilton)说，但我们是大系统合成专家，我们以此为傲。

通过生产外包，波音充分发挥了其"系统集成者"的能力，在全球范围内组织供应网络，充分发挥不同厂商的成本优势、技术优势，在保证质量的同时实现了成本控制。此外，很重要的一点就是波音公司通过将部分飞机制造任务外包给某个国家，而换得这个国家飞机市场的份额。可以说，波音公司作为一种特殊产品——飞机的制造者，采取以生产外包换市场的做法是出于一种企业战略、全球战略的考虑，已经不单单是生产方面的模式改变与创新了。此举凸显了波音目前的战略重心——着眼于成本削减和大规模系统集成，集中力量进行飞机设计研发和最后组装，并逐步剥离零部件生产业务。

全球现役1万多架波音商用飞机中，有30%的飞机配备有在中国生产或安装配件。中国的高科技人才和低廉的劳动力成本是降低生产成本的关键，也是波音全球化战略得以在中国实施的重要因素。中国企业作为波音飞机生产部件的接包商，虽然生产力水平不如日本企业，但波音公司的着眼点并非仅限于降低生产成本，关键是着眼于扩大中国的销售市场。目前，中国的西飞、成飞、沈飞和上飞四大飞机工业公司承担了波音737/300、737/700、757、MD82、MD90等各机种的水平尾翼、垂直尾翼、舱门、机身、机头、翼盒等零部件的转包生产业务。其中，上飞公司与波音公司正在进行的民机合作项目有MD90-30飞机项目和波音737水平尾翼等零部件转包项目。再看波音787。787是波音公司所有飞机项目中全球合作范围最为广泛的项目。在该项目中，近90%的部件和零件生产任务由供应商承当，并且一级供应商都是以风险合作伙伴的身份参加飞机的研制。波音公司承担很少量的制造，主要负责飞机制造中附加值最高的系统集成和总装工作。波音787项目总装工厂的个人仅约1000人，而以前波音飞机一个型号的生产人员需要5000～10000人。这些一级供应商主要分布在欧洲、南美、亚洲的日本和中国。日本的三家重工企业共同承担着波音787机体35%的工作份额，意大利的阿莱尼亚航空公司和沃特飞个公司共同承担着机身28%的工作份额。中国一航和俄罗斯也已分析和值的模式参与了该机型的研制工作。

4. 波音公司对承包供应商的管理经验

波音公司的外包供应商广布全球，管理好供应商是公司稳定发展的前提，再加上民机是非常特殊的运输工具，稍有失误便会造成非常严重的损失，所以波音公司对于民机质量的检查是非常严格的，对于外包业务的供应商考核也相当严格。1999—2000年，供应商只限于原材料的供应，主要生产集中在波音公司内部；2001—2002

年，波音公司将竞争力重点放在装配、系统组合、系统测试方面，供应链之前获得都由供应商来完成。从 2004 年至今，波音公司的供应商所承担的责任越来越多，主要包括：项目管理服务，指导综合产品工程和开发，参与开发产品寿命周期，参与商业管理活动，提出财务管理解决方案，以及与波音建立风险合作的组织结构。对波音公司而言，若新的机型应用失败，开发和制造成本将分摊至散布全球的合作网络。同时，和其他伙伴协同设计并生产，提升了波音公司飞机工艺流程的效率，也避免了其因延迟交货而遭受的巨额罚款。

波音公司有完善的标准体系。例如，波音公司的零件标准手册提供了波音飞机所采用的全部标准件图样和标准件采购规范。对于波音的标准件制造商来说，标准体系中列出的所有项目都是强制性的，要求每一批次都做检查、试验。对于标准件接收的承包商来说，则根据波音公司质保部门批准的试验计划按照该复验文件所规定的要求，定期对标准件做监督性试验。

波音公司已经从单纯的飞机生产商，转变为高端的系统集成商。波音公司通过一个由自己维护的计算机模型建立起的生产平台，顺利实现了全球合作伙伴的设计和生产的协同。同时，波音也加强了对合作伙伴的生产管控——零部件依然由全球合作伙伴制造，只是通过一个由波音公司维护的计算机模型进行虚拟装配。波音公司由不同的人员制造不同的部件，每样部件均产生相应数据。利用这些数据，部件的组装和校验工作得以实时进行。最后，组装完成的各机体部分被放入三架 747 专机，运送至波音公司在华盛顿的工厂。由于采用了这种在线商业制造模型，波音公司如今可以放心地将整个制造流程交给其全球伙伴完成，包括从最初的设计创意到最终的机体制造。

波音公司对于供应商的管理经验也非常独特和丰富。从供应商的选择以及批准，在到波音公司对供应商的管理标准，最后到对供应商的绩效测量都有自己独定的标准。波音公司先是要求供应商自己根据《波音对供应商质量管理体系要求》进行自我评估，并进行改进，使供应商质量管理体系符合波音公司的要求。然后波音公司根据 SM&P 对供应商进行调查以及评审，将通过评审的供应商列入供应商名单。

在供应商质量管理方面，波音公司于 20 世纪 90 年代开始将先进质量体系的要求纳入到《波音对供应商质量管理体系要求》中。2007 年初，波音公司重新修订了《波音对供应商质量管理体系要求》，其中，波音公司要求其供应商的质量体系要符合 IAQG9100 系列标准，同时给出了关键特性波动管理的管理流程。除此之外，波音公司还制定了《波音公司供应商数字化产品定义质量保证标准》《供应商关键过程/敏感机翼硬件质量要求》《供应商不合格指南》等标准和要求，引导供应商进行质量管理。

除了用以上的标准和要求来管理供应商以外，供应商绩效测量(SPM)报告也是波音公司用来评估供应商绩效的标准。

波音公司还会根据年度开销和业务需求来确定“关键供应商”。波音公司会经常对关键供应商进行评价。在每年的 4 月和 10 月，将对供应商全称的项目管理以及场所进行评估。每半年将对关键供应商进行一次评估,如果需要,评估的次数会更多,还会对绩效卓越的供应商进行奖励颁发波音卓越绩效奖。

由以上资料知道,波音公司对于供应商的管理经验可以总结为以下几点。

① 波音公司通过制定各种供应商质量管理以及其他要求合格指南来规范、指导和管理供应商。用《波音公司供应商数字化产品定义质量保证标准》《供应商关键过程/敏感机翼硬件质量要求》《供应商不合格指南》等标准来对供应商进行标准性的评判和选择。有了规章和标准,在选择供应商时就可以严谨地从各个方面去考虑,而并不单单是看某些方面。这样全面的评判,可以在供应商选择上节省更多的成本,所选择出来的供应商也更可靠。

② 波音公司通过比较严格的绩效评估系统从各个方面对供应商进行考核。选取了供应商后,用绩效考核的方式来管理供应商,可以有效地防止供应商在通过选择前的考核后,所承担的部分不及时完成,或者质量不过关。不仅有效地避免了供应商不按时交工等不利因素,而且对于供应商公司更是一种鼓励机制。

③ 波音公司通过的绩效考核以及年度开销和业务需要对供应商进行分级,与表现突出的供应商形成风险合作商的形式对供应商进行管理。分级管理的制度不仅仅是为了管理供应商,更是为了降低波音公司将业务外包的风险。例如,对于风险合作的供应商,如果供应商不能按时完成他所负责的外包工作,那么波音公司对于客户的损失,供应商也要一起承担。这样不仅增加了供应商的责任心,也提高了工作效率。波音公司即使花很少的精力去管理供应商,供应商也会管理好自己的。

④ 波音公司会对供应商进行不定期的考核。不定期的考核就像突然抽查一样,不会通知检查的时间,这样就避免了供应商在做好准备接受检查的可能性,大大提高了供应商质量过硬的保证。波音公司还会对于绩效突出的供应商进行奖励制度,就是对于提前完成任务,在一定的持续的时间里都能按时按量,甚至是提前完成的供应商,波音公司会为该公司提供更多的订单,用这样的方式来管理供应商会事半功倍。

5. 波音公司的国际转包对我国大型客机启示

波音公司曾预测说中国在今后的20年仍将是增速最快的世界航空中心,飞机需求量占整个亚太区的41%。这使得中国成为除美国以外最大的新增民用飞机市场。未来20年内,中国需要新增约3770架各类民用飞机,总价值达到4000亿美元。面对如此诱人的蛋糕,我国的能人志士不可能无动于衷,国家与群众也对自己的航空工业寄予厚望,盼望"中华牌"民机能在全世界翱翔。纵观全球的民机发展,我国已经成为了航空大国,但是并不是航空强国,目前翱翔在我国蓝天上的民用飞机基本上都是从西方进口的。在我国航空工业苦苦探索民机产业的路上,经历一次次的挫折,面对波音和空客两大巨头垄断,我国想要在民机上面有所突破和发展,必定要借鉴波音和其他巨头企业的一些管理经验和措施。在节省成本,取他人之所长补己之所短,再加上发挥我所长的前提下,我国的民机产业才有可能向前发展。

通过以上对波音国际转包的分析,以及民机本身发展的分析,想要真正的发展我国的民机企业，还得从以下几点入手：

（1）自主创新，攻克民机关键核心技术

在与波音公司的合作中，我们可以知道，无论是风险合作还是简单的材料供应，别的公司都不可能将核心制造技术外包，真正关键的核心技术是买不到的。所以我国的民机产业要发展，必须通过坚持自主创新，攻克民机关键核心技术。在总体设计技术、系统集成技术、总装制造技术等飞机研制若干重要领域掌握一批核心技术，拥有一批自主知识产权；并在材料、紧固件、单机设备研制、产学研相结合的技术创新体系建立和创新文化、创新体制与创新环境建设等方面取得突破。在拥有自己的核心技术后，我们也可以借鉴波音公司的外包管理来获取更多的利润。

（2）坚持"主制造商—供应商"项目管理模式

结合新形势、新任务，对"主制造商—供应商"项目管理模式不断加以创新和完善。做好自己的核心部分，管理好外包的供应商部分，我国的民机产业才能够省时省力地发展。在大型客机项目管理上要充分尊重市场规律，发挥参与大型客机研制单位的积极性和主动性，通过优化和整合各类科技资源和生产要素，培育国家航空工业科研和制造的长期竞争能力和持久创新活力。在产品研制生产、市场开发营销、用户支援服务和资金筹措运营等方面要创新管理经营模式。突出"主制造商—供应商"项目管理模式，使设计研发、总装制造、市场营销、客户服务等各个环节顺畅连接，提高整个体制机制的运行效率，并迅速转化为现实生产力和竞争力。

（3）人才引进与培养

从波音公司的员工中，我们就可以看出，人才才是生产力。对于发展的前提来讲，人才是不可或缺的重要因素之一。所以企业首先要培养科技领军人才，尤其是中青年领军人才，要建设好领导干部队伍、经营管理队伍、专业技术队伍、技能工人队伍。只有人才进入了，我国攻克核心技术才有了前提。而人才队伍是伴随着项目和事业成长起来的，是通过项目锻炼出来的。在引进人才后，要在实践中将他们培养成能够支撑我国民机产业全面协调可持续发展的创新型科技人才。

（4）降低投资风险

我国的民机产业要发展，资金上有一定的不足，所以要在坚持"主制造商—供应商"的模式下，寻找合作伙伴实现风险共担，共同承担可能发生的意外，降低因意外而造成的不可避免的损失，保证公司不会因为一个失误而无法弥补。

通过以上几点可以看出，我国想要发展民机产业，不仅仅是要管理好合作的供应商，引进人才、发展技术才是最重要的。只有保障在民机技术研究方面人才有了，我国才可能拥有自己的核心技术，技术发展了，才能有更多的筹码去寻找更多的风险合作公司，赢取利润，取得民机产业的整体发展。

参 考 文 献

[1] 崔亚娜. 国际贸易公约与惯例应用研究及典型案例评析[M]. 哈尔滨：黑龙江人民出版社，2005.

[2] 徐春祥. 国际贸易实务[M]. 北京：机械工业出版社，2011.

[3] 崔日明，王海兰. 国际贸易实务[M]. 北京：机械工业出版社，2010.

[4] 黎孝先，王建. 国际贸易实务[M]. 北京：对外经济贸易大学出版社，2011.

[5] 王明明. 国际贸易理论与实务[M]. 北京：机械工业出版社，2012.

[6] 曲建忠. 国际贸易实务[M]. 济南：山东人民出版社，2009.

[7] 莫莎. 国际贸易实务[M]. 大连：东北财经大学出版社，2011.

[8] 吴国新. 国际贸易实务[M]. 北京：清华大学出版社，2011.

[9] 傅龙海. 国际贸易实务[M]. 北京：对外经济贸易大学出版社，2013.

[10] http://doc.mbalib.com/.

[11] http://www.jscj.com/new/kuaiji/waimao/13/28828.html.

[12] http://yingyu.100xuexi.com/view/examdata/20120714/139eb76c-55ff-4ce9-af18-286f7d73d94b.html.

[13] 郑俊田. 中国检验检疫出入境货物报检实用手册 2012[M]. 北京：中国标准出版社，2012.

[14] 陈红丽，缪瑞，商品检验与质量认证[M]. 北京：北京大学出版社，2011.

[15] 刘菊堂. 进出口商品检验检疫理论与实务[M]. 北京：北京理工大学出版社，2012.

[16] 洪雷. 进出口商品检验检疫[M]. 2 版. 上海：格致出版社，2012.

[17] 刘耀威. 进出口商品的检验与检疫[M]. 2 版. 北京：对外经济贸易大学出版社，2006.

[18] 仲鑫. 国际贸易实务——交易程序、磋商内容、案例分析[M]. 北京：机械工业出版社，2009.

[19] 冷柏军. 国际贸易实务[M]. 2 版. 北京：北京大学出版社，2012.

[20] 黎孝先. 国际贸易实务[M]. 2 版. 北京：对外经济贸易大学出版社，2012.

[21] 尹翔硕. 国际贸易教程[M]. 2 版. 上海：复旦大学出版社，2001.

[22] 黎友焕. 国际贸易[M]. 北京：中国商务大学出版社，2003.

[23] 斯密亚当. 国民财富的性质和原因的研究[M]. 郭大力，王亚南，译. 北京：商务印书馆，1994.

[24] 佟家栋，周申. 国际贸易——理论与政策[M]. 北京：高等教育出版社，2003.

[25] 薛荣久. 世界贸易组织[M]. 北京：高等教育出版社，2003.

[26] 冷柏军. 国际贸易实务[M]. 北京：对外经济贸易大学出版社，2005.

[27] 国际商会中国国家委员. ICC 跟单信用证统一惯例(UCP600)[M]. 北京:中国民主法制出版社,2006.
[28] 陈岩. 国际贸易理论与实务[M]. 北京:机械工业出版社,2012.
[29] 孙继红,瞿启平. 国际贸易单证实务[M]. 北京:清华大学出版社,2009.
[30] 余世明. 国际商务单证实务[M]. 广州:暨南大学出版社,2010.
[31] 田运银. 国际贸易单证精讲[M]. 北京:中国海关出版社,2010.
[32] 李丽华.沈飞民机公司发展研究[D].吉林大学,2010.
[33] 周黔.我国航空企业转包生产模式的探讨[D].贵州大学,2008.
[34] 余帆.中国航空工业转包生产升级战略分析[J].军工文化,2012,(4).
[35] 杨春生,等.告别传统发展 酝酿个性突破——我国航空外贸转包生产行业现状之调查[J].中国外汇,2009,(6).
[36] 中航工业集团网站.http://www.avic.com.cn.
[37] 黎敏.波音公司国际转包案例分析.百度文库.
[38] 曹旭平.国际贸易实务[M].北京:电子工业出版社,2011.
[39] 张孟才.国际贸易实务[M].北京:机械工业出版社,2012.
[40] 袁永友.国际贸易理论与实务[M].武汉:武汉理工大学出版社,2010.